国家社会科学基金一般项目"民营企业流动性风险监测预警及纾困路径研究"(19BTJ044)

杭州市哲学社会科学常规性规划课题（Z23JC039）

浙江省一流学科A类（浙江财经大学统计学）

浙江省域现代化监测与评价实验室

| 资助

民营企业
流动性风险监测预警及纾困路径研究

朱宗元 ◎ 著

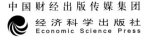

中国财经出版传媒集团
经济科学出版社
Economic Science Press

图书在版编目（CIP）数据

民营企业流动性风险监测预警及纾困路径研究／
朱宗元著. -- 北京：经济科学出版社，2024.7. -- ISBN
978 - 7 - 5218 - 6110 - 5

Ⅰ. F279. 245

中国国家版本馆 CIP 数据核字第 2024G53T48 号

责任编辑：张　燕
责任校对：杨　海　齐　杰
责任印制：张佳裕

民营企业流动性风险监测预警及纾困路径研究
MINYING QIYE LIUDONGXING FENGXIAN JIANCE
YUJING JI SHUKUN LUJING YANJIU

朱宗元　著
经济科学出版社出版、发行　新华书店经销
社址：北京市海淀区阜成路甲 28 号　邮编：100142
总编部电话：010 - 88191217　发行部电话：010 - 88191522
网址：www. esp. com. cn
电子邮箱：esp@ esp. com. cn
天猫网店：经济科学出版社旗舰店
网址：http：//jjkxcbs. tmall. com
固安华明印业有限公司印装
710 × 1000　16 开　16. 25 印张　300000 字
2024 年 7 月第 1 版　2024 年 7 月第 1 次印刷
ISBN 978 - 7 - 5218 - 6110 - 5　定价：86. 00 元
（图书出现印装问题，本社负责调换。电话：010 - 88191545）
（版权所有　侵权必究　打击盗版　举报热线：010 - 88191661
QQ：2242791300　营销中心电话：010 - 88191537
电子邮箱：dbts@esp. com. cn）

前 言

　　民营经济的迅猛发展是中国改革开放以来的最重要事件之一。民营企业在税收、GDP、技术创新、城镇就业和企业数量方面的贡献分别达到了 50%、60%、70%、80% 和 90% 以上，已经成为中国经济不可或缺的重要部分，也极大地增强了我国经济发展的活力和韧性。但是，民营经济的发展并非一帆风顺，而是一直伴随着诸多困扰，其中，代表性的问题包括市场的"冰山"、融资的"高山"和转型的"火山"。在遭遇国际贸易环境恶化、国内经济转型升级以及自身经营不当等内外因素交织的影响下，一些民营企业出现了资金链断裂、杠杆率恶化等暂时性流动性困难，这引起了党中央高度重视。2018 年 11 月 1 日，习近平总书记召开民营企业座谈会指出，要优先解决民营企业融资难、融资贵问题；要抓紧研究采取特殊措施，帮助企业渡过难关；对符合经济转型升级要求、有市场竞争力的民营企业实施必要资金支持[①]。在一系列政策的干预下，民营企业的流动性险情得到了有效处置。实际上，对民营经济的突发问题不仅要及时处置，还要提前管控风险。民营经济发展中面临的挑战更需要思考其深层次原因。因此，研究如何开展民营企业流动性风险的统计监测预警及化解流动性风险就成为一项紧迫而且重要的课题。

　　本书以民营企业的流动性风险为研究对象，以现金流恶化、股权质押平仓、抽贷、民营企业债券违约等险情为切入点，围绕防控处置民营企业流动性风险这一核心问题，融合多学科理论和方法，构建民营企业流动性风险统计监测预警体系，并在评估纾困政策实施效果的

---

　　① 习近平. 在民营企业座谈会上的讲话［M］. 北京：人民出版社，2018.

基础上，创新防范化解流动性风险的路径，旨在为缓解民营企业流动性困境以及服务民营经济高质量发展提供决策依据。本书通过测度不同时期民营企业的流动性风险水平，科学把握民营企业的流动性变化；通过深入挖掘影响民营企业流动性的主要因素，剖析民营企业流动性风险的形成机制；依据对纾困政策的效应评估，寻找缓解民营企业融资约束，提升金融支持力度，促进民营经济高质量发展的优化建议。

本书研究遵循了"问题提炼→机理分析→模型构建→实证测度→政策研究"的思路。首先，对民营企业流动性风险的相关概念进行阐述，系统梳理民营企业流动性获取渠道的演变，探求融资约束产生的动因。其次，综合运用理论分析、调查研究和实证分析等方式，揭示流动性风险的影响因素。再次，构建民营企业流动性风险的统计监测预警体系，利用主成分 TOPSIS 综合评价方法测度流动性；通过 Beveridge－Nelson 序列分解方法测度现金流敏感度；利用混合模型 EM 聚类算法识别流动性困境企业；利用集成学习思路构建"僵尸企业"风险的预警模型，提升了识别算法的灵敏性和稳健性。最后，基于对支持民营企业融资政策效果的博弈分析和计量评估，提出优化民营企业纾困政策，防范流动性风险，促进金融服务民营经济高质量发展的建议。

本书的主要特点及价值在于：本书以企业流动性风险理论为基础，以我国民营企业的流动性困境为研究对象，深入剖析了流动性风险的影响因素，利用加权主成分 TOPSIS 方法改进了流动性风险的测度方法，提出用混合模型 EM 聚类算法识别困境企业的方法，以集成学习思路构建了困境预警模型，利用双重差分模型定量推断民营企业纾困政策的效果。以上工作对促进微观与宏观政策研究相融合，改进民营企业金融风险监测预警方法，优化风险防范处置策略的相关学术研究有借鉴意义。本书提供了一套利用微观民营企业数据监测、识别、预警流动性困境的统计流程，以及流动性风险分析的经验证据。本书挖掘了民营企业流动性的影响因素，测度了流动性风险的程度，评估了流动性纾困政策实施的效果，探索了优化纾困民营企业的政策路径，对防控化解民营企业流动性困境，支持民营企业健康持续发展，具有积极的实用价值。

　　本书以笔者承担的国家社会科学基金项目的最终研究成果为基础。项目阶段性研究成果在SSCIQ1期刊发表，最终研究成果在全国哲学社会科学规划办公室组织的结项验收中被评为良好等级。从统计学视角系统探索民营企业流动性风险测度与化解路径的研究还比较少见，这也许是本书的目标和价值之所在。当然，由于数据可获得性等方面的限制，本书研究只是站在前人智慧上的一些思考，还有更多问题需要去深入探究。

　　感谢评审专家给予的评价和修改意见。在本书的撰写过程中，笔者广泛参考了国内外相关研究文献，前人的研究成果给予课题组很多启迪，在此表示敬意和感谢，本书最后列出了参考文献，若有遗漏，敬请谅解。由于水平有限，书中可能还存在不尽如人意之处，恳请读者批评指正。

朱宗元

2024 年 6 月

目录

CONTENTS

第一章

绪　　论

本章旨在明确研究的主题、目的及意义，梳理现实背景和学术脉络，奠定研究的理论基础，阐述研究的内容、思路及特色。具体安排如下：（1）阐明民营企业流动性风险研究的背景及意义；（2）厘清民营企业流动性及其风险的概念；（3）梳理民营企业流动性风险的研究脉络。

第一节　研究背景及意义

一、研究背景

（一）民营经济突出的地位作用和前景

民营经济已经成为我国国民经济的重要组成部分。民营经济贡献了 50% 以上的税收，60% 以上的国内生产总值，70% 以上的技术创新成果，80% 以上的城镇劳动就业，90% 以上的企业数量[①]。"五六七八九"的数字特征无疑揭示出民营经济的重要地位和作用。民营企业是吸纳就业的最重要渠道，是国家技术创新的最重要阵地，是藏富于民和国家税收的重要来源。改革开放 40 余年来，我国

[①]　中华人民共和国国务院公报 . 习近平在民营企业座谈会上的讲话 ［R］. 2018.

民营经济从小到大、从弱到强，不断发展壮大，成为推动我国发展不可或缺的力量。民营企业家有强烈的忧患意识和锲而不舍的奋斗精神，其创新意识也非常突出。现阶段，民营经济发展好的地区往往是经济发展水平较高、居民更为富裕的地区。因此，民营企业不仅对中国经济发展的历史贡献巨大，而且发展前景将十分光明。中国经济在经历改革开放后的高速增长阶段后，已经进入经济高质量发展阶段。根据发展经济学理论，经济高质量发展是创新驱动型的经济增长方式，以创新高效、节能环保、高附加值为核心，推动产业不断升级。民营经济注重技术创新的特征使其在未来有更大的发展空间。推动民营经济发展，最终"实现全体人民共同富裕"是正确的路径选择①。

"公有制为主体、多种所有制经济共同发展"是我国社会主义初级阶段的一项基本经济制度。在改革开放进程中，长期"毫不动摇地巩固和发展公有制经济"和"毫不动摇地鼓励、支持和引导非公有制经济发展"是党和国家的一项大政方针。在此明确、一贯的基本经济制度下，既需要大力发展公有制经济，保持国有资产的保值升值，又要鼓励、支持、引导非公有制经济发展，使公有制经济和非公有制经济相互促进，良性互动发展，最终促进中国社会主义市场经济的繁荣发展。鉴于民营经济突出的地位作用和光明前景，对民营企业的相关研究需要高度重视。

（二）民营企业的融资约束与流动性困境

民营经济的健康发展需要以要素投入为前提，资金是关键的部分。民营企业流动性的来源除了内部融资，更为重要的是外部渠道融资。外部融资的瓶颈一直制约民营企业的发展，融资难、融资贵的问题反复出现，一直不能得到较好的解决。在外部融资约束之下，一旦国际贸易、国内经济环境出现不利的冲击，民营企业的生存环境就会出现恶化迹象。在不利的市场环境下，民营企业的融资困境首先以部分地区、部分行业、部分企业的现金流不足表现出来，然后可能进一步扩散到更多企业的流动性困境。流动性风险的加深会与信用风险交织出现，导致企业僵化或破产重组，甚至可能引发严重的系统性风险。民营企业的金融风险通常表现为一些突发的事件。例如，民营企业向国有商业银行

---

① 张菀洺，刘迎秋．开拓政治经济学中国话语新境界：中国民营经济理论的创新发展［J］．中国社会科学，2021（6）．

等正规金融体系贷款的难度和成本增加时，可能会遭遇抽贷、断贷、压贷，不得已通过出售资产获得流动性。当民营企业能够通过民间借贷等非正规金融渠道获取资金时，民营企业的流动性风险一定程度上仍然会被隐藏。如果民间借贷的成本短期升高，那么民间借贷纠纷和 P2P 平台"跑路"等事件就会出现，民营企业的现金流中断，并进而催生出系列的违约事件。民营企业的现金流风险还会表现在企业的经营方面，出现企业间拖欠账款，资金不能回流的现象。民营企业间原来相互担保贷款的网络链条断裂，链条上的更多企业被拖累难以正常经营。上市民营企业的大股东将公司股权作为质押获得贷款资金解决流动性问题，在遭遇熊市的时候，股票价格逼近预警线和平仓线，会被金融机构要求追加抵押物，也会出现流动性困境。在流动性紧张的时候，民营企业发行债券可能出现不能按期付息以及兑付本金的违约事件。上述流动性事件的爆发揭示出企业的流动性风险，其发生的原因可能与内外部错综复杂的因素有关，但最为普遍和重要的因素是民营企业的融资困境。因此应加强在融资约束视角下对民营企业的流动性风险开展研究。深入调查民营企业的流动性现状，利用企业流动性风险理论，深入分析民营企业流动性风险产生的原因、民营企业的融资次序以及融资困境。

（三）非金融企业的流动性风险监测预警研究

将财务困境视为持续缺乏流动性的后果，学者们构建了各种企业财务预警模型预测企业的财务风险（李扬等，2016；方匡南等，2018）。从企业财务风险预警模型的演化来看，在第一阶段，早期模型主要建立在单变量分析之上。比弗（Beaver，1966）对比困境和正常企业的财务比率，发现一些重要的财务指标能有效预测企业的财务风险。这种描述性的统计对比方法很有启发性，但存在利用信息有限，预警能力不足的缺点。在第二阶段，学者们发展了统计预警模型。阿特曼（Altman，1968）提出的基于判别分析法的 Z-score 方法是重要的突破。该模型选择的 5 个财务比率中，第一个是净营运资本比率，其定义为（流动资产 − 流动负债）/总资产，该指标衡量了企业资产中可用于短期偿债的部分，属于典型的流动性风险测度指标[①]。奥尔森（Ohlson，1980）首次将 Logistic 回归模型引入企业财务风险预警分析。后来 Probit 回归、久期模型、因子分析、Lasso 回归等

---

① 范新妍，等．基于整合治愈率模型的信贷违约时点预测［J］．统计研究，2021（2）．

各种统计技术陆续被用来构建预警模型，其中 Logistic 回归是非常主流的预警方法。如果将风险发生看作是外生的随机过程，可以使用随机强度模型建模。学者们提出了常强度模型、CIR 强度模型等技术化的方法刻画违约概率及违约时点的性质。

20 世纪 90 年代以后，各种数据挖掘和机器学习技术开始兴起，并被用于企业财务风险预警研究中。奥多姆和沙尔达（Odom and Sharda，1990）开始将神经网络技术用于财务预警。后来随机森林、LSTM 模型及支持向量机（SVM）模型、集成学习模型等大数据技术都已经被用于预警分析之中。除了利用统计方法进行预警分析，基于市场数据构建结构化模型，也是一种研究方向。最为典型的模型是 KMV 模型，还包括 Creditmetrics 等被市场机构广泛采用的方法。总体上，针对民营企业流动性风险的统计监测预警的研究滞后。当前民营经济统计不健全，定量测度与预测研究缺乏，尤其充分利用微观数据资源和挖掘技术开展监测预警的研究很少。

（四）深化金融供给侧改革，纾困民营企业流动性

民营经济对国民经济的贡献突出，因此推动民营经济又快又好发展是经济高质量发展的必要部分。民营企业对优化产业结构，推动县域和区域经济协调发展作用显著，并且一些民营企业已经拥有了国际竞争力。在经济发展动力转换期，经济增长下行压力较大，一些民营企业经营遭遇了实际困难，如生产要素成本上升过快、制度性交易成本高、利润率下降，以及融资难、融资贵等因素导致企业出现流动性困难。应对民营企业的流动性问题，需要不断深化金融供给侧改革。对突发险情采取应急纾困，并制定长期应对策略，切实优化民营企业的融资环境。党的十八大以来，中央及地方政府出台了一系列支持民营企业融资，推动民营经济高质量发展的相关举措，并取得了明显的成效。中国人民银行带头推行的金融政策具有代表性。中国人民银行通过从宏观端引导市场利率整体稳定下行，引导金融机构和市场投资者参与，从结构性信贷、债券融资和股权融资三个方面化解民营企业的流动性困境。中共中央、国务院印发了《关于深化投融资体制改革的意见》，从政策供给侧为民营企业营造更公平、开放、宽松的融资政策环境。

在各种政策举措之下，民营企业流动性事件的爆发频率得到了明显遏制，网络舆情对民营企业的关注热度有所降低。但对流动性风险的防范仍不能放松，因

为根据经验分析，金融风险经常存在历史循环的特点。例如，2011～2013年，民营企业的融资问题比较突出。在经过治理整顿之后，进入5年的平稳时期，但是在2018年底该问题再度猛烈地爆发。而在2021年下半年后，该风险问题的尖锐程度再次下降。这说明相关纾困政策举措没有从根本上去除隐患，当整体经济向好或有其他社会热点爆发时，对民营企业流动性的社会关注度降低，因此内部的矛盾被隐藏，在不利的环境下仍然会爆发出来。从这个角度可以看出，民营企业流动性风险并没有消失。一些规模较小，可抵押资产有限的民营企业的资金流仍然紧张。

研究需要"于安思危，于治忧乱"①。当前，对民营企业纾困政策的定量评估成果不多，相关政策研究缺乏微观基础，导致一些纾困对策建议的预判性和后期效果不易控制。因此，应该加强对系列政策举措缓解民营企业融资难、融资贵的成效进行评估，加强风险机制和因素分析，并构建完善动态流动性风险的监测预警体系。提出深化金融体制改革对策建议，从机制上解决民营企业融资难、融资贵的问题，促进民营经济长期高质量发展。

二、研究意义

（一）学术价值

（1）有助于完善企业流动性风险管理和民营经济统计的理论，促进微观企业个体风险研究与宏观政策研究相融合。

（2）通过构建民营企业流动性风险的监测预警体系，有助于丰富企业金融风险预警的技术方法，推动民营企业流动性风险研究从定性向定量分析转化，促进金融统计、公司金融及数据科学等多学科研究的交叉融合。

（二）应用价值

（1）通过问卷调查、企业数据库渠道获取微观数据，挖掘民营企业流动性风险的影响因素和作用机制，有利于民营企业改进流动性风险管理，以及有利于金融机构为其提供服务。

---

① 千秋伟业强基石：为什么要增强忧患意识、防范风险挑战，尤其要高度警惕"黑天鹅"和"灰犀牛"事件？[EB/OL]. 中华人民共和国国家发展和改革委员会，2022.

（2）通过监测预警分析，有助于政府部门提升防控民营企业的流动性风险的有效性。

（3）通过纾困政策效果开展定量评估，将有助于更具针对性地提出化解民营企业流动性问题的对策，对促进民营企业投融资活动平稳开展，提出对策建议。

第二节　民营企业流动性风险的概念界定

要科学测度民营企业流动性并预警其风险，先要界定民营企业流动性风险的概念。概念可以分为三个层次，即流动性、流动性风险和民营企业流动性风险。研究流动性风险，必须先弄清什么是流动性。由于流动性一词在经济学中的使用非常广泛，涵盖了从宏观到微观的不同层次，具有相当的复杂性和易混淆性，有导致结构错误这种非同寻常的重大危险。

一、企业流动性的定义

（一）流动性

国内外研究学者对流动性做了不同的诠释。从宏观角度，希克斯（John Hicks，1967）分成三个方面：（1）交易者日常运营周转所需要保持的资产；（2）为预防外部冲击发生时能够应对的储备资产；（3）为获得收益而准备的投资资产。相似的定义来自《新帕尔格雷夫经济学大辞典》，流动性分为到期日、便通性和金融力三层[①]。资产到期日曲线截距高而斜率小，那么资产在无重大损失的条件下变现的可能性越大，则流动性越强。便通性是指货币对产出的中介作用，M/Y 的比重越高，则流动性越强。金融力是指交易者对政府（g）和其他私人部门（a_p）的债权以及可用于偿债的收入流（ωY）与各类负债（l_p）的差额 $g + a_p + \omega Y - l_p$。《新帕尔格雷夫经济学大辞典》给出的第三层次定义更加接近于本书研究对象的含义。阿米胡德和门德尔森（Amihud and Mendelson，2006）认为，流动性是相关资产交易的成本，投资者会在获得满意的价格或预想的利差时

---

① 约翰·伊特韦尔，皮特·纽曼，默里·米尔盖特，等. 新帕尔格雷夫经济学大辞典［M］. 北京：经济科学出版社，1996.

进行交易。范霍恩（Van Horn，1987）则将流动性定义为用货币实现价值的能力。迪博尔德等（Diebold et al，1998）将流动性分为外生流动性和内生流动性。外生流动性由市场所决定，每个市场的参与者都具有相同的流动性，不因单独的交易行为所改变；内生的流动性则和每个独立的市场参与者有关。付岱山和杨凌（2009）认为，流动性是指资产转换为现金的难易程度，容易转换的资产就是流动性资产，简称流动性。个人、企业、商业银行、中央银行和政府都需要可转换资产，主要包括现钞、银行存款、股票、黄金等。商业银行的流动性是指库存现金和商业银行在中央银行的存款。班克斯（2011）将流动性限定为获取现金及现金等价物的能力，然后进一步区分为筹资流动性和资产流动性[①]。筹资流动性也被称为融资流动性，强调获得未担保债务的可能性。资产流动性强调的则是资产的变现能力，例如，变卖或抵押有价证券、存货、应收票据和厂房设备等资产并持有现金。资产销售和筹资是企业获取流动性的两种手段，都是不可少的。综合以上定义，结合本书研究目的，此处对流动性的概念界定为市场主体利用筹资或资产变现手段，获取现金及现金等价物，以应对经营周转和偿付需求的能力。

（二）企业流动性

将上述流动性的定义中的主体限定到企业对象，就得到了企业流动性的定义。该定义对于金融企业和非金融企业有所不同。美国精算师协会认为，企业流动性是一家企业可以在无损失的情形下满足投保人现金索取的能力。资产和负债是企业流动性的两个方面。加拿大财政部金融机构监理局认为，流动性是机构及时和以合理成本获得足额的现金及其等价物，以应对预期支付的能力。美国存款保险公司认为，流动性是有效且经济地补充存款，应对负债和扩大资产的能力。一家银行具有流动性意味着能够以合理的成本及时地获得充足的资金。同样可以对金融市场定义流动性。国际清算行认为，如果市场参与者大量快速交易而不显著影响价格，那么该市场的流动性良好。英国财政部将便捷性作为流动性的核心，以第三方资源为基础，可交易一项金融所有权换取另一项金融所有权。根据企业对流动性的控制能力，将流动性分为内生和外生两种。如果企业的财务状况和操作范围在很大程度上可由自身掌握，无须受到某行业

[①]　班克斯. 流动性风险［M］. 褚韵，译. 北京：经济管理出版社，2011.

或者体系中相关范围内发生的事件的影响，则具有内生流动性。如果流动性的影响超出了单独企业的直接控制范围，或者单个企业的影响力很小，而是涉及某部门或市场的许多协议，则流动性是外生的。本书针对实体企业，其流动性的定义是企业利用筹资或资产变现手段，以合理的成本便捷地获取现金及现金等价物的能力。金融企业和非金融企业的流动性有很大不同。金融企业本质上就是经营流动和可转换的资产，而固定资产较少，因此流动性对其生存至关重要。非金融实体企业的存货、厂房等非流动性资产的占比较高，资产负债表外的交易没有金融企业活跃，但流动性风险依然能对其经营发展造成重大破坏，该类企业的流动性风险管理同样不能被忽视。

二、民营企业流动性风险的含义

流动性风险是指缺乏充足的流动性能力的问题。民营企业的流动性水平越低，则其流动性风险就越高。加拿大精算协会（1996）指出，缺乏获取现金和合理资产变卖渠道以履行财务支付承诺，就会产生流动性风险。英国金融服务管理局认为，流动性风险是指一家企业缺乏足够资金来源或需额外成本附加应对到期债务的风险。国际证券管理委员会（2002）认为，流动性风险是一家机构及时而划算地满足付款义务并保持资产能力时所出现的风险。袁业虎（1999）从流动性来源的角度划分流动性风险。将企业流动性风险分为变现力风险和偿付力风险两个层次，认为后者主要受前者的影响。变现力风险严重会导致偿付能力风险升高，从而造成企业破产。乔瑞（Jorion，2002）认为，流动性风险包括市场性风险和融资性风险，市场性风险是指由于变现资产大于正常交易数量导致以低于当前市场均衡价格进行交易产生的损失；融资性风险是指企业内部资产负债管理不善引致企业入不敷出的风险。

本书从班克斯的观点出发，将民营企业的流动性风险定义为由于民营企业缺乏获取现金及现金等价物的能力而招致损失的风险，并可以进一步将其分为资产流动性风险和筹资流动性风险。资产流动性风险是指民营企业无法快速合理地变现资产；而筹资流动性风险是负债端风险，是民营企业由于融资难、融资贵制约而不能以负债手段应对债务支付的风险。对于我国的民营企业，融资难、融资贵一直是难解的困扰，因此，筹资流动性风险是其更重要的风险类型。民营企业的融资渠道又可以进一步划分为内源融资和外源融资两类，而融资难、融资贵问题更多的时候是指在外部融资过程中民营企业所遭遇的困难。该定义的明确也为后续研究指明了努力的方向。

三、民营企业流动性风险与其他风险

民营企业在市场经营环境中不可避免地会面临各种风险，主要包括财务风险和经营风险两类（见图1.1）。经营风险是经营过程中产生损失的风险；财务风险可来自资产负债表内和资产负债表外，市场风险、流动性风险和信用风险都属于财务风险。市场风险是指市场价格的不利变化给交易带来损失的风险。信用风险是指签约方不能履行合同支付义务而产生的风险。

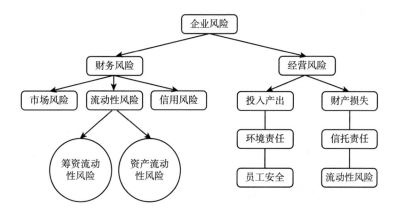

图1.1　企业风险基本分类

民营企业的流动性风险是一种综合性风险，可能同时来自财务风险和经营风险两个方面。在内生方面，流动性风险可以由其他风险引起，例如，供货、运输渠道的突然中断，造成企业的现金流损失，这是由经营外部风险带来的。就资产而言，市场风险很小的企业资产变现的难度也更低。采购方不能按照合约履行付款义务，那么会导致企业的现金流紧张。应收账款的大量积压会产生严重的流动性风险。流动性风险有些情况下是由信用违约风险带来的，而且大多数企业的财务困境或破产都体现出流动性风险与信用风险的螺旋式演进特征。信用风险自然会导致债务逾期或违约事件出现，而负面舆情传播会极大地增加其融资或变现资产的难度，进而导致现金流中断，进一步恶化流动性风险（梅冬州等，2021）。几乎可以断言，有重大市场风险和信用风险隐患的企业，同时流动性风险的程度也会很高①。由于企业贸易或投资的损失会损害企业的正常现金流，市场风险端也会向流动性风险传导。另外，企业管理、政策法律变动、信誉问题都会对企业的流动性产生影响。在外生方面，经济衰退、市场混乱、重大突发事件会对某些行业的企业或企业的某些部门产生流动性压力，例如，突发的新冠疫情、局部地区战争可能会显著影响企业的生产和销售成本，而金融经济环境的突然变动是现代企业经常需要面临的重大问题之一。

第三节　民营企业流动性风险的研究综述

一、民营企业流动性风险成因的研究

由于民营企业的成长一直被"融资难、融资贵"的问题制约，所以国内学者对民营企业流动性风险的研究相对集中于融资约束问题，即融资流动性风险。从融资约束的角度分析民营企业的融资流动性风险，就是考察有哪些因素会影响融资。国内外学者的研究主要集中在中小企业，总体上，该方面研究分为企业经营管理问题、金融机构和实体企业信息不对称和金融市场非有效三个角度。

（一）民营企业经营管理问题的研究

很多民营企业创始于家庭式作坊，导致大多数民营企业创新能力低、技术和工艺落后、产品结构单一、信用水平低，且多以劳动密集型为主，资产规模一般较小且质量欠佳，有效抵押变现的难度较大。部分民营企业家族特征明显，财务制度不健全，内部风险控制能力薄弱，缺乏现代化的科学管理模式导致风险承受能力较差（邝悦华，2011）。将资产负债率作为企业流动性风险的代理变量，研究发现，民营企业的资产负债率与盈利能力显著负相关，而与担保价值、税收效应、成长能力相关性不显著（Wessels T R，1988）。代理问题也是民营企业内部管理中不可回避的问题（Kalcheva I and Lins K V，2007）。由于公司股东难以监管管理层的行为，管理层从自身利益出发，利用资源控制权优势作出不利于企业

---

① 张景淇，郭凯，蔺学如．违约风险与流动性风险对债券利差影响的交互效应［J］．金融论坛，2022（3）．

发展的非理性投资决策（Jensen M，1999），这会导致企业现金持有水平的异常变动（Bates T W et al，2009），因此民营企业建立职业经理人制度，合理分配相关方的利益是非常必要的（王铮和吴斌，2004）。除了上述内部管理问题，行业特征也会影响企业融通资金的难易程度。其中，房地产行业由于投资周期长、资金数额大并且风险高，在所有行业中受到融资约束的影响更明显（邓翔等，2014）。比较之下，涉及出口贸易且贸易范围广的企业较容易融资（罗长远和李姝醒，2014），而口碑较差、融资数额大的技术密集型企业获取资金的可能性偏低（罗荷花和李明贤，2016）。

（二）金融机构和民营企业信息不对称问题研究

在现代经济社会中，民营企业无法仅靠内部积累满足全部的资金需求，经常需要从外部融资。企业的外部资金融通成本通常高于内部渠道（Myers S C，1984）。原因在于内部融资的现金流来自企业自身，即净利润与折扣的和减去股利发放，既不需要与投资者签订合约，也不需要交易费用，融资不会受到限制（Myers et al，1984），而在外部融资时，资金提供者无法参与企业日常管理活动，投资者和借款方之间存在信息不对称。由于利率与贷款期望收益间存在非单调性变化（Dugger W M，1987），信息不透明的程度越高，资金提供者所要求的风险补偿就会越高，民营企业获得资金的可能性就越低。民营企业需要通过信息披露及第三方监督方式提高经营状况的透明度（林毅夫和李永军，2001）。张维迎和吴有昌（1995）分析了公司融资结构的契约理论，认为企业融资结构会影响企业的融资成本和市场价值。佟光霁（2001）利用模糊评价法和层次分析法，对不同融资方式的成本和影响中小企业融资的主要因素进行实证研究。研究证实了张维迎等（1995）的观点，发现中小企业按照内部融资、间接融资、直接融资的优先排序可以提高融资效率，该次序不同于经典的优序融资理论①。对于中小企业如何缓解信息不对称问题而获得融资，美国学者柏林和梅斯特尔（Berlin and Mester，1998）研究认为，如果中小企业能和银行建立长期稳定关系，那么可以获得关系型贷款（Berlin M and Mester L J，1998）。进一步，柏林和梅斯特尔（2002）指出，除了抵押率或财务比率这些相对客观、易取得、可量化和可验证的企业硬信

---

① 观点认为，由于中国金融体系以国有银行主导的间接融资为主，因此民营企业在与国有企业的融资竞争中处于劣势。

息，银行还会注意收集企业信誉度和企业家品德等私有、难量化、难查证的软信息，从而决定是否建立关系借贷（Berger A N and Udell G F，2002）。研究表明，持续的银企关系有利于银行跟踪获取借款人信息，从而扩大信用规模，降低贷款利率（Boot A and Thakor A，1994；Ramakrishnan R and Thakor A V，1984），建立金融关联的企业获取外部资金的能力更强，更容易摆脱企业资金融通的窘境（邓建平，2011）。进一步将关系借贷理论延伸到金融关联和政治关联，研究发现，拥有政治关联的民营企业比无政治关联的民营企业受到的融资约束更少（杜颖洁和杜兴强；2013）。日本学者青木昌彦（2001）则认为，无论是否存在关系型借贷，银企之间都需要合理的信息沟通，企业向银行发送难以准确描述与度量的软信息对成功融资很有帮助。

（三）金融市场发展不成熟的研究

如果不能加强金融体制改革，民营企业在金融活动中的边缘化地位将难以根本改变（Bai M et al，2021）。研究发现，金融机构选择放贷对象时，更青睐大型企业或者国有企业，是出于理性的考量。与大企业相比，中小企业的所有权和控制权通常高度重合，更容易发生道德风险。因而，中小企业在融资中更容易处于被动弱势地位，无法享受更加优惠条件的贷款，因而面临的约束程度更高（Poncet S et al，2010）。也有学者从企业所处生命周期角度研究发现，当企业高速增长时，资金缺口通常变大，融资成本会升高；而当企业进入成熟期时，规模变大，盈利能力强，内部资金充足，融资成本变小，面临的融资约束也变小，因此企业规模与其融资能力正相关（寇楠，2020）。国有金融机构更偏好政府部门和大型国有企业（张杰，2000）。专门服务民营企业的金融机构缺乏（王爱俭等，2004），更导致民营企业的融资流动性受阻。除了上述方面，从其他角度出发的融资影响因素研究如下所述。银行规模会影响中小企业的贷款可得性（Stiglitz and Weiss，1981）。小银行的灵活多样化优势可以更方便地服务小企业，随着银行规模的逐渐扩大，当其有能力为大企业放贷时，对小企业的放贷比率会下降（Stiglitz J E and Weiss A，1981）。德姆塞茨等（Demsetz et al，1997）发现，银行规模和向中小型企业发放贷款有显著的负向关联。地区金融发展水平也会影响企业的融资可获得性。金融市场化程度越高，交易主体之间的沟通机制会更完善，信息不对称程度就会更低，民营企业的融资可得性也会更高（Pocius V et al，2014；Man T et al，2002；解维敏和方红星，2011）。同时，金融政策对企业融资流动性的影响也不容忽视，全怡等（2016）研究发现，货币政策波动性和企业融资成本显著负相关；张盼盼（2020）则发现，利率市场化政策也能有效地降低融资难度。

二、民营企业流动性风险监测预警的研究

按照管理学大师德鲁克的观点，管理风险首先必须能准确度量风险①。但是流动性具有多面性和时变性特征，因此对其精确测度一直具有难度。阿林（Allyn，1944）设计了营运资本/存货、应收账款/销售等指标度量企业流动性。比弗等（Beaver et al，1970）实证发现，流动比率与企业的风险显著相关，可以用来反映企业存在的风险。更多的学者则使用现金持有比率作为流动性的代理变量来研究企业的流动性风险。此外，也有学者使用企业的经营周期或现金周期动态衡量企业流动性（Eljelly，2004）。袁业虎（1999）认为，财政部1998年颁布并要求企业实行的《现金流量表》准则为企业利用现金流量信息、对流动性风险的识别与分析提供了条件，并将其归纳为反映各种会计收益的品质及安全性比率、流动资产质量及流动性安全边际、现金利用效率及现金再投资率、企业偿付能力四种类型的指标，同时指出现金流量是动态概念，分析时要有参照标准。张健光和张俊瑞（2010）以传统企业流动性指标为基础，对企业流动性评价指标的划分区分了流动资产和非流动资产、现实流动性和潜在流动性。徐秀渠（2010）选取2008年我国非金融服务行业1373家上市公司的财务数据，采用因子分析法和聚类分析法对能反映企业流动性风险的财务指标进行测定分析，降维寻找衡量企业流动性风险的指标。对于企业资产潜在流动性，王春峰等（2012）从企业发行股票和债券两个方面构建了评价指标。

企业流动性风险的发生会导致企业陷入财务困境乃至破产。因此从流动性角度预测财务困境吸引了大量的研究关注。早期代表性的基于财务信息的统计预警模型是阿特曼（Altman）于1968年提出的Z-Score模型。该模型利用运营资本/总资产、留存收益/总资产、息税前收入/总资产、股权市场价值/总负债和销售/总资产计算Z值，判断企业的风险水平。类似的，谢佳芳（2018）开发了F分数模式评价企业的流动性风险水平。另外离散型回归及各种推广模型也在预警中得到了广泛应用，例如，将神经网络和Logistic模型结合的信用评价模型（石庆

---

① 根据该观点，研究需要先探究如何度量流动性风险，然后才是预警防范和管理风险。

焱，2005）、随机效应 Logistic 模型（Sohn et al，2010）、稀疏 Logistic 模型（Yulia et al，2016）、二阶段 Logistic 模型（Lund，2015）、决策树 – LASSO – Logistic（Wang et al，2015）等。从实用角度分析，Logistic 回归模型和 Probit 回归模型的拟和结果相似，但是 Probit 模型的解释更困难，因此 Logistic 回归模型应用更普遍（Khemais et al，2016）。学者们还探索了基于市场价值的预警模型。该类方法主要基于企业股价波动以及负债水平比较来预测陷入财务困境的概率。具有代表性的方法包括信用计量模型（Credit Metrics）和 KMV 模型。该类方法都从负债企业资产的市场价值测度出发（Trujillo-Ponce et al，2014）。KMV 模型将公司股价隐含的期权思想推广到风险分析之中，利用企业股票市场价格数据变化预警风险，而 Credit Metrics 模型则使用了信用评级变化及违约概率的历史信息，构建信用等级转换矩阵进行分析。

近年来，大数据技术的兴起推动了风险预警研究的发展，一系列的机器学习财务困境预警方法被提出，包括神经网络风险预警模型（Hertz et al，1991）、专家混合雷达基函数神经网络信用得分模型（West，2000）、判别分析和神经网络两阶段混合模型（Lee et al，2002）、概率神经网络信用得分模型（Pang，2005）、偏 Logistic 神经网络（Lisboa et al，2009）、可塑性神经网络模型（Marcano-cedeno et al，2011）、混合神经网络模型（Chuang，2011）、流动性传染复杂网络 ABNS 模型（吴念鲁等，2017）、SVM 集成模型（傅彬彬，2011）、LSTM 深度学习预警模型（陈学彬等，2021）等。这个研究领域前景广阔，不断有新的方法涌现。总体上，利用统计技术、市场信息和机器学习的金融风险监测预警方法并无绝对的优劣，而是各有优缺点，分别适用于不同的场景。

三、民营企业流动性风险防范化解的研究

在中国经济进入新常态后，经济增速下了一个台阶，原来在高速增长期内积压的问题逐渐暴露出来。一些未注重流动性管理或者融资渠道狭窄的中小民营企业的融资约束加剧。党中央、国务院高度重视民营企业的发展，采取了一系列措施破解民营企业的流动性问题，学者们思考民营企业流动性风险的成因及影响，提出了很多防范化解对策。相关文献的主流观点认为，要加强对中国金融体系的改革。陈道富（2015）认为，"融资难、融资贵"问题既与市场机制的优胜劣汰有关，也存在经济下行以及金融体制扭曲的原因。要解决融资约束问题，需要增

强市场机制的作用并控制非市场因素的影响。由于金融体系向实体企业的传导不畅，导致信贷资金并未按照预期流向实体企业，存在资金在金融体系内"空转"现象，因此需要通过改革提升金融效率（田国强和赵旭霞，2019）。吕劲松（2015）认为，中小企业与民营企业高度重合，天生具有融资约束，应借鉴国外的成熟经验，构建金融政策扶助体系。为了破解民营企业的流动性困境，国家制定并实施了一系列的政策工具，包括结构性货币政策工具、民营企业债券融资支持工具、普惠小微贷款支持工具、民营企业股权融资支持工具、疫情防控债等。对于这些民营企业融资支持政策的效果，学者们进行了研究并提出完善对策。徐光等（2019）考察了民营企业债券融资支持工具政策的作用，发现信用风险缓释凭证能提升民营企业的融资成功率，但降低融资成本的功能不明显，民营企业的融资约束依然存在。毛德凤和彭飞（2020）分析减税政策缓解企业融资约束的效果，发现其对非国有企业的作用更明显。胡俊波等（2021）研究了四川省 438 户农村小微企业，从企业融资需求、可获得性、融资结构及信贷约束四个方面，检验了推动"信用评价"政策对企业融资的影响，发现加强社会信用体系建设能缓解农村小微企业的融资难问题，但缓解作用对非正规融资渠道要强于正规融资渠道。文红星（2021）从数字经济发展角度探讨破解中小企业融资约束的路径，认为发展数字普惠金融有助于打破中小企业的融资劣势地位，数字普惠金融发展通过将数字技术纳入中小企业融资的各环节，实现中小企业、银行等金融机构及政府的三方联动，能为中小企业发展提供解决方案。银行贷款不能满足需求时，很多民营企业会借助非正规融资。研究发现，宗族文化纽带有助于民营企业获得更低成本的经营资金（周先平等，2021）。民营企业融资难、融资贵问题有极强的周期性和结构性，解决民营企业的流动性难题，应该让市场主导配置资金，同时发挥政府的积极作用，全面推动金融体系、国有企业等方面的综合改革（朱太辉，2019）。

四、文献述评

尽管文献对流动性风险的定义不完全相同，但主流观点认同企业流动性风险就是缺乏负债融资和资产变现渠道获取资金应对短期预期或非预期支付的能力。在影响因素研究方面，国内外文献主要归纳为民营企业经营管理状况、金融机构与民营企业信息不对称以及金融市场发展缺陷三个方面，经营管理问题主要包括内部管理问题、代理问题、行业特征以及信用水平问题；金融机构与民营企业信息不对称问题包括银企沟通不畅、融资结构不合理；金融市场发展缺陷包括规模歧视、所有制歧视、金融发展水平、中小金融机构发展和政策变动等多个方面。对流动性风险影响因素定量分析方面，现有文献多采用多元回归技术，对民营企业流动性风险的影响路径和中介机制研究不够深入，并且对民营企业的融资政策文本的挖掘不够，没有从行业企业复杂网络的角度思考民营企业流动性的变化。对于流动性风险的测度研究，文献主要使用不同财务指标衡量流动性状况，有一定的片面性，使用综合性指标体系方法评价的研究成果不多。由于缺乏合理的流动性测度方法，民营企业流动性困境的预警技术的使用也受到了很多制约。对于民营企业流动性纾困政策的研究需要加强定量分析，夯实对策研究的微观基础。在此基础上，提出优化民营企业流动性风险纾困的长效路径。

第四节　企业流动性的理论基础

企业的流动性对民营企业的正常经营与发展至关重要。依据企业偿付资金来源，流动性可以被划分为资产流动性和筹资流动性两种，分别衡量企业资产的变现能力和负债能力。民营企业流动性状况既与宏观流动性、行业状况等外部环境有关，也与公司资本结构、投资策略、公司经营等因素息息相关。在公司金融理论研究中，学者们提出的一系列企业融资流动性相关的学说，为开展民营企业流动性风险研究提供了理论支撑，其中具有代表性的有流动性偏好理论、优序融资理论、权衡理论、信号传递理论、自由现金流假说等[①]。这些理论要么从公司收入、投资者支付和现金流管理的内生视角，要么分析外部环境不确定性对企业流动性的冲击。梯若尔（Jean Tirole, 2007）认为，现金流短缺时的流入需求与自由现金流量的分配，是理论风险模型的两个对立面，企业需要在流动性和投资规模之间权衡。后面结合上述理论的思想与民营企业的实际情况分别阐述金融理论的思想和内容。

---

① 让·梯若尔. 公司金融理论［M］. 北京：中国人民大学出版社，2007.

一、流动性偏好理论

流动性偏好理论由经济学家约翰·梅纳德·凯恩斯提出，目的是解释投资者流动性需求的动机问题。凯恩斯认为，货币是流动性最强的资产，但持币不能获得利息。投资者在流动性高的货币和生息资产之间转换的行为，受到了交易动机、预防动机和投机动机的驱动。

从企业经营者角度来看，现金资产流动性最好。持有充足资金不但可以保证企业日常经营的正常运转甚至扩大经营，还可以偿还预期或非预期的债务。梯若尔（2007）证明了企业应该预先持有流动性而非"等着瞧"的结论，因为投资者的投资规模不会多于经营的净收益。由于受到创业经历、儒家文化等因素影响，中国的民营企业更加倾向于持有高额现金（李万利等，2021）。民营企业融资约束严重、信用评级不足，内部融资往往成为其融资方式的首选，因此，持有现金能使其预防外部冲击。特别是在经济衰退阶段，市场没有活力，投资机会减少，民营企业可能会选择缩减规模、变卖固定资产减少机会成本所带来的损失以获得更多的现金。从投资者的角度来看，民营企业作为市场主体，持有现金可以更灵活地抓住市场交易机会，获得更大的投资收益。利率是由货币供给和需求共同决定的持有货币的机会成本。货币的投机需求是利率的递减函数，即利率升高，会减少货币持有；而利率降低，则增加货币持有。在货币政策不确定较强的时期，民营企业会预测利率变动方向，持有现金以在投机中获利（Lin C et al, 2020）。

二、莫迪利安尼—米勒模型

莫迪利安尼—米勒模型也被称为 MM 理论，由莫迪利安尼（Modigliani）和米勒（Miller）在 1958 年提出。在资本市场中，假设投资者具有经济理性、市场信息完备、证券可无限分割、以主观随机变量表示公司预期收益、无风险利率负债这五个条件，那么预期收益的现值是企业市场价值的唯一决定因素，即在完美的资本市场条件下，企业的市场价值与其自身资本结构无关。由于 MM 理论具有许多理想化的强假设，与资本市场的实际状况相去甚远，因此在理论诞生后，诸多国内外学者放宽假设条件研究企业资本结构对企业市场价值的影响以解释企业融资决策行为。MM 理论被进一步拓展，其中，有两大理论被诸多国内外研究者所接受并广泛运用，一种是权衡理论，另一种是优序融资理论①。

（一）权衡理论

基于税收收益、财务困境成本等因素，权衡理论聚焦于债务融资的度上，即研究企业如何权衡负债的利弊，调整债务融资与权益融资比例，尽可能价值增值。对民营企业而言，债务融资是一把"双刃剑"，其优势在于抵税收益，根据《中华人民共和国企业所得税法实施条例》第三十八条规定，给予企业债务融资的税收优惠，即债务利息可以从税前利润中扣除，因而减少应纳所得税可带来抵税收益。在企业负债率较低时，抵税效应能提升企业的市场价值，但随着负债率的上升，边际利益会逐渐下降。当边际成本超过边际利益时，过度负债会使得企业在遭遇经营危机时现金流链条断裂，企业将蒙受财产损失甚至破产，继而导致企业价值损失和破产清算费用等成本。因此，依据权衡理论，企业会存在最优的资本结构。在理想的财务杠杆水平下，债务边际抵税收益与边际财务流动性成本相等。为达到最优负债比例，低负债企业将选择加杠杆，而高负债企业则会降杠杆。根据权衡理论，企业把握最优的债务融资比例，以达到既可以满足企业资金需求，又可以控制流动性风险的目的。

（二）优序融资理论

优序融资理论也被称为啄食顺序理论，由迈尔斯和迈勒夫于 1984 年提出。该理论认为，由于信息不对称和交易成本的存在，对于企业，内部融资会优于外部融资。又由于债券的估值相对于股权融资通常更准确，因此债务融资又优于股权融资。内部融资是企业内部形成的资金，包括企业所有者的留存盈利、折旧和定额负债转化为投资的部分。内部融资获取资金的成本通常更低，也不会减少企业现金流，因此是企业弥补资金缺口时的首选方式。当内源融资无法满足资金缺口或担心因股利减少导致投资者流失时，企业需要寻求交易成本更大的债务融资和股权融资渠道。债务融资方式需要企业向投资者发行债券或票据，并在债务到期时本付息。股权融资是企业股东在公开市场或私募发售股票，通过出让部分

---

① 权衡理论和优序融资理论的根本区别在于对信息完全程度的假设不同，前者基于完全假设，后者则是不完全的，即存在融资交易成本。

企业所有权引入资金。企业管理者认为债券融资风险相对低于股权融资风险，因此会优先选择前者。研究表明，无论债券还是股权融资，投资者对外部融资信息的反应影响企业流动性的机制都有两面性。一方面，企业从外部获得了经营资金，该信息对企业发展前景是积极的；另一方面，外部融资消息也会释放出企业流动性紧张的利空消息，引发外部投资者的担忧。

三、自由现金流假说

自由现金流假说是针对代理问题的研究，以委托代理理论、财务危机理论、破产成本理论和控制权理论为基础，由美国经济学家詹森在 1986 年提出。该理论认为，当企业发展处于成熟期且经营盈利时，应当将大量闲置的现金交给股东管理以降低管理层权力。企业开发新项目所需的资金，可在资本市场上募集，从而给管理层造成压力，避免管理层为私利滥用自由现金流投资失败项目可能引发股价崩盘等代理问题发生[①]。因此，现金流充足的企业适度举债可以降低代理成本，有利于提升企业市场价值和股东利益。该理论的根源在于解决企业股东和管理层利益目标不一致导致的代理问题。郭宏等（2020）、孙多娇等（2022）研究表明，自由现金流导致企业过度投资的问题，在中国国有企业中比民营企业更为严重。

四、信号传递理论

信号传递理论一般被认为 1977 年由经济学家罗斯提出。该理论以信息不对称为前提，认为由于投资者不掌握企业的内部信息，企业通过资本结构或者股利政策向投资者传递信号。投资者依据企业传递的利润宣告、股利宣告和融资宣告这三种信号来评估企业的市场价值，形成长期现金流量等新信息。投资者据此调整投资策略，这会进一步影响企业的流动性。研究表明，不仅是民营企业股利发放等财务信息，而且慈善捐赠、环保行为、社会活动等也会向外界传递信号，从而影响企业的财务风险（石绍宾，2003；赵胜民等，2021）。

---

① 李文贵，严涵. 年轻高管与企业股价崩盘风险：来自"代理冲突观"的证据［J］. 经济理论与经济管理，2020（11）. 研究发现该联系更多的存在于民营企业而非国有企业。

第五节　研究内容、思路及特色

一、研究框架内容

(一)研究主题

以民营企业流动性风险为研究对象,以"融资难、融资贵"、股权质押平仓、债券违约等突出问题为切入点,围绕监测防范民营企业流动性风险这一核心问题,融合多学科理论和方法,构建民营企业流动性风险统计监测预警体系,并在评估已有纾困政策实施效果基础上,提出完善防范化解民营企业流动性风险的对策。按照研究主题,构建基本研究框架,如图 1.2 所示。

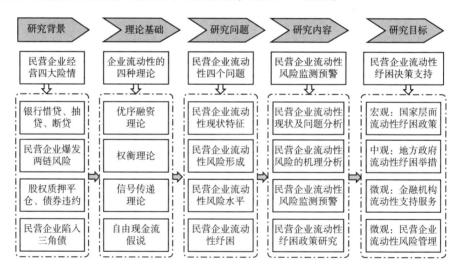

图 1.2　基本研究框架

(二)研究内容及安排

1. 开展民营企业流动性风险理论和现状分析

广泛收集国内外相关研究文献并按主题分组,开展了民营企业的流动性风险经济学理论和现状分析。对相关文献按融资约束、财务困境、风险传染、股权质押风险、担保风险、"僵尸企业"、流动性风险监测预警与纾困政策等细分模块分组，掌握了相关研究的前沿进展。从流动性偏好理论、MM 理论、优序融资理论、权衡理论、信号传递理论、自由现金流假说等经典理论出发，探究民营企业融资流动性的影响因素和风险形成传导的内在机制。结合民营企业流动性风险的现状调查和民营上市公司微观数据库，开展了民营企业流动性的现状及影响因素分析。

2. 系统梳理企业流动性的监测评价和预警方法

流动性监测评价方法梳理包括基于单个流动性指标测度和流动性指标体系评价两类。对于流动性困境的预警问题，分析了统计模型法、机器学习法以及基于资本市场变量计量三类建模思路。确立了使用因子分析方法提取流动性风险主因子，然后结合逼近理想解排序法（TOPSIS）评价的测度思路。

3. 民营企业流动性风险的经验测算

（1）基于流动性单指标的测算。选择代表性的单个流动性指标测算民营企业的流动性水平。使用 CSMAR 民营上市公司数据库，基于营运资金比率和流动负债比率两个指标，先测算每一家民营企业的流动性水平，然后合成分行业的流动性水平，并进行行业之间的比较分析。（2）基于民营企业流动性统计指标体系的测算。在流动性比率、现金流量比率、流动负债比率和经营性比率四个一级指标下分别选择细化指标，构建了流动性监测统计指标体系。基于民营上市公司微观数据，利用因子分析方法对高维指标降维，然后使用逼近理想解排序法评价流动性。测算了不同行业的流动性水平，并分析流动性水平时间维度的变化。（3）民营企业现金—现金流敏感度的测算。先使用 Beveridge-Nelson 分解技术，将民营企业的现金流序列分解为趋势和循环波动成分，然后利用回归思路分别测度现金—现金流敏感度，并分析其变化趋势。

4. 民营企业流动性困境预警分析

利用民营企业流动性测算结果，使用混合模型 EM 聚类算法，划分不同流动性水平的企业簇，识别流动性困境企业并提出预警的警戒线。

5. 估计新冠疫情背景冲击下民营企业演变为"僵尸企业"的风险

严重的流动性困境可能会导致民营企业出现僵尸状态。本书选取了 2015～2020 年 10716 家沪深上市民营企业进行分析，得出如下结论：第一，根据过度借贷法测算，受到新冠疫情冲击的民营企业演变为"僵尸企业"的概率更大，且不同行业的民营企业僵尸化的风险出现分化。第二，民营企业在遭遇新冠疫情冲击后，会减少研发投入，以渡过难关避免成为"僵尸企业"，但在一定程度上损失长期的竞争力。第三，新冠疫情时期的"僵尸企业"的现金持有比率上升，并容易陷入不断提升负债程度的恶性循环。

6. 从多维视角评估民营企业流动性纾困政策效果，提出政策优化路径

首先，在多维度下考察了纾困民营企业政策实施后的宏微观经济变化；其次，以上海证券交易所公司债发行微观样本为例，运用双重差分模型，估计债券融资支持工具政策实施对民营企业融资约束的净影响；最后，结合博弈模型和典型案例分析，对优化纾解民营企业流动性困境，增加对民营企业的金融支持，实现民营经济高质量发展路径，得到了政策启示。

根据研究内容，总体章节安排如下。第一章，绪论。阐述研究背景，综述研究脉络，概括研究内容、研究思路及边际贡献。第二章，民营企业融资渠道的演变及困境。论述民营企业成长历程中融资渠道的变化，从制度、宏观和微观视角分析民营企业面临的融资约束现状。第三章，民营企业流动性风险的影响因素分析。从流动性理论出发剖析流动性风险的影响因素，利用微观调查、计量分析、文本调查和复杂网络方法挖掘影响民营企业流动性的因素。第四章，民营企业流动性风险监测预警方法。梳理测度和预警企业流动性风险的方法，并进行方法比较改进分析。第五章，民营企业流动性风险评价及现金流分析。从单指标和统计指标体系出发，分别测度民营企业个体和行业的流动性风险，利用主成分 TOP-SIS 方法评价。第六章，困境民营企业的识别预警分析。基于混合模型聚类算法对民营企业的流动性困境进行预测预警，对"僵尸企业"状态进行预警分析。第七章，民营企业流动性纾困政策分析。分析民营企业流动性纾困政策，定量评估民营企业流动性纾困政策的效应，提出完善防范民营企业流动性风险的对策。第八章，回顾与展望。

二、研究思路与方法

（一）研究思路

研究遵循"问题提炼→研究设计→模型构建→实证测度→政策研究"的基本思路。首先，根据文献调查和民营企业问卷调查，发现民营企业的流动性问题；其次，利用分位数回归、文本挖掘和网络调查分析探索民营企业流动性风险的影响因素；再次，利用加权主成分 TOPSIS 方法测度民营企业的流动性，实施混合模型 EM 聚类算法识别流动性困境企业，引入集成学习方法预警民营"僵尸企业"；最后，在政策评估的基础上，从长短期提出完善流动性风险防范处置的策略。

（二）研究方法

1. 综合调查分析法

为得到完整的民营企业流动性资料，综合了问卷调查、文本挖掘及微观数据库提取等方式，获得了民营企业流动性风险分析的基础数据。

2. 实证分析法

综合利用各种统计技术进行实证分析。利用分位数回归方法、LDA 话题模型、复杂网络技术分析流动性风险的影响因素。利用加权主成分 TOPSIS 法，即先用主成分分析求得主成分决策阵并赋予客观权重，然后用正负理想解求得最优接近度去测度民营企业的流动性风险。利用混合模型聚类 EM 算法，探索性识别流动性困境企业。在新冠疫情冲击下，以流动性为基础构建"僵尸企业"预警指标体系，进而利用集成学习方法进行监测预警。使用双重差分法，选择实验组和对照组，基于政策自然实验识别因果关系，估计纾困政策的效应。

3. 博弈分析法

探索民营企业的纾困路径问题。构建三阶段博弈模型，分析政府、机构和被纾困企业之间的博弈关系，分析政府选择不同策略实施对预期目标的实现程度。

三、研究特色

研究工作可能的创新与特色之处在于以下两点。

（一）成果的学术价值

本书以企业流动性风险理论为基础，以中国民营企业流动性困境为研究对象，深入剖析了流动性风险的影响因素，利用加权主成分 TOPSIS 方法改进了流动性风险的测度方法，提出用混合模型 EM 聚类算法识别困境企业的方法，以集成学习思路构建了财务困境的预警模型，利用双重差分模型定量推断民营企业纾困政策的效果。以上工作对促进微观个体与宏观政策研究相融合，拓展民营企业金融风险防范处置的相关学术研究有一定意义。

（二）成果的应用价值

本书提供了一套利用微观民营企业数据监测、识别、预警流动性困境的统计流程，并对民营企业个体、行业及民营企业整体的流动性风险进行了实证分析。本书挖掘了民营企业流动性的影响因素，评估了流动性纾困政策实施的效果，探索了纾困民营企业的优化路径，为防控化解民营企业融资难、融资贵的问题，支持民营企业健康发展，落实支持民营经济发展的政策措施，具有实践意义。

本章小结

本章致力于确立本书的研究问题、理论基础、研究动态、研究框架和研究价值等问题，结论如下所述。

（1）民营经济对中国经济发展作出了重要的历史贡献，在国民经济中占据重要的地位，未来也必然有光明的前景。民营企业的融资约束与流动性困境是制约民营经济高质量发展的重要桎梏，因此需要加强对民营企业流动性风险的统计监测预警，并深化金融供给侧改革，以多元化举措破解民营企业流动性困境。本书从学术上能丰富企业流动性风险管理和民营经济统计的理论和技术方法，促进统计学和公司金融等学科研究的交叉融合。在现实中，提供民营企业流动性风险的监测预警分析结论，促进民营企业流动性纾困政策的优化和民营经济高质量发展。

（2）流动性在经济学中使用涵盖了从宏观到微观的不同层次，具有复杂性和易混淆性。本章界定了流动性、企业流动性和民营企业流动性风险三个概念。流动性指市场主体利用筹资或资产变现手段，获取现金及现金等价物，以应对经营周转和偿付需求的能力；企业流动性是企业获取短期流动性的能力；民营企业流动性风险定义为因民营企业缺乏获取现金及现金等价物的能力而招致损失的风险，包括筹资流动性风险和资产流动性风险。对于民营企业，流动性风险和市场风险、信用风险和操作风险等风险类型有千丝万缕的联系。

（3）学者们对民营企业流动性风险的原因、影响机制、测度和应对策略等方面开展了丰富的研究，但仍有很多问题有待深化。首先，对民营企业流动性风险的影响机制的挖掘不够深入；其次，对于流动性风险的测度指标考虑较为单一，而且流动性测度、流动性困境监测预警与统计学和机器学习技术缺乏融合，对民营企业流动性纾困政策的研究也需要加强定量评估。

（4）多种金融学和风险管理理论能解释企业流动性问题。其中，具有代表性的有流动性偏好理论、优序融资理论、权衡理论、信号传递理论、自由现金流假说等。流动性偏好理论关注企业在流动性和投资回报之间的权衡，企业经营在二者转换中受阻会导致流动性风险。MM 理论拓展的权衡理论认为，根据权衡理论，企业应把握最优的债务融资比例，以达到既可以满足企业资金需求，又可以控制流动性风险的目的，而过度负债则会导致流动性危机。优序融资理论认为，企业内部融资优于外部融资，债务融资又优于股权融资。企业的最优融资方式受阻会导致融资约束从而引发流动性风险。自由现金流假说针对企业股东和管理层利益目标不一致导致的代理问题，自由现金流可能导致企业过度投资，这在国有企业中比民营企业更严重。信号传递理论考虑投资者和企业的信息不对称，投资者依据企业传递的信号判断其流动性现状并据此调整投资策略，这会进一步影响企业的流动性。

（5）本书依据所设定的研究思路形成自身特色。本书的研究主题是监测防范民营企业流动性风险。按照研究主题，安排了研究内容的章节结构，厘清了"问题提炼→研究设计→模型构建→实证测度→政策研究"的研究思路，设计了综合调查法、实证分析法、博弈分析法和案例分析法等研究方法。本书研究工作可能的创新与特色之处在于：首先，利用统计学和机器学习等手段，系统性地考察了民营企业流动性风险的统计监测预警和处置防范问题，从而丰富了民营经济和企业统计的理论方法研究。其次，本书提供了一套利用微观民营企业数据监测、识别、预警流动性困境的统计流程，并提供了流动性风险测度分析结果，探索了优化民营企业流动性纾困的对策，这对金融支持民营经济高质量发展具有实践意义。

第二章

民营企业融资渠道的演变及困境

开展民营企业流动性风险研究，需要摸清民营企业融资渠道的演变、现状及其面临的困境。本章写作思路是综合问卷调查、网络爬虫、文本分析、微观数据库调取等手段获取基础数据，多角度挖掘民营企业融资渠道的特征、演变及流动性的影响因素。

第一节　民营企业融资渠道的演变

从 1980 年来自温州的章华妹领到第一张个体户营业执照开始，中国的民营经济已经历经了 40 余年的发展历程。一方面，民营经济不断地由弱变强，取得了举世瞩目的成绩，具有了习近平总书记指出的"五六七八九"的重要特征。另一方面，民营经济在发展中一直面临着诸多困境，最为突出的是三座大山——市场的"冰山"、转型的"火山"、融资的"高山"。民营企业面对的各种风险因素交织在一起，其中"融资难、融资贵"引发的流动性风险被全社会广泛关注。不能简单地将民营企业流动性风险的爆发视为偶然事件，因为民营经济的金融困境既源于外部因素的冲击，也是渐进式改革的内生现象（张杰，2000）。因此，本章从中国民营经济发展的纵向历史视角出发，回顾民营企业融资渠道的演变，然后剖析其面临融资约束的各方面原因。根据班克斯对企业流动性的定义及其分类，本书研究从内源融资和外部融资两种渠道，分别分析民营企业融资环境的历史演变。

一、民营企业内部融资的演变

（一）初创期民营企业的内部融资

一般情况下，内部融资都是民营企业初创时期最重要的资金来源[①]。创业时期的民营企业普遍融资渠道狭窄，融资规模有限，最常见的筹措资金来源包括创始人和合伙人的自有资金，以及创业者亲戚朋友等社会网络关系提供的资金。这种依赖社会关系的互助式融资特点使得萌发的民营企业不可避免地具有极强的地域和宗族特征。潘越等（2019）研究发现，宗族内成员间的信任水平普遍更高，宗族成员内的信息交流更顺畅，信息不对称的水平更低，而且传统文化对违约的道德规范约束力也更强。当民营企业的创业者无法从正规金融体系内获得资金时，宗族乡情就演变成为一种非正式的金融制度。越是宗族文化浓厚的地区，民营企业面临的融资约束就越小，民营企业创立者能够动用的社会网络资源就越丰富。宗族亲情关系的存在，还使得民营企业内部融资的成本更低，信用违约风险得到了非正式的控制（冯晓菲和张琳，2020）。从更广泛的视角看，宗族文化还维系了中国近代以来人口全球流动背景下的社会关系，使得国内民营企业的创业者能够从海外获得外资启动，一定程度上摆脱了改革开放初期国内资金匮乏的限制。例如，中国著名的侨乡泉州、福州、莆田、江门、汕头、梅州、温州、台州等地，无一例外也都成为中国民营企业的集中出现地，直到现在也仍然是中国民营经济最发达的地区。

（二）民营企业内源融资模式的扩张

随着民营企业的规模不断扩大，其对经营资金的需求量也变得更大，民营企业家开始借助民间借贷等形式获取资金。虽然民间借贷的资金出借者不一定是民营企业家的亲人、熟人或合伙人，但是作为非正规金融的民间借贷形式仍有其独特的风险识别和控制机制，那就是地域限制和乡情纽带。研究发现，由于地域阻隔和分隔区域的资金沉淀规模不同，同一省市不同县区的资金借贷成本也不会相同，因此民营企业的民间借贷仍属于典型的"封闭型融资"形式（邓文硕，2020）。

[①]　根据国家体改委、国家工商总局的调查数据，中国私营企业的平均自有资金率为77.1%，自有资金率为100%的占53.7%。http：//www.myjjzx.cn/cj/view.php? aid＝300。

（三）内源融资模式的发展创新

在市场经济的成熟和金融科技的发展下，民营企业不断挖掘内部潜力，内源融资出现了很多创新模式。主要包括以下四种。

1. 内部现金流融资渠道

民营企业充分利用企业内部形成的现金流融资，包括留存盈余融资模式、折旧融资模式和纳税筹划融资模式。留存盈余融资主要是用股东配股方式将留存盈余转化为企业发展所需的资金。折旧融资模式是企业利用折旧抵税效应获得资金的形式，通过非债务税盾缓解企业资金缺乏问题。纳税筹划融资模式是民营企业加强对税收法律法规的掌握，优化纳税筹划策略以尽可能地享受纳税优惠政策，从而间接得到支持资金。

2. 盘活存量资产融资渠道

盘活存量资产融资是民营企业获得内源融资的另一种形式，主要有现金管理模式、应收账款融资模式、存货质押融资模式及出售或盘活资产融资模式四种类型。现金管理模式是加强现金管理水平，例如，加速货款回收，提高现金周转。应收账款融资模式是企业运用应收账款流动资产理财或者贷款获得资金。存货质押融资包括就地仓储融资、信托收据融资和质押单存货融资三种形式。出售或盘活资产融资模式就是企业通过出售或盘活资产获得资金。利用金融技术，企业可以将资产的现金流收益证券化出售获得融资。

3. 内部债务融资渠道

内部债务融资，即企业向职工、股东借款获得资金的方式，包括内部集资、应付账款融资、预收账款融资等形式。该融资方式通常需要遵守相关法律条款，避免演变成非法集资①。

4. 内部股权融资渠道

随着资本市场的发展，股权资源也成为企业融资的重要资源，包括股权出让融资、内部资本市场融资等模式。股权出让融资模式即企业出让部分股权给战略合作者，由后者带来资金。内部资本市场融资是企业利用交叉持股方式与关联企业形成集团企业，从而盘活集团企业内的资金流动，优化资金配置的模式。

---

① 中国人民银行办公厅关于进一步加强对涉嫌非法集资资金交易监测预警工作的指导意见［EB/OL］. http：//www. pbc. gov. cn/tiaofasi/144941/3581332/3589432/index. html.

二、民营企业外部融资渠道的演变

（一）民营企业间接融资模式的变化

当民营企业发展到一定的规模，单纯依靠内源融资已很难满足资金需求。这个阶段民营企业需要借助外部资金满足日益增长的资金需求，外部融资渠道开始呈现"多元化"趋势。根据世界银行发布的 2012 年中国企业调查数据分析（见表 2.1），内源融资仍然是民营企业的主要资金来源，主要模式是企业内部运营资金和留存收益。来自商业银行和金融机构贷款的外部资金占比不高，来自非银行金融机构的融资比例甚至低于来自供应链上游的赊欠账款。数据表明依靠国有大银行和中小银行的间接融资方式不能满足民营企业的流动性需求。民营企业如果要从银行贷款，主要形式是抵质押贷款和担保贷款。这种贷款形式需要民营企业发展到一定规模，拥有土地、厂房、机器等固定资产，这对于初创期的民营企业或小微企业通常难以达到要求（殷兴山，2019）。

表 2.1	世界银行 2012 年中国企业调查数据					
企业性质	变量	数量（家）	均值（%）	标准差（%）	最小值（%）	最大值（%）
民营企业	内部资金/留存收益	2700	86.7489	24.6815	0	100
	银行贷款（民营和国有）	2700	6.5437	14.8847	0	100
	非银行金融机构贷款	2700	0.5326	5.7268	0	100
	供应商赊购或垫款	2700	2.7404	10.2271	0	100
	其他（放债人、朋友、亲戚等）	2700	0.4104	4.3951	0	100
国有企业	内部资金/留存收益	148	89.8446	24.4587	0	100
	银行贷款（民营和国有）	148	5.5473	16.1832	0	100
	非银行金融机构贷款	148	−0.2432	1.4644	0	100
	供应商赊购或垫款	148	0.9730	8.9343	0	100
	其他（放债人、朋友、亲戚等）	148	−0.0405	2.2943	0	100

资料来源：根据 2012 年中国企业调查数据（The People's Republic of China 2012 Enterprise Surveys Data Set）经笔者计算所得。

中小民营企业的增长和竞争力受到缺乏融资渠道和高成本的限制（Kumar，Rao，2015；吕薇，2000）。中小民营企业在获得金融机构贷款和其他信贷工具方面仍然面临挑战，使得其必须考虑实际和非常规的融资方式。国家权威文件屡次明确提出要拓宽外源融资的渠道，关键在于完善对中小企业的贷款担保体系，创新担保合作方式①。因此外部增信是民营企业获得贷款机会的重要条件。另外，推动"乡村银行"等众筹形式也是一种创新。通过建立企业经营的资金池，允许一些小微企业扩大运营规模与成熟大企业竞争；贷款技术在不断创新，中小企业现在可以利用现金流和盈利业务信息记录作为贷款依据；还可以使用技术专利、品牌和客户网络等轻资产抵押贷款；初创期的民营企业，可以引入私募股权基金风险投资和创业投资，获得创业启动资金②。

（二）民营企业直接融资渠道的变化

1. 民营企业股票市场融资的变化

在直接融资方面，民营企业的融资渠道也在不断拓宽。1990 年，上海证券交易所（以下简称上交所）成立标志着中国资本市场的建立。成立初期的股票市场，主要为国有企业融资服务，民营企业很难进入市场。直到 1994 年，浙江万向钱潮成为国内第一家上市的民营企业。国有金融体制对国有企业的偏好是民营企业在资本市场发展初期融资受阻的重要原因，而政府为保证稳定的收入来源对国有企业实施金融补贴也不容忽视（高兰根和王晓中，2006）。随着民营经济在国民经济产出中的比重不断上升，不但产出超过了国有企业，而且上缴的税收总额同样超过国有企业。股票市场开始接纳民营企业，民营上市公司数量逐渐上升。在 2009 年 10 月创业板被推出后，民营企业迎来上市融资的高潮。民营企业利用股票市场融资的模式已经被打通（见表 2.2）。

表 2.2　　　　　　　　　　民营企业新增国内上市数量　　　　　　　　单位：家

项目	1990 年	1991 年	1992 年	1993 年	1994 年	1995 年	1996 年	1997 年
新增数量	4	2	20	2	7	0	5	13
项目	1998 年	1999 年	2000 年	2001 年	2002 年	2003 年	2004 年	2005 年
新增数量	8	11	23	14	14	21	47	7

---

① 可参见《中华人民共和国中小企业促进法》《国务院关于鼓励支持和引导个体私营等非公有制经济发展的若干意见》《关于加强中小企业信用担保体系建设的意见》。

② 银行以企业专利权为质押：为创新型企业提供融资支持［EB/OL］. https：//www.gov.cn/xinwen/2020 - 12/14/content_5569238. htm.

项目	2006 年	2007 年	2008 年	2009 年	2010 年	2011 年	2012 年	2013 年
新增数量	30	33	57	79	292	256	129	1
项目	2014 年	2015 年	2016 年	2017 年	2018 年	2019 年	2020 年	2021 年
新增数量	101	189	182	379	71	146	313	—

资料来源：根据 CSMAR 中国民营上市公司数据库测算得到。

尽管中国的民营经济贡献了 50% 的税收、60% 的 GDP、70% 的技术创新、80% 的就业和 90% 的新增就业，对国民经济的作用巨大，但是，作为中小企业近义词的民营企业，能达到在沪深 A 股上市条件的只是少数，多数的中小微民营企业仍较难利用资本市场融资。为了使资本市场更好地服务中小企业，特别是"专精特新"中小企业的发展，落实国家以创新驱动发展的战略要求，2021 年 11 月，北京证券交易所（以下简称北交所）成立，设立北交所将有效地解决中小民营企业，特别是中小高科技公司的融资问题。截至 2022 年 6 月，北交所的上市公司共有 89 家①。随着市场的逐步扩大，相信民营上市公司的数量会快速增长。北交所的成立构建了"专精特新"科技型中小民营企业的融资平台，也充分说明了国家推动多层次资本市场体系建设支持民营企业融资战略的长期性②。

2. 民营企业债券市场融资的变化

1990 年后，上交所和深圳证券交易所（以下简称深交所）的债券市场初步形成，企业可以发行公司债、企业债等不同产品直接融资。但由于发行条件的种种限制，直到 1999 年，重庆力帆和西安金花企业集团才开始成为国内少数成功发债的民营企业③。经过近 30 年的发展，民营企业发债的产品类型不断丰富，涵盖了公司债、企业债、票据融资、短期融资券、可转债、可交换债、项目收益票据等不同的类型。与此同时，民营企业的债券融资交易仍然存在显著障碍。突出问题表现在，中国的企业债券市场仍然由国有企业，特别是中央企业所主导，民营企业能获得的融资支持仍然有限。主要表现在，民营企业发债规模相对较小，发债成本较高，投资者对民营企业债券的积极性不高。从债券发行的绝对额度增长看，市场经历了 2015 年和 2016 年的高速增长后，长期处于萎缩状态，2021 年更

---

① 北交所官网：https：//www. bse. cn/static/statisticdata. html.

② 证监会发布《关于北京证券交易所上市公司转板的指导意见》，http：//www. csrc. gov. cn/csrc/c100028/c1721431/content. shtml。

③ 王克. 中国公司债券融资问题研究 [D]. 北京：中共中央党校，2008.

是跌落至 2015 年来的最低水平，只有 4488 亿元规模（见表 2.3）。从横向时点分析，截至 2021 年 11 月，在 3286 只被上交所托管的公司债券中，中央国有企业发行的债券有 1018 只，地方国有企业主体发行的债券有 1701 只，而以民营企业为主体发行的公司债券只有 318 只，民营企业债券数量占比只有 9.68%。从发行额度看，民营企业债券共发行 3162 亿元，只占总发行额（39438 亿元）的 8.02%。从融资成本看，民营企业的超额利差远远高于国有企业。在 2012 年底，民营企业相对中央企业的超额利差大约 128BP（基点）。到 2017 年底，利差缩小到 106BP，但 2021 年上半年又扩大到 200BP 以上[①]。因此，从发行数量、融资规模、融资成本来看，民营企业在债券市场上均处于相对劣势地位。造成民营企业债券发行困境的主要原因在于，结构性去杠杆进程中，民营企业行业竞争加剧、经营风险上升、内部治理不完善等一系列问题凸显。中小民营企业普遍外部融资能力较弱，一旦所发行的债券违约，就会暴露出较高的风险。以上原因加深了投资者对民营企业债券的风险厌恶，导致民营企业和国有企业的信用利差增大。

表 2.3   **民营企业债券发行情况**

项目	2014 年	2015 年	2016 年	2017 年	2018 年	2019 年	2020 年	2021 年
发行人数量（个）	396	415	505	369	314	243	226	161
发债数量（只）	580	883	1398	948	907	621	695	493
发债规模（亿元）	2814	7923	14319	6971	6802	4993	6485	4488

资料来源：民营企业债券融资困境如何破局［N/OL］．上海证券报，https：//stock.cnstock.com/stock/smkzq/202203/4844327.htm.

3. 国家拓宽民营企业融资渠道的举措

近几年，中国经济增速下滑和产业结构优化调整，叠加新冠疫情的冲击，很多民营企业的生产经营受到了冲击，陷入融资受限、流动性缺乏和债务违约的困境之中。各级政府针对民营企业融资不畅遭遇流动性风险的现实，出台了一系列的纾困措施。代表性的支持政策是中国人民银行推出的"三支箭"工具组合。在间接融资方面，明确未来新增的企业类贷款中，民营企业贷款在大、中小银行的占比分别不低于 1/3 和 2/3，并且未来三年内银行类金融机构对民营企业的贷

---

① 资料来源于 Wind 数据库。

款比重要超过50%①。在直接融资方面，中国人民银行牵头，设立了债券融资支持工具和风险缓释工具，通过增信方式促成民营企业发债。支持相关民营企业发行疫情防控债券，稳定服务抗疫需求民营企业的资金需求。通过创设信用风险缓释凭证、担保增信等方式支持民营企业发行债券，推动民营企业债券信用环境的逐步恢复。为了继续支持民营企业债券融资，2021年《政府工作报告》明确提出"完善民营企业债券融资支持机制"的工作任务②。因此，拓宽民营企业债券融资渠道，增强服务民营经济发展质效的战略将会长期持续。在股权市场上，设立股权融资支持工具，化解上市民营企业的股权质押风险。总体上，尽管面临各种困难，未来民营企业的融资环境将会整体持续向好。

回顾中国民营企业40多年来的发展历程，可以发现以下结论：民营企业的融资渠道在不断拓宽，从单一的内源融资向多元化融资模式发展。在金融科技不断发展的情况下，民营企业需要充分利用各种融资渠道获得资金支持。与此同时，仍应清醒地认识到，中小民营企业获得的金融资源和其经济产出不匹配，遭受了长期的融资约束困境。要从供给侧解决民营企业的流动性困境，就需要深入分析流动性风险产生的原因，努力拓宽各种融资渠道，塑造内源融资和外部融资协调发展的新格局。

第二节　民营企业的融资困境分析

中国民营企业的融资渠道不断演化的动力来自哪里？为何长期困扰于"融资难、融资贵"问题，流动性风险的形成发展又存在哪些深层次的背景？这些问题出现的原因可能是多方面的和错综复杂的。本节结合已有文献的研究，从制度经济学、宏观经济学和微观经济学的视角出发，尝试进行经济逻辑的剖析，提出一些思考。

---

① 资料来源：国家金融监督管理总局，https：//www. cbirc. gov. cn/branch/qinghai/view/pages/common/ItemDetail. html？docId＝606402&itemId＝2053&generaltype。

② 李克强. 政府工作报告：2022年3月5日在第十三届全国人民代表大会第五次会议上［R/OL］. 中国政府网，http：//www. gov. cn/premier/2022－03/12/content_5678750. htm。

一、基于金融制度的融资约束成因分析

(一)融资约束的背景分析

学者们相继提出了"制度变迁成本分担假说"(王曙光,2004)、"金融补贴"(高兰根和王晓中,2006)和"国家控制能力"(朱光华和陈国富,2002)等理论。该系列理论观点普遍认为,首先,金融部门和其他部门变迁的不平衡形成了国家控制力,政府控制力使得金融部门稳定性和高额国民储蓄得以延续(王曙光,2004),而很多金融资源流向了国有企业;其次,金融体制改革渐进式地分配民营企业更多金融资源,民营经济快速发展导致其金融需求难以完全在金融体系内得到满足。中国的金融体制改革大体遵循与政治改革相同的思路,即采用渐进转轨的模式,逐步从高度集中的金融调控体系转变为市场化运转。政策推进很多时候源于经济发展的内在需求。只有当政府的收益函数与市场的内在要求达到一致,金融改革才会取得实质性的进展。当已有金融体制不适应民营经济需求,阻碍了中国经济的整体发展时,金融改革就需要被推进。高兰根和王晓中(2006)从成本最小化角度剖析渐进金融改革的内在动力。其观点是中国经济增长的长期现实是经济与金融脱节,国有企业的产出比重不断下降,而民营企业的产出份额在逐渐上涨,但国有企业获得的金融资源配置远远多于民营企业,不合理的融资结构是导致民营经济部门遭遇融资约束的重要原因。伴随着民营经济在国民经济产出份额中的不断提升,民营企业的融资需求规模越来越大,支持民营企业融资的金融改革压力也就会愈发紧迫。因此,民营企业融资渠道演变的内在逻辑在于金融体系通过渐进转轨,从而为民营经济产出提供稳定的金融支持。无论城市商业银行的兴起还是北交所证券市场的成立,都是在从不同渠道满足解决民营企业融资约束、服务实体民营经济的需求[1]。

(二)融资约束的数理模型分析

本书借鉴托宾的投资组合理论构建了一个简化的理论模型,以便于从理论上

---

[1] 中共中央宣传部举行党的十八大以来金融领域改革与发展情况发布会 [EB/OL]. http://www.csrc.gov.cn/csrc/c100028/c3849994/content.shtml.

从国家管理宏观经济的视角出发，分析国有企业和民营企业两个部门之间的金融资源配置的问题，从而解释民营企业融资困境出现的体制性原因[1]。民营企业的数量众多，且大多属于中小企业，容易受国内外经济政策的影响，因此其经营业绩的不确定性更强，但从产出效率的角度看，整体上民营企业相比国有企业有更好的经营绩效（刘小玄和李利英，2005）。相比较而言，国有企业的经营领域大多是国民经济的基础行业，企业的自足性和抗毁性更强（于文超和梁平汉，2019）。国有企业的基础作用体现在较强的支撑力、领导力、协同能力和抗风险能力，是稳定社会运行的重要力量。在外部环境突变时期，例如，新冠疫情暴发的阶段，很多民营企业陷入了经营困境，而国有企业就很好地凸显出对实现抗疫公共目标的重要性，能担负较强的社会责任。在民营企业出现流动性风险的困境时期，国有企业作为纾困行动的重要力量，对民营经济稳定发展起到了很好的支柱作用。综合以上考虑，在模型分析中，设想将国有企业视为净资产收益率较低但是经营更稳健的部门，而将民营企业设定为一种有更高净资产收益率的风险部门加以分析。虽然以上假设不完全准确，但符合基本的经济逻辑和中国的经济现实背景。

假设金融体系对国有部门和民营部门的金融资源配置比例分别为 ψ_1 和 ψ_2，忽略其他经济类型，不妨设 $\psi_1 + \psi_2 = 1$。记金融资源配置到国有企业部门的平均回报率是 $RE_1 = R_{U1} + R_{S1} \geqslant 0$，企业回报率的方差为 θ_1^2。金融资源配置到民营企业的平均回报率为 $RE_2 = R_{U2} + R_{S2}$，其回报率的方差为 θ_2^2。假设回报率由两个部分构成，R_{Ui} 分别是从财务视角考虑的国有企业和民营企业的经营绩效，而 R_{Si} 是从社会治理、国家战略目标实现等角度考虑的非财务回报率[2]。当回报率 $RE_2 > RE_1$ 时，金融体系会配置更多的金融资源到民营企业部门。反之，则会减少对民营企业的融资支持。金融体系支持实体经济的总回报率 RE_p 是对民营部门和国有部门金融支持回报率的加权平均，即：

$$RE_p = \psi_1 RE_1 + \psi_2 RE_2 = (1 - \psi_2)(R_{U1} + R_{S1}) + \psi_2(R_{U2} + R_{S2}) \qquad (2.1)$$

计算金融体系支持实体经济的总回报率的方差，有如下的公式：

---

① 民营企业融资约束的成因复杂，从金融制度出发的分析只是针对成因的一个方面。

② 冯璐，邹燕，张泠然. 双循环格局下的竞争中性与国企改革——来自国有资本差异化功能的证据［J］. 上海经济研究，2021. 该文分析了民营部门中的国有资本，发现其具有积极的经济效率和社会责任。经济效率来自减税补偿和缓解融资约束，社会责任主要是企业捐赠行为。

$$\theta_p^2 = \psi_1^2 \theta_1^2 + \psi_2^2 \theta_2^2 + 2\,\psi_1 \psi_2 \rho_{12} \theta_1 \theta_2 \tag{2.2}$$

其中，ρ_{12} 是国有部门和民营部门的回报率的线性相关系数。

进一步，考察政府金融资源配置的总效用函数 $U = u(RE_p, \theta_p^2)$。不失一般性，假设总效用是总预期回报率 RE_p 的增函数，并且是总回报水平方差 θ_p^2 的减函数，即，有 $\dfrac{\partial u}{\partial RE_p} > 0$，$\dfrac{\partial u}{\partial \theta_p^2} < 0$，$\dfrac{\partial^2 u}{\partial RE_p^2} \leqslant 0$，$\dfrac{\partial^2 u}{\partial \theta_p^2} \leqslant 0$。

为简单起见，不妨令效用函数的显性表达式为：

$$U = RE_p - \frac{\lambda}{2} \theta_p^2 \tag{2.3}$$

其中，λ 表示政府管理部门对经济风险厌恶的程度，将式（2.1）、式（2.2）代入式（2.3），可得：

$$
\begin{aligned}
U &= u(\psi_2, \theta_2^2) \\
&= \sum_{i=1}^{2} \psi_i (R_{Ui} + R_{Si}) - \frac{\lambda}{2} \big[(1 - \psi_2)^2 \theta_1^2 + \psi_2^2 \theta_2^2 + 2(1 - \psi_2)\psi_2 \rho_{12} \theta_1 \theta_2 \big]
\end{aligned}
\tag{2.4}
$$

假设政府经济管理者通过优化金融资源配置以最大化其效用，那么效用最大化目标即求解 $\underset{\psi_2}{arg}\max \big[u(\psi_2, \theta_2^2) \big]$，对式（2.4）取一阶条件，获得如下方程：

$$\frac{\partial u}{\partial \psi_2} = -(R_{U1} + R_{S1}) + (R_{U2} + R_{S2}) - \frac{\lambda}{2} \big[-2(1 - \psi_2)\theta_1^2 + 2\psi_2 \theta_2^2 + 2(1 - 2\psi_2)\rho_{12}\theta_1\theta_2 \big] = 0 \tag{2.5}$$

进一步，记 $\Delta R_U = R_{U2} - R_{U1}$，$\Delta R_S = R_{S2} - R_{S1}$，则有：

$$\Delta R_U + \Delta R_S - \frac{\lambda}{2} \big[-2\theta_1^2 + 2\psi_2 \theta_1^2 + 2\psi_2 \theta_2^2 + 2\rho_{12}\theta_1\theta_2 - 4\psi_2\rho_{12}\theta_1\theta_2 \big] = 0$$

$$\Delta R_U + \Delta R_S - \lambda \big[-\theta_1^2 + \rho_{12}\theta_1\theta_2 + \psi_2(\theta_1^2 + \theta_2^2 - 2\rho_{12}\theta_1\theta_2) \big] = 0 \tag{2.6}$$

最终，解出向国有部门和民营部门配置金融资源的最优比例：

$$\psi_2^{*} = \frac{\Delta R_U + \Delta R_S + \lambda(\theta_1^2 - \rho_{12}\theta_1\theta_2)}{\lambda(\theta_1^2 + \theta_2^2 - 2\rho_{12}\theta_1\theta_2)} \tag{2.7}$$

其中，分子由回报率变化和风险两个部分构成。考虑国有企业在国民经济中扮演的"稳定器"和"压舱石"作用，所以风险相对比较小。更极端的情况下，令 $\theta_1 = 0$，则结果可以进一步简化为：

$$\psi_2^* = \frac{\Delta R_U + \Delta R_S}{\lambda \theta_2^2} \tag{2.8}$$

从以上的理论模型分析可以得出以下结论。

首先，对民营经济的金融资源配置比例与民营企业相对国有企业的回报率正相关，而与对民营经济的风险及风险厌恶程度负相关。金融资源配置的回报率对于社会运转层面不仅取决于经营绩效差异 ΔR_U，还取决于更广义的福利回报率 ΔR_S。政府决策者会权衡二者，获得最佳收益，比如考虑企业对国家安全贡献程度，对共同富裕的服务能力等。假设民营企业在经营绩效上好于国有企业，因此增量 ΔR_U 为正，但是社会福利回报方面则弱于国有企业，因此 ΔR_S 可能为负。政府对企业金融资源的支持应取决于二者的增量之和。

其次，民营经济的波动性增强，对民营企业的金融资源配置会减弱。对于风险厌恶因子 λ，当政府对于经济增长、拉动就业的目标需求增加，那么风险因子会下降，对民营企业的金融资源配置会得到加强。理论模型解释了制度上民营经济融资困境产生的原因。民营经济增长的成果并没有被整个经济所分享，可能会扩大收入差距。从政府的角度出发，国有经济对保持经济稳定性的贡献更大，因此必须保证国有经济的发展能力，而中国金融体制的主体是国有银行，因此国有金融机构偏好国有企业融资就成为自然的选择。政府对非经济增长方面的重视，成为保证体制内产出而牺牲金融效率的重要原因。当民营经济成长为具有"五六七八九"的特征时，就需要更多的金融资源支撑其发展，但现行金融体系不能及时调整适应，矛盾就会凸显。随着市场经济体制的逐步确立，经济增长需求会最终使金融部门加强对民营企业的开放。

（三）国有银行主导的金融体系应不断完善对于民营企业的贷款制度

我国的金融体系以国有大银行为主导，专门为民营企业服务的民营银行发展滞后，多层次的资本市场体系尚未完善，民营企业从金融体系中得到的支持不足。国有大银行偏好向大企业贷款，而大量的中小企业则不容易得到贷款（Peek J and Rosengren E S，1998）。在经济高速增长时期，实体经济的投资回报率较高，因此中小企业能承受较高的借贷成本，而且留存收益转化的内源融资也相对充足。近年来中小企业的投资报酬率下降，使得金融资本难以转化为企业投资，而且部分企业营业利润也被转移到非生产领域。大量资金在金融体系内部"空转"，信贷资源流向中小企业的渠道受阻，同时资本与劳动要素价格又不断上涨，显著挤压了中小企业的利润空间（黄伟等，2020）。在外部政策或突发事件冲击下，中小企业容易陷入流动性困境。国有大银行偏好向大企业贷款有其合理性，因为大企业通常可抵押资产丰富，信用等级较高，而且也是地方政府的重点支持对象。但该现象有相当的危害性，因其严重抑制了小企业的成长空间，降低了信贷资金使用效率。

为改善民营企业面临的融资挑战，政府工作报告和中国人民银行都明确提出"竞争中性原则"。即各类所有制的企业在要素获取、市场准入、政府采购和项目招投标等方面都不分大小，机会平等，公平竞争。

二、基于宏观经济环境的融资困境分析

（一）外部经济环境变化的不利影响

民营企业是从事中国进出口贸易的最大经济主体，是推动中国出口增长的最重要力量。根据进出口统计数据，2020 年民营企业的进出口总额为 14.98 万亿元，占全国外贸总值的 46.6%[①]。同时，对外贸易也是民营企业能持续发展的重要推动力。2018 年后，由于中美贸易摩擦持续，而且西方贸易保护主义、单边主义抬头给民营企业发展带来了极大压力（和文佳、方意和荆中博，2019）。新冠疫情冲击的叠加，又进一步使得民营企业的出口生存环境恶化。民营企业在外部遭受进口商压价，内部面临着用工成本和原材料成本的上升，出口的利润空间被大幅压缩。

根据《进出口经理人》2019 年对 1000 家中国民营企业调查的数据，有 47% 的民营企业经营涉及产品对外出口业务，而且约有 30% 的企业出口额占全部销售收入比例过半。有超过 50% 的被调查者认为，与主要贸易伙伴的贸易摩擦对出口产生了不利影响，选择影响程度为"很大"和"较大"的比例为 15.4%。

---

① 资料来源：海关总署，http：//www.customs.gov.cn//customs/xwfb34/mtjj35/3513982/index.html。

对于有哪些因素影响民营企业的出口环境，有35.3%的受访者认为，国际市场需求减弱、订单减少是第一大因素；其次的因素分别是生产成本上升（20.9%），贸易壁垒和贸易摩擦加剧（6.3%）。

美国作为中国最重要的贸易伙伴，中美贸易摩擦显著影响了民营企业的出口目的地选择。自2018年美国对中国商品加征关税以来，很多民营企业的出口受到了冲击。根据我国海关的统计数据，2018年和2019年的中美贸易额出现了萎缩，同比分别下降了2.3%和17.1%。

（二）部分民营企业未适应经济转型升级要求

中国经济已经结束了两位数的高速增长阶段。在这一背景下，各行业民营企业的投资报酬率普遍呈现出下调趋势，制造加工企业的利润率逐渐变薄。叠加新冠疫情的不利冲击，工业部门的投资报酬率在2020年2月甚至跌至 –28.5%的低位（见图2.1）。由于金融资源天生具有逐利性，因此其更倾向于向回报率高的生产领域集聚。

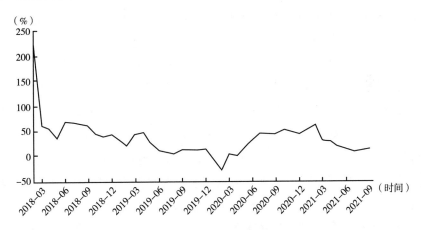

图2.1　私营工业企业的投资收益率变化

资料来源：Wind 数据库。

中国民营企业在数量上非常庞大。根据第四次经济普查公布的数据，私营企业的比例达到84.1%，远远多于其他经济类型的企业（见表2.4）。与此同时，中国民营企业"大而不强"、创新能力不足、缺乏核心竞争力的问题又非常突出。

表2.4 　　　　　　　　　按登记注册类型分组的企业法人单位

项目	单位数（万个）	比重（％）
合计	1857.0	100.0
内资企业	1834.8	98.8
国有企业	7.2	0.4
集体企业	9.8	0.5
股份合作企业	2.5	0.1
联营企业	0.7	0.0
有限责任公司	233.4	12.6
股份有限公司	19.7	1.1
私营企业	1561.4	84.1
其他企业	0.1	0.0
港澳台商投资企业	11.9	0.6
外商投资企业	10.3	0.6

资料来源：第四次全国经济普查公报（http：//www.stats.gov.cn/tjsj/zxfb/201911/t20191119_1710335.html）。

经济发展阶段的转变要求企业部门告别粗放经营的模式，转而依靠技术创新、管理提升来提升利润率，但是一些民营企业，还是主要靠要素"量"的投入，即依赖对生产要素的投入和投资拉动，而不是通过创新驱动增长，导致在转型升级方面困难重重。由于粗放式增长模式对要素投入的巨大需求，使得成本难以有效降低，而且产品附加价值不能提升。不适应可持续增长内在要求的民营企业，在经济结构调整导致行业集中度上升的情况下，容易出现财务危机甚至被市场所淘汰。民营企业要适应经济转型升级的要求，有其历史性原因，需要一个逐步转变的过程。中国的民营企业多发源于家庭式的作坊，具有明显的家族特征。由于普遍缺乏科学管理理念，很多未建立起有效的现代企业制度，企业的兴衰高度依赖于企业家个人才能。在改革开放40多年后，民营企业创业者逐步退出管理岗位，企业的传承问题变得突出起来。很多企业家子女不适应企业管理要求，也难以引进专业化经理人来管理企业，因此建立现代企业制度，产权结构向股份制转变关系到民营企业的长期生存和发展①。

---

① 王霞，连立帅，周萍. 高管后代性别与民营企业资本配置效率［J］. 世界经济，2021（6）.

（三）政策落实不到位导致的民营企业困难

近年来，各级部门出台了很多支持民营企业融资的政策，但一些政策的执行效果不太明显。有些国家政策在地方执行中存在偏差。比如，在防范化解金融风险过程中，有的金融机构没有完全理解国家对国有企业和民营企业平等使用金融要素的政策方向，执行政策时更多考虑自身短期利益，不愿意在贷款技术上花费精力，简单地选择给有政府担保的国有企业放贷，对民营企业惜贷、不敢贷甚至抽贷、断贷，造成民营企业的流动性困难。为改变这种状况，中国人民银行等部门通过对商业银行加强贷款投向激励，推出民营企业债券融资支持工具和风险缓释工具，以及推动民营企业股权融资的政策组合来加强民营企业融资。这些政策设计的出发点很好，但政策目标的实现还要看地方政府对政策执行的严格程度。

在"营改增"过程中，有些部门执行和制定相应政策措施偏差抵消了政策红利。主要表现在，一些部门没有充分考虑规范征管给要求抵扣的小微企业带来的税负增加（杨继生和黎娇龙，2018）；还有些地方性政策在制定时缺乏充分调研，导致缺乏实际操作性和可行性，使得民营企业对于支持融资、降低税费等优惠政策难以享受；减税降费方面的政策覆盖面不足，不能充分体现对民营企业的支持；一些执行部门对相关融资政策的宣传、培训和引导不足，导致一些民营企业认为政策不透明、程序太复杂，因此在财税融资等方面的运用效果不佳。民营经济发展制度性成本过高的状况尚未得到根本扭转，从而给民营企业的高质量发展带来困难[①]。

三、企业自身经营角度的融资困难分析

（一）盲目多元化投资导致的流动性问题

有些民营企业陷入流动性问题也与自身有关。民营企业大多集中于制造业等实体部门。在长期经营中积累了其技术特色、销售网络以及供应链条，并在激烈的市场竞争中站稳脚跟。成长的企业会涉足更多的经营领域是自然结果，因此合理的多元化对企业增强抗风险能力有积极意义。但有些民营企业以激进的多元化

---

① 李兰冰，商圆月，阎丽. 行政审批制度改革、制度成本与民营企业成长［J］. 经济与管理研究，2021（5）.

策略使用经营利润，不能理性分析市场和自身情况，盲目进入房地产、民间借贷等高回报率行业，偏离了主业。这种缺乏规划的多元化投资行为，可能获得较高的短期投机收益，但无疑隐藏着巨大的隐患。在行业整体收益较高时，新进入企业可能获得收益，但是当更多的企业进入，缺乏竞争力的企业不可避免地被淘汰出局。当外部环境突然变化，一些企业会被市场自然淘汰，最可能的就是这些新进入企业。多元化失败的民营企业会面临资金无效占用，但融资困难会加剧企业的流动性风险。短视的多元化投资策略以短期利润驱动投资，新投资和原投资不能协同共享，无法实现降成本、分散风险和规模收益的目标，很容易出现投资失败的困境。

（二）过度依赖于企业主个人或家族经营的风险

民营企业大多是企业家个人、家族或合伙人创立的企业。经营的决策方式高度依赖企业主的个人有限理性，很多缺乏现代的公司决策机制。个人及家族损失厌恶的行为逻辑会抑制家族企业的风险投资（王晓婷等，2020）。受限于企业领导人的知识范畴和人际关系，企业投融资风险与经营者的个人风险高度重合。企业家的决策质量容易受个人健康、社会事件的声誉影响，存在不稳定隐患。

民营企业家个人能力与企业组织能力的匹配关系有三种，按照大小关系比较，分别是能力超出阶段、能力匹配阶段和能力不足阶段。第一阶段，在企业创建初期，前景有很强的不确定性，企业很难获取金融资源。创业者需要亲自管理投资、组织生产并开拓销售市场，该阶段创业者的能力强于一般的企业领导者，能带领企业渡过难关。第二阶段，民营企业的发展步入正轨，企业家积累了经营经验，并且有核心的经营团队，企业主的能力适应企业的发展需求。第三阶段，随着企业规模继续上升，企业经营逐步细化，企业家已经没有足够的精力和专业知识来管理公司发展的所有细节，企业家的个人能力不再能应付大型现代企业的组织需求。企业的个人或家族式管理限制了专业化人才的引进和培育，进而影响企业的持续获利能力。企业家需要打造专业化的管理队伍，构建严密的管理制度，以保持企业的核心竞争力。

家族企业是多数民营企业的组织结构，自然人股东占绝大多数，而且大多呈现为所有权与经营权重叠。血缘关系是家族企业人际组织网络的载体，这种模式能有效降低信息不对称而造成的不利影响。与所有权、控制权和监督权分离的现代企业治理结构相比，家族企业的内部信任结构更容易造成利益共享、风险共担的文化氛围和降低协调目标的难度，能有效地降低委托代理成本和决策成本。但是，家族企业所有权结构的单一和封闭也隐含着突出弊端。例如，家族企业内部成员退出机制不畅和外部人才进入受阻。由于血亲关系的存在，内部成员不能自由地退出企业，外部成员又缺乏血缘纽带而难以被认同。家族企业的封闭性就容易使得企业僵化，获得外部金融资源的能力下降。

（三）信用体系建设滞后制约了民营企业融资

企业信用指企业按照合同约定履行偿付的能力和意愿（刘光明，2003）。在企业信用的概念之中，履行商业合同的能力是第一位的，其次是偿付债务的意愿。但是良好的信用记录必须由以上两个方面共同构成，缺少任一方面均可能导致违约行为发生。企业的信用水平是企业无形价值的重要体现，可以有效地降低其交易成本。如果一家企业的信用出现问题，轻则会影响企业吸引外来投资，阻碍其外部融资活动的开展；严重的情况下，该企业可能将会面临信用违约、破产重组的重大风险，其主要原因在于以下四点。

首先，民营企业经营缺乏良好的商业信用环境。在 20 世纪 90 年代，一些企业由于赊销形成企业三角债，市场交易中订立的大量合同具有欺诈性，企业骗贷、逃废债情况屡见不鲜，后经国家的集中治理才予以解决。很多民营企业在创立发展过程中均经历过三角债的情况，导致企业之间缺乏信任环境。中国信用体系建设并不完善，民营企业在起步阶段主要依赖内源融资，普遍运用亲缘社会关系维持信用关系，而对外部融资则缺乏信用风险承担的意识。由于市场信用评级机制不健全，民营企业展示、维护自身信用的意识不强，也导致出现了较为严重的信用信息不对称问题。民营企业的商业信用环境缺失导致信用严重供不应求，直接制约了民营企业在投资者心目中的形象。

其次，民营企业的赊销行为会导致应付账款上升，影响资金的周转效率。在经济下行的大环境下，一些民营企业不愿意失去客户，在交易中大量采用先提供产品后回收资金的策略。应收账款的大量积累严重影响企业的流动性。一旦赊销账款违约，利用法律工具追回资金的时间较长，并且回收率也难以保障。在社会信用体制不完善、民营企业管理水平较低的情况下，赊销管理不善容易出现企业坏账、三角债积压，影响企业流动性，造成企业陷入财务困境。

再次，民营企业自身信用风险管理意识淡薄也不容忽视。民营企业对其客户的信用状况缺乏系统的历史记录，企业的数字化信用管理落后，未能建立对客户违约的提前预判机制和违约资产追回的严格制度。大量的民营企业家实施家庭经营模式，缺乏现代企业的财务管理知识，风险防范意识较差。在经营较好时大量借贷扩大生产，而在行业不景气阶段则高成本借贷，对风险严重性估计不足，导致企业资金周转困难。发生信用违约后，企业的信用级别会被评级机构调低，融资环境会进一步恶化，很容易陷入流动性困境。

最后，大量民营企业信用信息不健全导致"融资难"。由于中小企业能从银行获得贷款并不容易，使得其在银行系统内的商业信用记录积累不足，因此一些小银行不容易建立中小企业的贷款数据库（蒋晓妍等，2019）。信用记录缺乏也增大了银行贷款审查的难度。自然地，银行倾向于向有隐性担保的国有单位和信用信息更充分的大型民营企业投放贷款。如此的恶性循环，最终导致中小企业难以从银行借贷。大量民营企业不得不借助成本较高的非正规金融（胡俊波等，2021）。当遭遇货币政策紧缩、利率高企、经济下行时，企业资金链很容易断裂，信用违约事件集中性爆发，导致"跑路潮""倒闭潮"等现象出现。大型金融机构不适合为中小企业服务，而小银行在贷款信用评价方面缺乏技术优势，也难以控制贷款风险。宣称拥有先进的大数据风险控制系统的P2P网络借贷，在经营中也暴露出诸多漏洞，平台跑路、暴雷层出不穷。

综上论述，民营企业遭受流动性约束由来已久，其中可能的原因是多方面的、错综复杂的。既有外部环境变化和宏观经济转型的影响，也有各级部门理解、执行民营经济政策出现偏差等外部原因，还有民营企业自身经营粗放，缺乏现代公司治理结构以及信用缺失等各种自身原因。应该加强对流动性风险因素的挖掘，利用微观数据开展定量分析，揭示出流动性风险的形成原因和传导机制。

本章小结

本章从内部融资和外部融资两个渠道回顾民营企业融资渠道的演变历程，揭示民营企业面临的融资困境，并从金融制度、宏观经济环境和企业自身经营三个角度剖析融资困难产生的原因，为第三章民营企业流动性风险的影响因素分析奠定理论基础。

第三章

民营企业流动性风险的影响因素分析

本章分析民营企业流动性风险的影响因素。首先，通过问卷调查企业管理者，以路径模型分析风险机制；其次，利用微观数据库，构建面板分位数模型分析因素；最后，利用文本话题和复杂网络模型挖掘政策因素的影响。

第一节　民营企业流动性风险的影响因素调查

一、调查基础分析

开展调查研究，需要设计能提取信息的调查量表，构建调查指标体系，这需要以梳理与主题相关的调查研究文献为基础。流动性风险是制约民营企业发展的突出问题。很多企业虽然发展前景看好，但在要支付到期债务的时点却不能筹集到足够的现金，同样会出现风险。对民营企业流动性影响因素的相关研究通常从对表内因素分析入手，而影响机制分析多采用定性方式。研究构建的民营企业流动性理论调查体系，设想从表内因素和表外因素两个方面进行研究。因为问卷调查存在问题选择和被访者主观态度等方面的限制，有些因素在调查研究中不能得到充分体现。后续再利用上市公司微观数据开展实证分析。

从企业资产负债表角度出发，企业流动性可通过表内和表外两个因素来衡量，表内因素包括现金比率、应收账款周转率等财务指标，表外因素包括 GDP

增速、M2 增速等更广泛的经济指标（刘超和曹健，2021）。赵明远等（2015）认为，企业的流动性可用变现能力和变现速度来衡量。变现速度包括流动比率和速动比率等，而变现能力包括总资产周转率、存货周转率等指标。陈光金等（2018）梳理了中国私营企业调查 25 年的研究，发现融资难一直是导致民营企业流动性风险的热点问题。高保中（2014）利用河南中小企业的调查数据分析，发现企业（家）信誉与贷款获得量弱相关且不显著，企业净资产与贷款获得量负相关。

在内外环境分析方面，张文君（2018）认为，经济政策不确定性对企业流动性管理有显著影响，具体表现在，经济政策不确定性越显著，融资约束企业的现金持有量越高。夏怡秀（2014）认为，产业政策通过一定的政策工具会对企业的经营活动产生影响。具体表现在政府鼓励符合政策发展的企业以发行股票等方式扩大融资，企业融资性的现金净流量会增加。顾雷雷等（2018）对京津冀地区民营企业的调查发现，企业自身条件和外部市场环境都会影响融资约束，融资可获得性和融资频率对企业风险的影响显著。黄宇虹和黄霖（2019）分析了中国小微企业调查（CMES）数据，发现小微企业主的金融认知和使用正规金融服务的能力显著影响企业绩效。施琴和孟枫平（2008）分析了企业流动性风险的产生因素，认为诸如流动比率不合理、债务担保形成的或有负债等内生因素是可防可控的，但诸如通货膨胀、国内政策变化等外生因素的影响则是不可控的。

从经济制度方面分析，孙可等（2020）认为，随着我国经济发展水平的提升，民营企业的地位和贡献也变得越来越突出，但是民营企业面临着产权制度单一、融资困难、管理滞后性等问题。何冰和刘钧霆（2018）分析世界银行中国企业调查数据发现，非正规部门的灰色竞争会影响企业的融资约束，因此应优化企业的营商环境。

综上所述发现，资产负债表、内外环境和经济制度等方面因素都会影响流动性风险。这些结论为本书的调查方案设计提供了有价值的启示。

二、民营企业流动性调查指标体系构建

结合文献分析，民营企业流动性风险的因素调查从以下几个维度构建调查指标体系，其主要结构如表 3.1 所示。调查指标体系的四个一级指标中，采用竞争能力、发展能力和生存能力三个一级指标衡量民营企业的经济活力。在竞争能力

下设市场占有率、顾客满意度、产品优良率、品牌吸引力、生产周期五个二级指标；发展能力下设技术人员比重、高学历人才比重、研发投入、员工满意度、企业信用评级五个二级指标；生存能力下设净资产收益率、固定资产比率、企业规模、疫情冲击、政策干预五个二级指标。采用企业流动性一级指标揭示企业流动性风险与各指标因素间的关系，此维度下设资产变现能力、应收账款周转率、流动比率、融资成功率、资金周转时间、融资成本、资产负债率七个二级指标。

表3.1		变量及其所对应的量表题目
变量名（字母标识）	项数	量表内容
竞争能力（A）	5	9. 贵企业的市场占有率相对行业平均水平如何 10. 贵企业的顾客满意度相对行业平均水平如何 11. 贵企业的产品优良率相对行业平均水平如何 12. 贵企业的品牌吸引力相对行业平均水平如何 25. 贵企业的生产周期相对行业平均水平如何
发展能力（B）	5	13. 贵企业的技术人员比重相对行业平均水平如何 14. 贵企业的高学历人才比重相对行业平均水平如何 15. 贵企业的研发投入相对行业平均水平如何 16. 贵企业的员工满意度相对行业平均水平如何 17. 贵企业的企业信用评级相对行业平均水平如何
企业流动性（C）	7	18. 贵企业的资产变现能力相对行业平均水平如何 19. 贵企业的应收账款周转率相对行业平均水平如何 20. 贵企业的流动比率相对行业平均水平如何 21. 贵企业的融资成功率相对行业平均水平如何 26. 贵企业的资金周转时间相对行业平均水平如何 27. 贵企业的融资成本相对行业平均水平如何 28. 贵企业的资产负债率相对行业平均水平如何
生存能力（D）	5	22. 贵企业的净资产收益率相对行业平均水平如何 23. 贵企业的固定资产比率相对行业平均水平如何 24. 贵企业的企业规模相对行业平均水平如何 29. 疫情冲击对企业影响程度相对行业平均水平如何 30. 政策干预对企业影响程度相对行业平均水平如何

由于指标体系中存在多个无法观测的潜变量，并且潜变量间可能存在复杂的作用关系，在获取调查数据后，可采用 PLS-PM 模型对民营企业指标体系中各个指标的关系进行分析，以此来探究企业流动性风险的影响因素及其传导机制。具体调查指标的选取分别对应调查问卷的调查量表中的题目。

三、调查方案设计

（一）调查意义及目的

1. 调查意义

本次调查主要在于了解我国民营企业所面临的流动性风险问题，探究影响企业流动性的因素，分析因素之间的关系以及对民营企业流动性的作用机制。通过查阅相关文献及问卷调查，了解民营企业的融资需求、融资途径以及是否存在流动性风险等；分析影响民营企业流动性因素的作用机制，为我国防范化解民营企业流动性风险提供合理的建议，更好地促进我国民营企业高质量发展。

2. 调查目的

本次调查的目的可以分为以下三点。

（1）了解我国民营企业现阶段所面临的流动性风险。

（2）分析影响我国民营企业流动性的因素并明晰其作用机制。

（3）对防范化解我国民营企业流动性风险提供合理建议。

（二）调查方法

为了能够充分详尽地了解民营企业的流动性现状，获取真实且确切的数据资料，从而为研究民营企业的流动性风险的主要因素做准备，对全国民营企业展开网络问卷调查。调查问卷共分为两个部分，第一部分以调查民营企业基本情况、经营现状以及融资情况为目的设置选择题；第二部分以文献和理论为基础选择二级指标，通过 PLS-PM 模型确定以发展能力、竞争能力、生存能力和企业流动性为一级指标的十级李克特量表，被试者在李克特量表的调查题目中对自身企业打分，题目选项为数字 1～10，其中，5 代表行业平均水平。

（三）抽样方案设计

1. 抽样方法

由于调查的目标总体是全国民营企业经营者，难以通过访谈或者线下发放问卷的形式获取翔实全面的数据资料，因此研究选择利用问卷星网络平台发放问卷进行线上调研。问卷星平台具有 260 万个样本库成员，库中样本特征为民营企业的人员，覆盖了中国所有省份和行业，能满足随机性和代表性。在实施正式调查前，首先，进行预调查，根据预调查的结果观察样本回收情况和填写质量，检验网络调查的可靠性。其次，根据预调查结果完善调查问卷，优化题目设计。最后，以简单不重复随机抽样的方式，开展正式调查①。

2. 样本量设定

样本容量的大小一般与以下因素有关：一是调查项目的目标要求；二是估计的精度要求；三是调查总体的规模；四是采用的抽样调查方法，包括问卷的返回率、调查条件等。试验发现，当调查总体的规模达到一定水平时，样本容量基本相差不大。为了解民营企业流动性现状，在问卷星调研网站发放问卷。考虑调查成本和时间等客观条件限制，调查共收回 909 份问卷，有效样本为 843 份，回收有效率为 92.7%。在简单随机抽样方法下，可以得到绝对允许误差 d 的计算公式为：

$$d = t\sqrt{\frac{N-n}{N-1}\ \frac{P(1-P)}{n}} \tag{3.1}$$

其中，N 为 2021 年民营企业的数量，共计 4457.5 万户。n 为样本量，取 909；t 为对应于某一置信水平的标准正态分布的分位点值。取样本比例 $P=0.5$，在 95% 的置信水平下，求得正式调查的绝对允许误差 d 为 3.3%。

（四）问卷质量控制与分析

1. 问卷质量控制

问卷质量控制与评估能保障调查项目实施的效果，产生客观、准确、真实、有效的调查数据，减少非抽样误差对调查质量的影响，使得调查结论更可信。为此，研究从以下方面进行了质量控制。

（1）调查方案设计阶段。

首先，再次确定调查题目的内容和目的，确保对于本次调查项目的题目、目的和要求有正确的理解，随后浏览资料、文献观点开展调查问卷的设计工作。在设计调查问卷时，项目组设计问卷后，询问预调研被调查者的修改意见，根据建议对问卷初稿反复删减修改，以求问卷调查的数据能反映调查的目的。在进行预

---

①　问卷星平台可以根据项目研究目标筛选调查对象，然后在限定抽样框内实施抽样。

调查后，检验问卷的信效度，根据检验结果讨论并修改原始问卷。制订合理的调查实施计划并按照计划进行调查，以确保调查工作顺利展开。

（2）调研实施阶段。

在文献数据收集的时候，参考资料要来源于权威部门或者正规学术网站。选用时需要经过严格审核，对于历史资料必须与现实相结合，确保收集的信息与调查的目的一致。同时，为保证电子问卷质量，本次调查问卷利用问卷星平台设置了同一个 ID 号只能填写一次问卷的限制。如果同一个 ID 号被试者重复多次填写，将被拒绝提交问卷，以此防止重复失真填写问卷的情况发生。

（3）数据整理阶段。

在调查结束后，要对调查所得资料进行整理和质量验收。在对问卷进行整理后，由平台技术人员先检查调查问卷质量，然后项目组人员再次对问卷进行检查认定问卷质量是否合格，对于无效问卷做相应剔除。在问卷录入时，时刻加强质量控制的意识，对不合格数据拒绝录入，项目组成员进行自查和互查，同时按照一定比例抽查等方法进行复核，控制录入问卷的质量。

2. 质量分析

问卷在实际调查研究中容易受到各种因素的影响，导致实际测量结果与预期构想产生较大偏差。通过对问卷的填答时长分析和信效度检验确保问卷具有价值。

（1）问卷填答时长。

在调查中各地区民营企业的问卷填答时长如表 3.2 所示。由表 3.2 可见，调查问卷的填答时长集中在 218～318 秒，在各民营企业所在地区中，问卷的平均填答时长基本一致，没有较大出入或异常情况的出现，说明网络调查的问卷填答和数据质量是可靠的。

表 3.2　　　　　　　　　各地区民营企业的问卷填答时长

项目	类别	平均填答时长（秒）
所在地区	华北	285.9
	华中	289.8
	西北	218.4
	西南	317.8
	中南	251.5
	东北	272.8

（2）信效度检验。

检验问卷的信效度就是为了确保调查的结果能真实反映客观对象的本质，以至于收集的数据有分析的价值。信度用于测量样本回答结果是否可靠，即样本有没有真实作答量表类题项。效度用于测量题项的设计是否合理。为此本书研究进行如下的信效度检验，以此验证问卷设计的合理性及所收集数据的真实性。

从表3.3可知，四个维度的信度分析结果显示信度系数值均大于0.7，说明研究数据信度质量良好。综上所述，研究数据信度系数值均达标，说明数据信度质量高，可用于进一步分析。

表 3.3　　　　　　　　　　　　　信度分析结果

变量	项数	Cronbach's α 系数
竞争能力（A）	5	0.776
发展能力（B）	5	0.802
企业流动性（C）	7	0.794
生存能力（D）	5	0.702

从表3.4可知，KMO统计量的值为0.96，非常接近1，表明偏相关系数平方和显著小于简单相关系数的平方和，变量间的相关性很强。巴特利特球形检验的近似卡方值为6723.77，对应的p值小于0.05，拒绝相关系数矩阵是单位阵的原假设，即认为变量之间存在显著的相关性。综上所述，问卷的信效度检验均通过，问卷设计较为合理，所收集的数据有进一步分析的价值。

表 3.4　　　　　　　　　　　　KMO 和巴特利特检验

KMO 取样适切性量数		0.96
巴特利特球形度检验	近似卡方	6723.77
	自由度	231
	显著性	0

四、调查基本结果分析

民营企业的资金来源主要是企业正常经营及融资。自2018年习近平总书记在民营企业座谈会上指示要着力解决民营企业融资难、融资贵问题后，近年来政府通过多项扶持政策引导民营企业发展，然而根据本次调查显示，41.87%的民营企业仍然有500万元以上的资金缺口，可见由于微观和宏观层面多方面的因素影响，民营企业的融资问题仍然非常严峻，融资困境无法得到有效解决，民营企业随时都有因无法获取及时的资金支持而造成损失的风险。因此，在确定问卷调查数据质量通过检验后，本节基于调查数据，以民营企业的基本情况、融资情况对民营企业的流动性现状进行分析。

（一）民营企业的基本情况

通过对民营企业的地域分布和产业分布情况进行描述，说明民营企业地域迁移和产业迁移的现象，并探究其迁移的深层原因。

1. 民营企业地域分布

对于受访的843家民营企业的区域分布而言，有49.93%的民营企业集中在我国的东部地区，中部地区和西部地区的民营企业占比接近，分别占23.37%、21.24%，东北地区占5.46%；从民营企业的省份分布排名来看，东部的广东占12.46%、江苏占6.29%、浙江占6.05%，中部的湖北占6.05%以及西部的四川占5.46%，如图3.1所示。可以看出，尽管目前大多数民营企业仍集中在经济发达的东部沿海地区，但已经有大量民营企业向中部和西部地区迁移。根据劳动力、土地、原材料和能源等不同的迁出原因，可划分为生产要素制约的生存型迁移、为谋求新的竞争优势的机会型迁移以及不符合地区产业转移和环境治理要求的政策型迁移。不论是何种因素导致的地区迁移均会导致企业由于生产环境、交通运输等客观条件改变而出现经营风险，并进一步导致企业产生流动性风险①。

2. 民营企业产业分布

在843份调查样本中，技术密集型民营企业占比最大，为42.59%；劳动密集型民营企业占比40.69%；资本密集型民营企业的占比最少，为16.73%，如图3.2所示。早期的民营企业主要从事轻纺工业、手工业等产业。这些劳动密集型产业占用资金少，设备的技术程度低，容纳劳动力较多。随着生产力的发展和科学技术在生产中的广泛应用，这些低效率的民营企业面临技术含量低的问题。为响应经济高质量发展的要求，民营企业开始向技术密集型和资本密集型产业转

---

① 蒋子龙，王军，樊杰.1990~2019年中国上市公司总部分布变迁及影响因素［J］.经济地理，2022（4）.该研究认为融资便利度是影响公司迁移的因素之一。

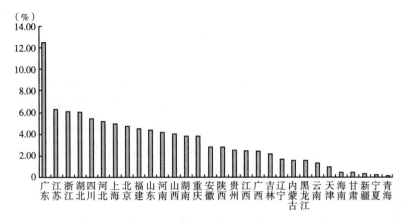

图 3.1　民营企业地域分布柱形图

化。民营企业由要素驱动向创新驱动发展过程中，容易出现行业壁垒、企业组织
固化等现实问题。企业转型不顺利容易产生流动性风险①。

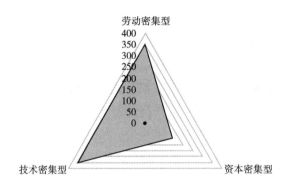

图 3.2　民营企业产业占比雷达图

（二）民营企业融资情况分析

对于当前民营企业的融资情况，从资金来源、资金用途、融资困境、融资政
策优化期望四个方面进行分析。

1. 资金来源

调查显示，民营企业的资金来源渠道主要分为两种：一种是日常经营利润和

---

① 吕鹏，黄送钦. 环境规制压力会促进企业转型升级吗［J］. 南开管理评论，2021（4）. 该文章认
为民营企业面临的政府环境规制压力越大，企业进行技术创新转型升级的动力越强。

股东出资的内部资金；另一种是通过外部融资获得资金，主要包括银行贷款、债券融资、股权融资、政府补贴等融资渠道。

（1）内部资金来源。

民营企业的内部资金情况可以通过分析资产变现能力、应收账款周转率、流动比率、资金周转时间四个指标考察。根据调查结果，民营企业基本能实现资产变现，但仅有17.6%的民营企业能保证资产快速变现。整体民营企业应收账款周转率不高，能快速回笼资金足以应对突发事件的民营企业仅占16.8%；民营企业在流动比率方面，有16.8%的企业流动比率相对于行业平均水平较高，持有现金多；多数民营企业的流动比率略高于行业平均水平。11.6%的民营企业认为自身资金周转时间长，59.3%的民营企业资金周转时间略高于平均水平，15.5%的民营企业能实现资金的快速周转。通过分析民营企业的内部资金流状况，可知多数的民营企业在经营过程中能够实现企业资金变现，但无法保证快速回笼资金用于投资和非预期债务支付，易出现资金链断裂的现象，存在维持持续的投融资活动的压力。

（2）外部资金来源。

民营企业的外部资金情况在调查问卷中通过融资渠道、贷款期限、融资成本和融资成功率进行体现。表3.5的卡方拟合优度检验的统计量$\chi^2 = 509.581$，显著性$p = 0.000$，因此推断民营企业在选择融资渠道时有明显差异，且在选择偏好上会率先选择股权融资，其次是内部融资，最后是债务融资。除此以外，有42.59%的企业收到政府补贴，32.98%的企业使用股权质押的方式进行融资，如图3.3所示。

表3.5   **民营企业融资方式的响应率和普及率**

项	响应		普及率（%）（$n = 843$）
	n	响应率（%）	
内部融资	492	23.83	58.36
债务融资	424	20.53	50.30
股权融资	508	24.60	60.26
股权质押融资	278	13.46	32.98
政府补贴	359	17.38	42.59
其他融资方式	4	0.19	0.47
汇总	2065	100	244.96

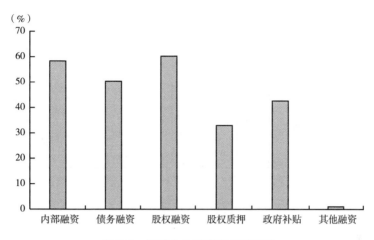

图3.3　民营企业融资方式响应率

2. 资金用途

民营企业资金使用情况如图3.4所示。有72.12%的民营企业表示融资目的是进行研发项目投入，其次是扩大生产，之后依次是人才引进、维持正常生产资金需要、归还拖欠货款等。这说明在以科技是第一生产力，创新是引领发展第一动力的当下，民营企业已经深刻意识到科技创新的重要性。在不创新企业就会被淘汰的压力下，企业需要投入资金进行技术升级改造。但是研发创新需要大量的资金投入，回报的周期也很长而且还有很强的不确定性。在不进行技术革新就会失去发展机会的压力下，企业会陷入两难境地。在应收账款回收不及时的情况下，企业继续生产就需要寻求资金支持。同时，引进人才也是企业维持竞争力的重要手段，可见企业融资需求之"急"。

3. 面临融资困境的因素

在融资困境方面，通过调查问卷中资产负债率、融资关注点以及融资难点调查结果进行分析，整理数据如图3.5所示。有超过50%的民营企业在融资时关注贷款金额、期限、利率以及贷款的复杂程度问题，其中贷款利率是民营企业最关心的问题，有78.41%的被访者选择了该选项，可见融资贵问题仍须高度重视。在融资过程中，资产负债率作为能够说明民营企业经营状况的指标之一，虽然多数民营企业表示其资产负债率接近行业中等水平，但经营状况不符合金融机构要求仍然成为融资最大的阻碍。

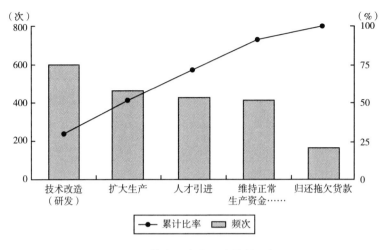

图3.4 民营企业资金用途的帕累托图

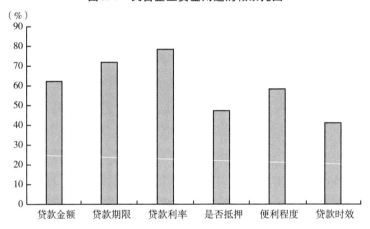

图3.5 民营企业融资关注点及程度

4. 民营企业对融资政策优化的期望

就国家对民营企业的融资支持政策如何进一步优化的问题，各选项回答的结果展示在图3.6中。超过半数的民营企业希望能加大融资扶持政策和融资渠道的宣传力度，丰富对民营企业贷款的产品种类，降低各类融资渠道的准入门槛，降低融资利息或者政府对民营企业实施贴息，并且简化贷款审查环节，增加融资的便利性和时效性。在各项融资期望中，降低准入门槛成为民营企业最期望的政策，被访者选择的比例高达72.72%，其次是降低利率或进行贴息（69.4%），这充分体现出融资门槛过高成为民营企业融资的难点。该问题的紧迫程度甚至超过了融资贵问题。

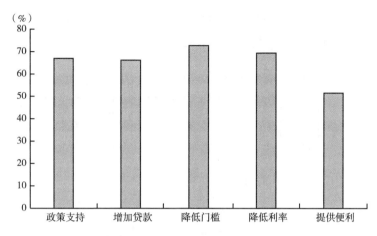

图3.6 民营企业的融资期待及关注度

第二节 调查视角的民营企业流动性风险因素分析

通过对调查数据的初步分析，发现民营企业的发展受到诸多因素的影响。民营企业陷入流动性风险与其他因素之间可能存在联动关系。为了深入分析影响民营企业流动性的作用机制，本节基于调查问卷所得数据构建路径模型进行分析。

一、路径模型估计

路径模型是基于偏最小二乘估计的协方差结构分析方法。通过检验模型整体拟合度和各路径的显著性来判断模型结构，能估计网络结构中自变量对因变量的影响。偏最小二乘法相较于结构方程估计的极大似然法，能处理非正态数据、因子结构不确定等情况，并且能预测潜变量。分析采用了 R 语言的 pls-pm 包。

由于各个潜变量的定义并不是由相应的显变量来决定的，也即各个显变量的变化不会显著引起对应潜变量的变化，所以路径模型中的测量模型采用反映型设置。

$$\begin{cases} d = P_d D + \sigma_1 \\ b = P_b B + \sigma_2 \\ a = P_a A + \sigma_3 \\ c = P_c C + \sigma_4 \end{cases} \qquad (3.2)$$

其中，d、b、a、c 是外生性可观测指标；σ_1、σ_2、σ_3、σ_4 为测量误差；P_d 是 d 指标与潜变量 D 的系数，相应的结构模型如下：

$$\begin{bmatrix} D \\ B \\ A \\ C \end{bmatrix} = \begin{bmatrix} 0 & 0 & 0 & 0 \\ \beta_{21} & 0 & 0 & 0 \\ \beta_{31} & \beta_{32} & 0 & 0 \\ \beta_{41} & \beta_{42} & \beta_{43} & 0 \end{bmatrix} \begin{bmatrix} D \\ B \\ A \\ C \end{bmatrix} + \begin{bmatrix} 1 \\ 0 \\ 0 \\ 0 \end{bmatrix} D + \begin{bmatrix} 0 \\ \varepsilon_1 \\ \varepsilon_2 \\ \varepsilon_3 \end{bmatrix} \tag{3.3}$$

对应的结构模型关系可用图 3.7 直观地表示出来。

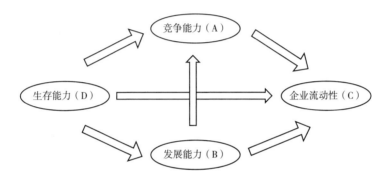

图 3.7　民营企业流动性及其影响因素的初始路径图

生存能力是民营企业风险分析的基础。只有生存下来的企业才能谈发展，所以将生存能力作为外生潜变量。企业的生存能力自身及其溢出效应会降低企业的流动性风险，因此企业的生存能力对企业流动性有直接影响。此外，企业的生存能力将会促进企业的发展能力并带动企业的竞争能力，最终对企业流动性产生影响。企业的发展能力对企业的竞争能力会起到提高作用，从而间接影响企业的流动性。根据以上分析思路，构建如图 3.7 所示的初始路径图。对上述路径模型进行检验，唯一维度检验结果显示 D、B、A、C 四个变量的 Cronbach's α 系数均大于 0.7；维度唯一性检验的 ρ 值都大于 0.8，而且第一特征值大于第二特征值较多。综合来看，D、B、A、C 观测变量所反映的潜变量是唯一的。共同因子检验结果显示，除了 D、C 变量之外，其余潜变量的共同因子检验统计量都显著大于 0.5，基于 AVE 的检验值获得了类似结论。综合判定，潜变量的预测能力较强，模型的质量较好。

二、影响路径分析

（一）系数显著性及最终路径图

由表3.6偏最小二乘路径模型估计结果可知，各变量的系数均通过了显著性检验，表明企业的生存能力、竞争能力以及发展能力都对企业流动性有显著的影响。表3.6中显示的影响均为直接影响，其具体影响机制及其中介效应见下述分析。

表3.6　　　　　　　　　　　模型系数显著性检验

路径名称	系数	T检验值
生存能力（D）——→发展能力（B）	0.626 ***	23.3
生存能力（D）——→竞争能力（A）	0.379 ***	13.6
发展能力（B）——→竞争能力（A）	0.480 ***	17.2
生存能力（D）——→企业流动性（C）	0.448 ***	16.0
发展能力（B）——→企业流动性（C）	0.230 ***	7.82
竞争能力（A）——→企业流动性（C）	0.245 ***	7.82

注：*** 表示在0.1%的水平上显著。

由图3.8可知，竞争能力（A）对企业流动性（C）的路径系数等于0.245，而生存能力（D）和发展能力（B）对企业流动性（C）的路径系数分别为0.448和0.423，显然后者的影响相对更显著。结果说明企业的生存能力（D）与发展能力（B）对企业流动性（C）的直接影响要大于企业的竞争能力（A）对企业流动性（C）的影响。企业的生存能力（D）还直接影响到企业的发展能力（B）和竞争能力（A），其路径系数分别为0.626和0.379。

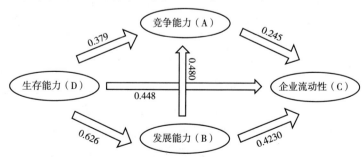

图3.8　民营企业流动性及其影响因素的最终路径图

（二）路径关系间的效应分析

由表 3.7 的估计结果可知，生存能力（D）对企业流动性（C）的路径系数为 0.448，该系数要比发展能力（B）对企业流动性（C）及竞争能力（A）对企业流动性的路径系数 0.230 和 0.245 要大得多，表明生存能力对企业流动性的直接影响要大于发展能力以及竞争能力。生存能力（D）还直接影响到发展能力（B），两者之间的路径系数达到 0.626。从统计的角度看，如果企业生存能力差，那么企业发展时需要格外谨慎。由于发展能力对企业流动性的直接影响为 0.230，生存能力经过发展能力对企业流动性的影响为 $0.626 \times 0.230 = 0.144$，这比生存能力对企业流动性的直接影响要小很多，说明企业的生存能力难以通过发展能力来影响企业的流动性。发展能力对竞争能力有一定的影响，两者之间的路径系数为 0.480，加之竞争能力是直接影响企业流动性比较不显著的因素，所以如果企业的发展后劲不足可通过加强竞争能力来改善企业的流动性。除此之外，企业的生存能力还通过企业的竞争能力对企业流动性产生间接影响，其影响效应为 $0.379 \times 0.245 = 0.092$。

表 3.7 路径关系的直接效应和间接效应

	路径名称	直接效应	间接效应	总效应
1	生存能力（D）——→发展能力（B）	0.626	0.000	0.626
2	生存能力（D）——→竞争能力（A）	0.379	0.301	0.680
3	生存能力（D）——→企业流动性（C）	0.448	0.311	0.759
4	发展能力（B）——→竞争能力（A）	0.480	0.000	0.480
5	发展能力（B）——→企业流动性（C）	0.230	0.118	0.348
6	竞争能力（A）——→企业流动性（C）	0.245	0.000	0.245

综上所述，企业的流动性主要受到企业生存能力的影响。发展能力与竞争能力虽然也会对企业流动性产生影响，但其影响相对来说较小，且其均为生存能力对企业流动性影响的中介变量。所以，企业要想合理规避流动性风险，其主要目标要放在企业的生存能力方面。这也说明了企业的规模越大，资产与利润管理越好，以及应急处理机制越充分，企业面临的流动性风险也就越小，因为企业有充足的流动资金及可快速变现资产来应对可能的流动性风险。另一个可能的原因是

企业规模及其良好的资产状况使得其信誉较好，当面临流动性风险时能及时得到融资。此外，企业的发展能力路径对企业流动性风险有较大影响，其原因可能是企业的研发投入及员工满意度高，在面临流动性风险时能及时补救。该类企业中高学历人才和技术人员较多，企业发展及管理相对较好，因此企业能利用内外部渠道及时规避流动性风险。最后，竞争能力对企业的流动性风险影响较低，其原因在于竞争能力显变量中除了生产周期是企业能掌控的，其他因素都是企业无法掌控的外部因素，不能直接对企业流动性风险产生影响。

（三）反映型模型显变量载荷分析

由于本书中采用的是反映型测量模型，根据每类潜变量所对应的显变量的载荷，可以判断潜变量对显变量的影响程度。将各个潜变量与所对应的显变量之间的载荷列于表 3.8 中。

表 3.8　　　　　　　　　　　　潜变量与其相对应显变量的载荷

潜变量	显变量	载荷
竞争能力（A）	市场占有率	0.758
	顾客满意度（回头率）	0.735
	产品优良率	0.727
	品牌吸引力	0.771
	生产周期	0.644
发展能力（B）	技术人员比重	0.774
	高学历人才比重	0.772
	研发投入	0.784
	员工满意度	0.704
	企业信用评级	0.700
企业流动性（C）	资产变现能力	0.704
	应收账款周转率	0.713
	流动比率	0.656
	融资成功率	0.697
	资金周转时间	0.666
	融资成本	0.642
	资产负债率	0.614

潜变量	显变量	载荷
	净资产收益率	0.709
	固定资产比率	0.672
生存能力（D）	企业规模	0.721
	疫情冲击对企业的影响	0.628
	政策干预对企业的影响	0.642

由表3.8可知，竞争能力可主要通过市场占有率、品牌吸引力来反映，其载荷分别为0.758和0.771。发展能力可主要通过研发投入、技术人员比重以及高学历人才比重来反映，其载荷分别为0.784、0.774和0.772。企业流动性可通过资产变现能力与应收账款周转率来反映，其对应的载荷分别为0.704和0.713。生存能力可主要通过净资产收益率和企业规模来反映，其载荷分别为0.709和0.721。结合前面对企业生存能力是影响流动性的最重要因素的判断，发现企业要规避流动性风险，可通过改善企业的净资产收益率，扩大企业规模，完善公司管理及人员结构来达到目的。

第三节　民营企业视角的流动性风险因素分析

除了从调查角度研究民营企业流动性的影响因素，本节从上市公司的角度，根据权衡理论和动态面板差分GMM模型设定杠杆率偏离程度指标，构建面板固定效应模型和分位数回归模型，分析上市民营企业流动性风险的影响因素。

一、数据来源与变量设置

（一）数据来源

数据选自Choice金融终端数据库，时间区间是2010~2021年，数据集由我国1760家民营上市企业和1106家国有上市企业组成。先采取多重插补法填补缺失数据，然后对数据集实施1%的缩尾处理，以消除异常值对估计结果的可能影响。

（二）变量设定

1. 企业流动性变量

国内外学者对企业流动性的研究中，衡量流动性的方式不尽相同。资产负债率、速动比率、现金比率等各种指标都被使用过。本书参考瓦秀扎玛（Wasiuzzaman，2018）用"（流动资产－流动负债）/营业收入"衡量流动性的做法①。

2. 财务指标

根据前人文献研究，从偿债能力、盈利能力、发展能力以及经营能力四个大类的财务指标中各选取两个二级指标进行分析。偿债能力的二级指标为有形资产负债率、现金流量负债比，盈利能力的二级指标为净资产收益率、销售净利率，经营能力的二级指标应收账款周转率、流动资产周转率，发展能力的二级指标为总利润同比增长率、总资产同比增长率。将各变量的含义列于表3.9中。

表3.9　　　　　　　　　　　　　变量含义说明

变量名	符号	计算方式
流动性	Liquidity	（流动资产－流动负债）/营业收入
杠杆偏离度	Lever	目标杠杆率与实际杠杆率差值的绝对值
融资需求	demand	内部融资=1，债券融资=2，股权融资=3
企业规模	Size	总资产取对数
息税前利润	EBIT	息税前利润取对数
固定资产	FAI	固定资产取对数
净资产收益率	ROE	净利润/平均净资产
销售净利率	NPM	（归属母公司股东的净利润＋少数股东损益）/营业收入×100%
有形资产负债率	TALR	负债合计/有形资产
现金流量负债比	OCFR	经营活动产生的现金流量净额/负债合计
应收账款周转率	RTR	营业收入/［（期初应收票据及应收账款净额＋期末应收票据及应收账款净额）/2］
流动资产周转率	CAT	营业总收入/［（期初流动资产＋期末流动资产）/2］
总利润同比增长率	TPGR	（本期利润－上年同期利润）/上年同期利润的绝对值×100%
总资产同比增长率	TAGR	（本期总资产－上年同期总资产）/上年同期总资产绝对值×100%

---

① Wasiuzzaman S. Determinants of liquidity in Malaysian SMEs: A quantile regression approach [J]. International Journal of Productivity and Performance Management, 2018, 67 (9): 1566-1584.

3. 融资需求

将民营企业融资方式分为三类。如果企业发生增发和配股事件，则认定民营企业在该年进行了股权融资；如果短期借款和长期借款均为0，则认定企业在当年进行了内部融资；如果企业在当年进行了短期借款或长期借款，则认为企业进行了债务融资。优序融资理论认为，企业在融资时会首选内部融资方式，随着融资需求的提升会选择债务融资，最后选择股权融资。遵从该顺序，设定内部融资 =1，债务融资 =2，股权融资 =3，随着编号的增大，企业的融资需求上升。根据调查显示，中国中小企业偏爱股权融资，这与优序融资理论不完全相符。这也与中小民营企业的融资强约束密切相关。

4. 企业规模变量

企业规模往往代表着一家民营企业资产的雄厚程度。规模庞大的企业往往可以采取多元化战略分散经营风险，融资渠道也更丰富[①]。本书选取总资产作为企业规模的衡量指标，并取对数总资产以降低异方差的影响。

5. 杠杆率偏离程度衡量

（1）杠杆率偏离程度指标构建。

根据权衡理论，民营企业应具有目标杠杆率。一旦实际杠杆率偏离目标杠杆率，企业会发生流动性风险。在察觉杠杆率偏离后，企业会调整经营策略向目标杠杆率靠近。目标杠杆率需要在企业的自身经营中实现，这种调整行为的效果往往不是一蹴而就的。因此，弗兰纳里等（Flannery et al, 2006）将杠杆调整速度引入了动态面板差分 GMM 模型。本书则尝试使用杠杆偏离程度变量作为对企业杠杆能力的衡量指标。

$$y_{i,t+1}^{*} = x_{it}^{\prime}\beta$$
$$y_{i,t+1} - y_{i,t} = (1-\lambda)(y_{i,t+1}^{*} - y_{i,t}) + \alpha_{i} + \mu_{i,t+1}$$
$$y_{i,t+1} = \lambda y_{i,t} + (1-\lambda)x_{it}^{\prime}\beta + \alpha_{i} + \mu_{i,t+1}$$
$$g_{i,t+1} = |y_{i,t+1} - y_{i,t+1}^{*}| \tag{3.4}$$

其中，$y_{i,t+1}^{*}$、$y_{i,t+1}$、$g_{i,t+1}$ 分别表示 $t+1$ 时期 i 企业的目标杠杆率、实际杠杆率和杠杆率偏离度，$x_{i,t}^{\prime}$ 表示反映企业经营状况的变量，$1-\lambda$ 表示调整速度，α_{i} 表示

---

① 王旭，褚旭. 基于企业规模门槛效应的外部融资对绿色创新影响研究［J］. 系统工程理论与实践，2019（8）. 该研究发现国有企业的门槛值高于民营企业。

企业的固定效应项，$\mu_{i,t+1}$ 则表示随机误差。

（2）杠杆率偏离程度结果分析。

根据表 3.10 所得结果，民营企业和国有企业扰动项的差分存在一阶自相关，不存在二阶自相关，可以使用差分 GMM。对工具变量采用 Hansen J 检验进行过度识别检验，所得 p 值均大于 0.05，因此，在 5% 的显著性水平上，均无法拒绝所有工具变量均有效的原假设。将所得系数代入上述公式，得到目标杠杆率和杠杆率偏离度。

表 3.10　　　　　　　民营企业和国有企业动态差分 GMM 模型结果

变量	民营企业		国有企业	
y	Coef.	p	Coef.	p
$y\ L1.$	0.3912	0.0000	0.2979	0.0140
$Size$	-0.1582	0.0130	-0.2009	0.0000
$EBIT$	0.1155	0.0280	0.0841	0.0200
FAI	0.1131	0.0060	0.1332	0.0040
$AR(1)$	Pr > z = 0.000		Pr > z = 0.000	
$AR(2)$	Pr > z = 0.210		Pr > z = 0.205	
Hansen test	Prob > chi2 = 0.332		Prob > chi2 = 0.163	

二、流动性风险因素面板分位数模型构建

对民营企业和国有企业分别建立面板固定效应模型和面板分位数回归模型，从均值和分位点出发，分析解释变量对流动性的影响。

（一）面板固定效应模型

建立面板固定效应模型：

$$y_{it} = \alpha_{it} + x_{it}^{T}\beta \tag{3.5}$$

其中，$i = 1，\cdots，N$；$t = 1，\cdots，T$；y_{it} 表示 t 时期第 i 个个体流动性的观测值；x_{it} 则是杠杆率偏离程度、财务指标、融资方式等解释变量的观测值。α_{it} 表示不被其他变量控制的民营企业个体之间的差异。

（二）面板分位数回归模型

面板分位数模型由肯克（Koenker, 2004）提出。该模型适应民营企业数据面板属性和异质性强的特点，既能控制时空维度和个体异质性，又能针对不同的分位点建模，有助于挖掘民营企业流动性风险的影响因素。模型的基本形式如下：

$$Q_{y_{it}}(q \mid x_{it}) = \alpha_{it} + x_{it}^T \beta_{(q)} \qquad (3.6)$$

其中，$i = 1$，$\cdots$，N；$t = 1$，$\cdots$，T；y_{it} 表示 t 时期第 i 个个体的流动性观测值；x_{it} 则是杠杆率偏离程度、财务指标、融资方式等解释变量的观测值。α_{it} 表示不随分位数变化且不被其他变量控制的民营企业个体间水平差异。

三、流动性风险因素面板模型估计

（一）面板模型估计结果

估计民营企业固定效应面板模型，发现流动性与杠杆偏离程度、现金流量负债比、流动资产周转率和利润总额同比增长率显著负相关，与融资需求、企业规模、净资产收益率、销售净利率、有形资产负债率、应收账款周转率和总资产同比增长率显著正相关（见表3.11和表3.12）。

表 3.11 民营企业固定效应回归和分位数回归估计结果

变量	固定效应模型	分位数回归模型				
		$q = 0.1$	$q = 0.25$	$q = 0.5$	$q = 0.75$	$q = 0.9$
Lever	− 0.4079 *** (0.0952)	− 1.6598 *** (0.2342)	− 0.4814 *** (0.0938)	− 0.1272 (0.0845)	0.1209 (0.1032)	0.6127 (1.1166)
demand	0.0660 *** (0.0089)	0.0931 *** (0.0126)	0.0270 *** (0.0081)	0.0272 *** (0.0052)	0.0212 ** (0.0097)	− 0.0092 (0.0930)
size	0.1011 *** (0.0131)	− 0.0636 (0.0603)	− 0.0301 (0.0435)	− 0.0037 (0.0270)	0.0477 (0.0316)	0.1582 (0.2824)
ROE	0.0053 *** (0.0003)	0.0032 *** (0.0010)	0.0013 * (0.0007)	0.0011 * (0.0007)	0.0006 (0.0006)	− 0.0009 (0.0036)

变量	固定效应模型	分位数回归模型				
		$q = 0.1$	$q = 0.25$	$q = 0.5$	$q = 0.75$	$q = 0.9$
TTM	0.0028 ***	0.0107 ***	0.0115 ***	0.0061 ***	0.0026 ***	− 0.0010
	(0.0002)	(0.0008)	(0.0012)	(0.0013)	(0.0006)	(0.0012)
TALR	0.1490 ***	0.0964 ***	0.1088 ***	0.1482 ***	0.2115 ***	0.2599 ***
	(0.0019)	(0.0043)	(0.0043)	(0.0070)	(0.0111)	(0.0311)
OCFR	− 0.2629 ***	− 0.1636 ***	− 0.1999 ***	− 0.2161 ***	− 0.2651 ***	− 0.3439 ***
	(0.0134)	(0.0227)	(0.0168)	(0.0157)	(0.0227)	(0.1165)
RTR	0.0005 ***	0.0002	0.0004 ***	0.0005 ***	0.0015 ***	0.0032
	(0.0001)	(0.0003)	(0.0001)	(0.0001)	(0.0004)	(0.0243)
CAT	− 0.3320 ***	− 0.1702 ***	− 0.1880 ***	− 0.2654 ***	− 0.2514 ***	− 0.3092
	(0.0087)	(0.0347)	(0.0210)	(0.0196)	(0.0147)	(0.2440)
TPGR	− 0.0002 ***	− 0.0002 ***	− 0.0002 ***	− 0.0001 ***	− 0.0001 ***	− 0.0001
	(0.0000)	(0.0000)	(0.0000)	(0.0000)	(0.0000)	(0.0001)
TAGR	0.0013 ***	0.0006 **	0.0009 ***	0.0014 ***	0.0019 ***	0.0027 ***
	(0.0001)	(0.0002)	(0.0001)	(0.0001)	(0.0002)	(0.0004)
_cons	− 0.4207 ***					
	(0.1226)					
Obs.	21084	21084	21084	21084	21084	21084

注：括号内为标准误；*** 、** 和 * 分别代表在1%、5%和10%的水平上显著。

利用类似的思路，得到了国有企业流动性影响因素的面板模型估计结果，列于表3.12中。

表 3.12　　　　　　国有企业固定效应回归和分位数回归结果

变量	固定效应模型	分位数回归模型				
		$q = 0.1$	$q = 0.25$	$q = 0.5$	$q = 0.75$	$q = 0.9$
Lever	− 0.4177 ***	− 1.7630	− 0.3685 *	− 0.6171	0.1170	2.1175
	(0.1500)	(39.1401)	(0.1966)	(56.6470)	(121.3191)	(21.1442)
demand	0.0180 *	0.0460	0.0177	0.0142	− 0.0150	− 0.0956
	(0.0106)	(1.3017)	(0.0118)	(25.6267)	(8.3165)	(0.8097)

变量	固定效应模型	分位数回归模型				
		$q = 0.1$	$q = 0.25$	$q = 0.5$	$q = 0.75$	$q = 0.9$
size	0.1204 *** (0.0163)	5.5839 (123.1113)	− 0.0176 (0.0379)	− 0.0054 (29.7252)	4.1028 (52.1427)	0.1680 (2.9801)
ROE	0.0003 (0.0005)	0.0068 (0.0572)	0.0048 *** (0.0008)	− 0.0057 (2.4166)	− 0.0031 (0.0569)	− 0.0143 (0.0533)
TTM	0.0036 *** (0.0005)	0.0345 (0.2900)	0.0002 (0.0017)	0.0002 (0.7071)	0.0094 (0.1474)	0.0137 (0.0459)
TALR	0.2109 *** (0.0043)	0.6617 (11.3006)	0.1660 *** (0.0131)	0.2301 (7.7913)	0.3717 (1.5225)	0.2980 (0.2633)
OCFR	− 0.2995 *** (0.0245)	− 0.0335 (12.3583)	− 0.1005 *** (0.0341)	− 0.2897 (24.0306)	− 0.4803 (24.4498)	− 0.8011 (2.5868)
RTR	0.0001 *** (0.0000)	0.0002 (0.0089)	0.0001 * (0.0001)	9.8445 (480.5053)	5.0020 (77.3532)	5.0829 (10.7931)
CAT	− 0.1363 *** (0.0074)	− 0.0656 (0.3328)	− 0.0840 *** (0.0169)	− 0.2009 (59.0934)	− 0.2106 (34.3366)	− 0.2445 (4.6858)
TPGR	− 0.0000 (0.0000)	− 0.0002 (0.0061)	− 0.0000 (0.0000)	− 0.0074 (0.3238)	− 0.0013 (0.0159)	− 0.0019 (0.0047)
TAGR	0.0023 *** (0.0002)	0.0012 (0.0262)	0.0009 *** (0.0003)	0.0016 (0.2334)	0.0012 (0.0224)	0.0047 (0.0163)
_cons	− 0.9262 *** (0.1607)					
Obs.	13260	13260	13260	13260	13260	13260

注：括号内为标准误；***、* 分别代表在 1%、10% 的水平上显著。

（二）模型估计解释

从分位数回归结果分析，在 10% 和 25% 两个分位点上，杠杆偏离程度与流动性显著负相关。说明杠杆偏离程度越大，企业流动性风险越大。估计在 50%、75% 和 90% 三个分位点处不显著，表明企业在流动性水平很低时，杠杆偏离程度产生的影响较明显。当企业流动性水平上升时，杠杆偏离程度的影响则较小。估计结果体现了企业对流动性的管理行为。对于企业来讲，其经营策略存在目标杠杆率，如果其能通过流动性管理，让实际杠杆率接近目标杠杆率，说明企业有足够的流动性管理能力，其流动性风险较小。当企业缺乏充足的资金和手段让实际杠杆率趋近于目标杠杆率时，则表明企业的流动性管理能力低下，流动性风险已经出现。因此对于低分位数和高分位数的情况，杠杆偏离程度对流动性的影响程度呈现异质性，而整体上的线性均值回归则显示了二者的负向回归关系。研究用固定效应面板线性回归和分位数回归两种技术估计，得到了更有解释力的结论。

民营企业的融资需求与流动性在10%、25%、50%和75%分位数处呈显著正相关，即融资需求越大，企业的流动性越大。流动性越低，采用股权融资或债务融资对流动性的提升效果越明显。随着民营企业流动性提升，股权融资或债务融资对流动性的提升幅度下降。民营企业的企业规模在整体上与流动性呈正相关关系，但在10%、25%、50%、75%和90%分位点上没有显著相关性。

分析盈利能力的二级指标净资产收益率和销售净利率。净资产收益率在10%、25%和50%分位点与流动性显著正相关，且相关度逐步下降；销售净利率在10%、25%、50%和75%分位点与流动性显著正相关，且相关程度逐步下降。可知盈利能力越强，企业的流动性越大，但在流动性水平逐步上升时，盈利能力的影响在下降。

分析民营企业偿债能力的二级指标有形资产负债率和现金流量负债比。有形资产负债率与资产流动性有关，通过总负债除以有形资产计算。如果企业濒于破产，其无形资产常不具备变现价值，实际可用来偿债的往往只有有形资产。有形资产越多，有形资产负债率越低，偿债能力就越强。现金流量负债比是经营活动产生的现金流量净额与负债合计的比值，比值越大，则偿债能力越强。估计发现，流动性在五个分位点均与现金流量比率显著负相关，与有形资产负债率呈正相关，系数的绝对值先下降后上升。因此，现金流量比率越高，有形资产负债率越低，偿债能力越强，民营企业的流动性风险越小。偿债能力的影响程度也随流动性水平的提升而先下降后上升。

作为民营企业经营能力的二级指标，应收账款周转率在25%、50%和75%的分位点与流动性显著正相关，相关关系较小，应收账款周转率是营业收入与应收账款的比值，说明应收账款周转率越大，应收账款回收越快，企业流动性水平越高。流动性水平对于企业并非越高越好，而是在中等水平时影响最大。流动资产周转率在 10%、25%、50% 和 75% 分位点与流动性均显著负相关，且随着分位点增加系数总体上升。流动资产周转率是营业收入与流动资产的比值，流动资产周转率变大，或是由于流动资产减少的速度要大于营业收入增加的速度，经营能力减弱，从而导致流动性水平下降。

民营企业发展能力的二级指标包括利润总额同比增长率和总资产同比增长率。利润总额同比增长率与流动性负相关，若利润总额同比增长率变大，但企业成本费用等支出的上升超过了销售收入的增长时，企业发展能力有所不足，导致流动性水平下降，但在流动性较大时，影响程度较低。总资产同比增长率在 5 个分位数与流动性均正相关，总资产同比增长率变大，企业的发展能力变强，流动性水平上升，且影响程度逐渐变大。

整体上，国有企业的流动性与杠杆偏离程度、现金流量负债比、流动资产周转率呈显著负相关，与融资需求、企业规模、销售净利率、有形资产负债率、应收账款周转率、总资产同比增长率呈显著正相关，净资产收益率和利润总额同比增长率与流动性没有显著的相关关系。而在各分位数回归中，仅在 25% 的分位点，国有企业的流动性水平较低时，杠杆偏离程度、现金流量负债比与流动性呈现负相关，净资产收益率、有形资产负债率、应收账款周转率和总资产同比增长率与流动性呈显著正相关。因此，相对于民营企业，国有企业受到杠杆偏离程度的影响相对较低。

第四节　货币政策视角的流动性风险影响分析

一、支持民营企业融资货币政策的文本挖掘

从分析结果可知，企业的内生因素对其流动性风险造成了显著的负向影响，但企业的生存发展也离不开其所处的外部环境，尤其是货币政策的导向影响巨大。政策文本分析能够探究货币政策的侧重点，研究其是否有效解决我国民营企业现阶段面临的融资难、融资贵问题，同时可以发现政策可能存在的不足[①]。基

---

① 中国人民银行. 货币政策执行报告［R/OL］. http：//www.pbc.gov.cn/zhengcehuobisi/125207/125227/125957/index.html.

于此，本节聚焦于我国货币政策报告文本，在研究其词汇词频分布的同时引入LDA模型进行主题分类，探究民营经济政策主题的强度和结构，以期在文本分析基础上精准挖掘公共政策的影响，为提高民营经济政策质量和加强支持力度提供借鉴。

（一）民营企业融资政策文本分析

1. 政策文本收集及预处理

为了深入研究货币政策报告中针对民营企业提出的问题和解决措施，本书选取中国人民银行历年各季度发布的《中国货币政策执行报告》，数据采集时间为2001年第一季度至2021年第三季度，共83份政策文本，36万余字。首先，用pdfminer库解析pdf报告文件，然后用Excel对原始政策文本实施人工数据清洗，使数据满足模型计算所需求的格式要求，进而利用jieba库对每一份政策报告实施分词、自定义词典和停用词过滤等处理，得到文本挖掘数据集。

2. 高频词汇分布特征

初步挖掘货币政策报告中的文本特征。本书对货币政策文本中的词汇频率进行排序，为了更直观清晰地观察货币政策报告中的重点，本书按降序选出前50个高频词汇制作可视化词汇云图（见图3.9）。在词汇云图中，距离中心位置越近，字体越大，则说明词汇词频越高。

图 3.9　词汇云图

由图3.9可以看出，词频最高的词汇分别为"利率""贷款""金融机构""人民币"等，这体现了我国货币政策操作的基本功能，就是货币总量和价格管理。除此之外，"支持""改革""发展""风险""融资"等词汇的频率也较高，这反映出货币政策的另一项功能，即改革金融机构，更好地支持实体企业融资和服务高质量发展，防范系统性金融风险的发生。

（二）民营企业融资政策的 LDA 主题挖掘

1. LDA 主题挖掘原理

LDA 模型是由布莱等（Blei et al, 2003）提出的一种基于概率模型的主题模型算法，是一种包含单词、主题和文档的三层贝叶斯概率模型，通常用于文本挖掘，可以用来识别大规模语料库中的潜在隐藏的主题信息[①]。LDA 模型在 PLSI 模型的基础上对三层结构进行改善，给文档—主题分布与单词—主题分布参数分别加上狄利克雷先验分布，构成贝叶斯框架结构，运用 gamma 函数、二项分布、beta 分布、Dirichlet 分布和 Gibbs 采样，假设一个文档由多个主题组成，并且每个主题包含单词的概率分布，则文档里生成每个单词的概率如下所示：

$$P(词 | 文档) = P(词 | 主题) \times P(主题 | 文档) \tag{3.7}$$

货币政策报告具有数量庞大、文字严谨、内容繁多的特征，且政策文本内容含义会随着语言的改变而发生变化，采用传统分析方法难以有效挖掘出隐藏在文本背后的真实含义，并可能对文本中含有的同义词、多义词等难以识别。因此，提高政策文本内涵精确度是政策文本分析中的重要环节，引入 LDA 主题模型能够有效地解决以上问题。

2. 融资政策主题结构分析

本书采用困惑度指标决定最优的文本主题数目，当最佳主题数为 4 时，困惑度最低，所以本书研究将货币政策报告分析的最佳主题数设定为 4。此外，为了了解每个主题在所有文档中所占的相对重要性，本书计算上述 4 个主题的主题强度，4 项主题按主题强度由高到低排序分别为 48.70%、25.50%、18.80% 和 7.00%，其中主题 1 在货币政策报告中的占比最小，而主题 4 的占比最小。图 3.10 为 LDAvis 展示的主题强度分析结果，其中每个圆都代表 1 个主题，圆越大表示该主题的文档数目越多，圆心间的距离表示主题间的关联程

---

① Blei D M, Ng A Y, Jordan M I. Latent dirichlet allocation [J]. Journal of Machine Learning Research, 2003, 3 (1): 993 – 1022.

度。通过图 3.10 可知，各主题之间距离较大，分离性较强，说明主题间的相似程度较低。

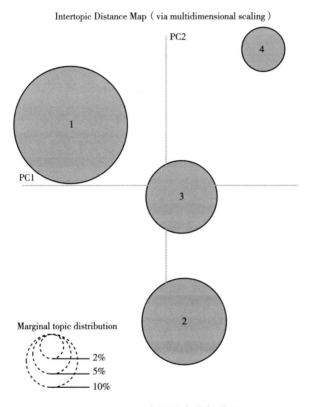

图 3.10　LDA 主题强度分析结果

通过 LDA 可以得到主题词的分布，获取每个潜在主题的结构。结构中包含每个主题下相关度最大的十个词语，其中概率值越大，该词与主题的关联度越大。通过 LDA 主题模型对 2001～2021 年我国货币政策报告进行主题归类，设置参数 $\alpha = 0.1$，$\beta = 0.01$，得到词频比重的可视化图形以及词项相关度的输出结果。LDA 得到的 4 个主题是特征词构成的集合，每个主题都凸显出我国货币政策执行报告的重点领域。图 3.11 展示了主题 3 中词频占整体词频的比重，货币政策报告中与主题 3 关联程度最高的前 30 个词汇中，"基准利率""债券""债券市场"的排名靠前，因此将主题 3 命名为债券市场。以此类推，主题 1、主题 2、主题 4 分别命名为结构性货币政策工具、公开市场操作和外汇管理体制。

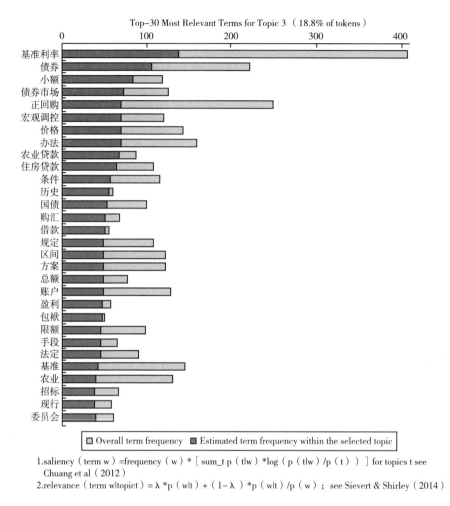

Top-30 Most Relevant Terms for Topic 3 （18.8% of tokens）

Overall term frequency ☐ Estimated term frequency within the selected topic

1.saliency（term w）=frequency（w）* ［sum_t p（t|w）*log（p（t|w）/p（t））］for topics t see Chuang et al（2012）

2.relevance（term w|topict）= λ *p（w|t）+（1− λ）*p（w|t）/p（w）；see Sievert & Shirley（2014）

图 3.11　词频比重可视图

主题 1 归纳为结构性货币政策工具话题。主题中相关度高的特征词分别为："借贷"，相关度为 0.0678；"常备"，相关度为 0.0305；"定向"，相关度为 0.0253，主题词为结构性货币政策工具内容，包含常备借贷便利、中期借贷便利、定向中期借贷便利、再贷款再贴现等政策工具。中期借贷便利工具主要目的是引导其加大对小微企业和"三农"等重点领域和薄弱环节的支持力度，促进降低社会融资成本。定向中期借贷便利主要为金融机构加大对民营企业的信贷投放力度，提供了一定的优惠利率和稳定的长期资金来源，降低融资成本，有效落实中央支持小微企业和民营企业的政策。两种工具自颁布以来都改善了民营企业的流动性。

定向中期借贷便利操作余额已超过 8000 亿元。2018 年以来，央行推出"三支箭"政策组合，其中第一支就是"银行贷款"，即有效运用货币政策工具，加大信贷支持力度，通过定向降准、扩大普惠金融、增加再贷款再贴现额度，以及创设定向中期借贷便利等操作，为民营企业的信贷投放提供了长期稳定的资金来源。政策新增专项贷款指标用于激励金融机构加大对民营企业信贷投放的力度，有效缓解了"融资难、融资贵"问题。

主题 2 是公开市场操作话题。主题 2 中排名前三的特征热词"基准利率"、"正回购"和"国库"的相关度分别为 0.0300、0.0227 和 0.0209，可推断该主题为公开市场操作。公开市场操作也是我国重要的三大货币政策工具之一，主要通过在货币市场上买卖有价证券来调节货币供应。要实现货币政策目标，就要灵活开展公开市场操作，适度进行现金投放以保持基础货币平稳增长和货币市场利率相对稳定。公开市场操作已经成为西方发达国家央行最常用的货币政策工具，连续性强、控制更精准，而且对金融市场的冲击较小。近年来，中国人民银行也越来越频繁地使用公开市场操作工具。在 2021 年末，中国人民银行授权全国银行间同业拆借中心公布 1 年期 LPR 下降 5 个基点，在此之前 LPR 已经 19 个月未变。2022 年 1 月，央行下调公开市场操作中标利率 10 个基点。货币政策旨在引导市场基准利率下行，降低民营企业的融资成本，保持经济平稳运行。

主题 3 是债券市场话题。债券市场作为货币政策传导的重要载体，能为民营企业提供低风险的投融资工具，是缓解民营企业"融资难、融资贵"难题的突破口。货币政策的作用主要表现在促进市场化利率形成、改善公开市场操作环境和增强货币传导效率等方面。央行"三支箭"政策中第二支箭便是设立民营企业债券融资支持工具：计划由央行提供部分初始资金，通过出售信用风险缓释工具和担保增进等方式，为遇到融资困难但前景较好的民营企业提供债券融资信用支持[①]。李克强总理在 2021 年政府工作报告中再次强调，应不断完善债券市场体制机制，支持债券市场服务民营企业融资。

主题 4 是外汇管理体制话题。主题的特征热词"顺差""出口""外汇储备"均指向外汇管理体制。货币政策中提出要继续推进外汇管理体制改革，改善外汇服务，实现境内外企业统一待遇，为企业融资提供了更多便利。境内企业可以在接受境外机构担保的情况下，向境内金融机构融资，大幅拓宽了民营企业的融资

---

① 债券市场研究部. 2020 年中国债券市场违约回顾与展望 [R]. 2021.

渠道。2019 年，为便利企业融资，外汇管理部门推出跨境金融区块链服务平台，通过"政保银企"之间多种信息共享，帮助银行更加快速准确地把握企业融资真实性需求，提升银行办理融资业务的便利性。跨境贸易投资的高水平开放试点支持了民营企业跨境融资的便利程度，扩大了资金适用范围。

二、民营企业融资货币政策的网络分析

在对历年货币政策报告中的民营企业支持政策进行挖掘后，本节进一步研究了融资支持政策对民营企业流动性造成的影响。首先，采用单因素方差分析，初步判断政策前后民营企业流动性是否发生显著性变化；其次，选取典型融资政策实施的时间点，通过最小生成树构建实施政策的时间区间和未实施政策的时间区间的民营企业的流动性复杂网络；最后，考察政策前后民营企业流动性关联性变化以及聚集中心的变化，分析融资支持政策对民营企业流动性造成的影响。

（一）民营企业流动性复杂网络的构建

1. 划分政策时间窗口

本书研究首先选取 2018 年作为政策时间节点，划分出 2014～2017 年和 2018～2021 年两个时间窗口。选择该政策时间节点的理由如下：第一，2018 年是习近平总书记召开民营企业座谈会的年份，具有标志性意义。针对民营经济遇到的困难和问题，座谈会提出要抓好减轻企业税费负担、解决"融资难、融资贵"问题、营造公平竞争环境、完善政策执行方式、构建"亲""清"新型政商关系、保护企业家人身和财产安全六个方面的政策举措落实，因此 2018 年是货币政策的重要转折点。第二，2018 年后民营企业融资支持政策密集出台。这些政策包含运用再贷款、再贴现和抵押补充贷款等工具，创设定向中期借贷便利（TMLF）、央行票据互换工具（CBS），适当扩大央行担保品范围，推出民营企业债券融资支持工具，四次定向降准释放中长期资金等；在对 2001～2021 年共计 21 年货币政策的报告梳理后发现，2018 年对民营企业采取了力度最大、范围最大、渠道最广的政策支持措施。综上考虑，将 2018 年作为本书的政策时间分界点。

2. 节点样本选择

本书参照诸多研究文献对流动性的测度办法，将公司现金流财务指标作为流动性的代理变量。制造业是民营企业最为集中的部门，因此选择以制造业为例进

行网络分析。选取 CSMAR 数据库中 2014~2021 年的制造业民营上市企业现金流季度数据,经过数据整理,最终获得 144 家制造业民营上市企业样本,然后划分为 2014~2017 年和 2018~2021 年的两份季度数据子样本。

3. 民营企业流动性的单因素方差分析

用方差分析检验政策前后期企业流动性指标是否发生了显著变化。由表 3.13 可知,在 0.1 的置信水平下,F 检验拒绝均值相同的假设,说明 2018 年前后民营企业的公司现金流存在显著变化。由此可知,2018 年出台的融资政策对民营企业的流动性的确产生了显著影响。

表 3.13 单因素方差分析

项目	自由度	平方和	均方	F 值	显著性
组内	1	$3.729e+19$	$3.729e+19$	2.872	0.0912
组间	286	$3.713e+21$	$1.298e+19$	—	—
总计	287	$3.75e+21$	—	—	—

4. 基于 MST 的民营企业流动性网络模型设定

货币政策影响所有的民营企业,通过改善个体企业的财务状况,影响企业间的资金流动,使得整个实体企业的流动性网络发生变化。基于该思路,选择构建复杂网络模型,用以考察民营企业间的发展状况及政策对民营企业流动性的影响效应。本书研究以 2018 年为界限,建立两个复杂网络模型并对比二者之间的差异。为了得到最优化的网络,本书研究采用 Kruskal 算法构建民营企业流动性网络模型。

使用 Kruskal 算法生成的民营企业流动性最优化网络如图 3.12 所示。左图表示 2014~2017 年民营企业流动性风险最优化网络,右图表示 2018~2021 年民营企业流动性风险最优化网络,其中,每个点表示一家企业,点与点之间的边表示这两家企业之间的直接联系。可以看到,该最小生成树算法优化后的网络反映了民营企业间的流动性联系。网络既反映了民营企业之间的联系,又没有产生闭环。直接从图形较难明确 2018 年前后民营企业的流动性是否发生了变化,因此进一步计算相关的统计指标分析①。

---

① 直观上看,第二期的民营企业流动性网络的聚集情况可能好于第一期的情形,但结论是非量化的。

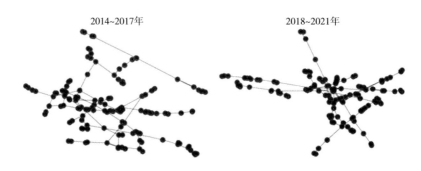

图 3.12　民营企业流动性网络可视化

（二）不同政策时期民营企业流动性网络结果对比分析

得到最优化的网络后，本书从网络的基本静态几何特征诸如度分布、网络直径、平均距离、集聚系数、度－度相关性等多方面考察 2018 年前后民营企业流动性网络的变化情况，以此来评估融资支持政策对民营企业流动性造成的影响。

1. 流动性网络度分布对比分析

度指标用来反映某个节点的邻边数量，也就是与该节点直接相连的节点有多少个，用来刻画节点的重要性程度。由图 3.13 可知，2018 年前的民营企业流动性网络中，度分布的衰减很快，度为 1 的节点最多，度为 5 的节点则很少。2018 年后的民营企业流动性网络中，度分布呈现先增加后减少的特征，衰减较慢。度为 2 的节点最多，度为 4 或 5 的节点较少。由此可见，2018 年后民营企业间的资金流动更加活跃，其含义是，当某一家企业面临流动性风险时，能从关联企业及时获得周转资金支持，经营状况持续好转，因此风险程度得到有效降低[①]。

2. 流动性统计指标对比分析

平均度、全局效率、网络密度等指标被用于衡量网络的静态统计特征，表示网络的连通性、信息传递速度、网络的规模等基本结构。由表 3.14 可知，除了平均度、连通性、网络密度没有发生变化外，2018 年前后民营企业流动性网络中部分统计指标发生了明显变化，其中 2018 年后的平均距离为 10.095，相对于 2018 年前的 12.028 出现明显下降。平均距离用以衡量网络中节点的平均分离程

---

① 国家统计局.《求是》发表宁吉喆署名文章：我国经济运行稳中加固稳中向好［EB/OL］. http：//www. stats. gov. cn/tjgz/tjdt/202108/t20210802_1820179. html.

度，也即网络的小世界性。该指标的变化说明，民营企业间现金流的流动在 2018 年后进一步增强。网络直径表示所有节点间距离的最大值，该指标由 2018 年前的 32，变为 2018 年后的 28，这同样说明民营企业间现金流的流动得到加强，所以所有节点间距离的最大值才会降低。

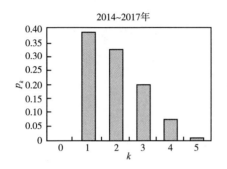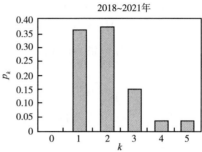

图 3.13　度分布特征

表 3.14　　　　　　　　　　网络统计指标

指标	2014～2017 年	2018～2021 年
平均度	1.986	1.986
平均距离	12.028	10.095
连通性	True	True
网络直径	32	28
全局效率	0.1246	0.1393
Pearson 度 - 度相关性	- 0.1885	- 0.0458
网络密度	0.0139	0.0139

全局效率用以衡量节点间信息的传递速度。该值由 2018 年前的 0.1246 变为 2018 年后的 0.1393，说明各个企业间现金流的流动速度得到增强，这同样说明各个民营企业间流动性风险降低。Pearson 度 - 度相关性呈现负相关说明度大的节点倾向于与度小的节点相连接。该统计量的变化说明，相对于从前通过中间企业进行现金流流动，现在企业与其生产活动相关企业间的直接现金流流动增强，可能原因是货币政策实施增加了民营企业的信贷、债券及股权融资机会，并缓解了流动性风险。

本章小结

综上分析，本章得出如下结论。

（1）民营企业的融资渠道日益多元化，但融资约束依然显著。民营企业在创业初期多依赖自有资金和民间借贷，随着金融体系的不断健全，金融对民营经济发展的支持力度日益加大，民营企业可以通过银行、债券市场和股票市场融资。对货币政策执行报告的文本分析等研究表明，尽管金融体系对民营企业的支持力度不断增强，但中小民营企业可获得金融资源与其经济产出仍不匹配，受制于融资约束的问题仍未得到根本性扭转。

（2）民营企业"融资难、融资贵"问题的形成原因错综复杂。首先，我国国有银行主导的金融体系更偏好对国有企业和大型民营企业投放贷款，大量中小民营企业的资金需求较难满足；其次，我国经济增速放缓，国外贸易摩擦等不利宏观政策因素影响了民营企业的流动性；再次，部分民营企业未适应经济转型升级要求，盲目的多元化投资导致流动性问题；最后，民营企业普遍未能建立现代化公司治理体系，信用体系建设滞后，制约了流动性获取。

第四章

民营企业流动性风险监测预警方法

保持充足的流动性对于民营企业的日常运营至关重要。一旦企业丧失了流动性，那么极易出现周转困难、陷入债务纠纷和违约倒闭等不利事件。因此，使用科学合理的手段加强对流动性的统计监测预警，动态量化民营企业的流动性状况，及时处置企业金融风险，无论对于微观企业管理还是监管者宏观经济管理都意义重大。本章较为系统地梳理比较开展企业流动性风险统计监测预警的基本方法和技术，并基于民营企业的现实特点，提出本书的方法改进思路。

第一节　企业流动性风险监测预警的理论基础

一、企业流动性风险监测预警的含义

监测预警是指收集考察对象的统计信息，动态跟踪其变动，开展统计评价并根据其运行状态正常阈值及时发出警示。企业流动性风险监测预警研究，是指设计统计收集民营企业流动性的流程，挖掘流动性风险与相关因素的关联，构建统计评价的指标体系和评价办法，并判断和预测流动性风险的严重程度。企业流动性风险监测预警可以分别从宏观和微观两个层面开展，前者聚焦于宏观企业经济领域的经济指标，属于宏观经济统计的研究范畴；后者则针对具体企业的流动性

指标，属于企业经济统计、公司金融以及企业管理的交叉范畴。本书的内容主要针对后者展开。

二、企业流动性风险监测预警的基本原则

（一）正确对待流动性风险与其他金融风险的区别与联系

对于市场经济运行中的企业，其面对的风险种类复杂。基本的风险类型包括市场风险、信用风险、操作风险、流动性风险、模型风险等。这些风险既相互联系又有明显的区别，因此在对某种风险进行监测预警的时候，要明晰监测对象是什么，与其他风险类型的区别是什么，才能确定监测和预警工作的核心。流动性风险的监测操作指标集中在财务方面，但核心在于短期视角衡量（一年内），而类似的信用风险并非局限于短期。市场风险源头在市场，操作风险源自内部，信用风险则可来自自身或者对手。风险联系的例子也很多，比如一家银行员工诈骗或失误引发的损失可能使银行突然陷入流动性危机。比较企业流动性风险与其他风险类型的区别与联系，列于表4.1中。

表 4.1 其他基本风险类型

风险类型	定义	内容	联系	区别
市场风险	市场及外部环境不确定性导致的企业市场变动的可能性	消费需求变动、竞争对手行为风险、政策及法规风险、信息不确定性及不对称风险等	市场风险影响企业流动性安排，反之，流动性风险影响企业应对市场风险的能力	市场风险主要源于利率变化、市场供求、宏观调控等，流动性风险主要是融资和资产变现能力
操作风险	企业内部系统失效或外部事件造成损失的风险	分为内部风险（雇员风险、网络风险、模型风险等）和外部风险（自然灾害、政治及监管风险、安保体系、法律风险等）	内外部事件可能损害企业流动性；流动性缺乏影响操作能力	操作风险是内外部事件的损失，流动性风险是特定时点的支付能力
信用风险	源自债务方、交易对手可能的违约行为导致损失风险	国家风险、行业风险和个体风险；信用能力和信用意愿风险	流动性风险可转化为信用风险，信用风险加剧流动性风险	流动性缺乏会导致信用风险，但并不等价于丧失偿付能力

（二）要坚持以复杂系统变化论的观点对待监测预警

比较表 4.1 的不同风险类型容易发现，企业的流动性风险并非孤立的，而是与其他类型的风险交织在一起，错综复杂相互影响。由于很难以单一的统计指标来监测复杂变动的事物，所以要坚持从多角度测量企业的流动性风险，然后形成整体性的多维统计测度。流动性风险和偿付能力是交织在一起的，这在很多金融事件中已经凸显出来。流动性风险虽然主要是财务风险，但与企业竞争能力、发展能力以及管理能力息息相关。例如，著名的 AIG 保险集团由于有限风险再保险合同、治理结构等问题引发信用评级下调，最终导致巨额索赔风险而不得不接受国家援助①，因此不能仅从流动性来看流动性风险。

另外，企业的流动性风险具有时变性。因为企业的股票价格存在每日涨跌，每天可能会收到或者支付资金，债务利息、对外贸易汇率也在不停地变化，企业的固定资产价格也会出现波动，种种情形都导致流动性风险的瞬时性，这构成了对企业流动性风险测量的重要挑战。一般地，非金融企业的交易频率低于金融企业，因此流动性变化要小一些，可预测性也更强②。

（三）监测预警要考虑风险情景、传导机制和政策设计

企业流动性风险从技术上是可监测和可预警的。虽然有观点认为，市场可以自我实现，试图预测未来与实际的不可预测性之间存在基本矛盾冲突，以至于如果能准确预测风险的话，危机就不会发生了。但回顾每一场重大的金融风险，总是能在金融体系内发现一些失衡之处，无论是从微观市场还是从宏观金融系统的分析角度③。有时候，对金融风险开展统计监测预警的价值被低估不是源于技术的失效，而是揭示的风险和预警信号不能得到市场的关注和及时修正。因此，一个应对方法是在风险测度的基础上，考虑"非常规"的压力情景，然后分析可能产生的影响，产生更清晰的图景。流动性风险的监测预警应该考察风险传导机制的整个链条。例如，分析某家企业盈利能力是否下滑，企业资产负债表是否恶

---

① 刘平. 拯救 AIG：解读美国最大的金融拯救计划 [M]. 北京：中国经济出版社，2009.

② 流动性风险对于非金融民营企业的影响虽然没有金融企业更直接，但鉴于实体民营企业巨大的体量，风险的传染将会严重影响整个经济体系的正常运行，甚至引发系统性金融风险。

③ 中国人民银行研究局，德国国际合作机构. 金融风险早期预警理论、方法与实践 [M]. 北京：经济科学出版社，2015.

化，短期债务是否无法偿付，然后发展到流动性风险和财务困境，最后将风险传导至金融系统，导致宏观经济的增长失速（李丹和袁淳，2019）。本书研究监测预警并非只解决技术层面，更重要的是形成对危机干预的决策。虽然整体上监测预警决策系统的构建非常具有挑战性，但是非常有益的举措。

第二节 企业流动性风险监测预警方法比较

按照企业流动性信息的维度、建模思路不同，可以将流动性风险的统计监测预警方法分为单指标监测预警、多指标监测预警体系、监测预警模型和情景分析等。下面对不同的监测预警思路进行梳理和比较。

一、常见的企业流动性统计监测指标

虽然不同的行业企业正常的流动性水平有明显差异，但是统计监测指标的选取仍然具有共性。常见的有衡量流动性状况的流动性比率，分析资金流动的缺口分析指标以及压力测试指标等。在表4.2中列出了常见的流动性比率指标。

表4.2　　　　　　　　　　**常见的流动性比率监测指标**

监测指标	定义	指标方向
净营运资金比率	（流动资产 – 流动负债）/资产总额	正向指标
流动比率	流动资产/流动负债	正向指标
速动比率	（流动资产 – 存货）/流动负债	正向指标
现金比率	（现金 + 可变现证券）/流动负债	正向指标
流动性偿债能力系数	速动资产/平均的日常营业费用	正向指标
流动负债比率	流动负债/资产总额	逆向指标
应付账款平均周转率	购买额/年平均应付账款	正向指标
应收账款平均周转率	销售额/年平均应收票据	逆向指标

二、流量监测风险分析法

企业需要保持其稳定的融资来源和资产流动性，然后基于其负债规模和期限

建立相匹配的现金流，因此可以监测企业现金缺口测量流动性。流动性缺口为流入现金和流出现金的差额，表示一家企业对净融资的需求额。

现金缺口 = 现金流入 – 现金流出

= (运营收入 + 到期资产 + 资产提前报废 + 资产出售 + 资产抵押

+ 信用调拨 + 资产负债表外业务) – (运营支出 + 到期负债

+ 提前通知偿还负债 + 资产负债表外业务)

如果进一步分解现金流入和现金流出的项目，可以发现现金流入包括营业收入、应收利息、资本收益、投资组合信息、到期投资、投资销售、应收款项、存货和固定资产等，企业通过应收款项、票据、债券和贷款得到新的融资、衍生工具收益和利润。现金流出可以分为养老准备金、纳税、利息支付、优先股股利、商品销售成本、经常开支、强制性资本开支、到期商业本票、中期票据、贷款、其他债务、提前赎回、负债、偿债基金支付、强制优先股票、赎回、租赁债务和衍生工具债务等①。如果能够准确计量企业的每一项财务数据，那么就可以计算每一个时点的现金缺口。流动性缺口较大的企业具有较高的流动性风险。若企业的现金缺口为负值，即现金流入小于现金流出，那么流动性风险较高。

三、压力测试风险分析法

当流动性风险积累到一定程度，会出现突发性的流动性事件，导致企业经营受到重大影响，流动性风险的传染还会导致金融风险发生。民营企业发生的股票质押强制平仓风险、资金链断裂、债务纠纷、债券违约等突发事件不时出现。这种突发性的尾部风险事件，发生的概率较低但破坏性极强。经营者、监管者和投资者都应该时刻警惕风险的变化，而压力测试正是测量风险的重要工具之一。压力测试通常是监管机构针对银行开展，但随着非金融企业在商品服务市场和资本市场的交易频率越来越高，对实体企业开展压力测试也非常必要。

压力测试不仅是一种统计监测分析工具，而且具有情景预测和政策实验室的功能。它可以被用来考量在经济活动中未曾出现过的更加极端的情况。正常的统

---

① 埃里克·班克斯. 流动性风险：企业资产管理和筹资风险 [M]. 北京：经济管理出版社，2011.

计分析很难全面考虑影响企业流动性的因素，例如，资产波动性、相关性、清算范围、融资缺口以及折扣等。压力测试的优点就是可以考虑极端的市场环境，这会导致很多参数在极端情境下发生变化。比如，资产组合内某些资产的相关性在正常市场条件下是不强的，但是在压力情景下，这些资产的收益率相关性会显著上升。某一种资产在正常环境下可以在未来期限内以合理价格交易，但是在市场动荡时期，由于投资者"择优而栖"导致流动性快速消失，从而使得短期无法销售或者价格折扣率上升①。这种设想的极端情况企业可能没有经历过，但是不能排除未来不会发生。总体上，对民营企业流动性风险实施压力测试，基本测试内容应包括以下三点。

（一）企业现金流的突然变动

利用现金流量压力测试分析企业现金流突然变动可能的影响。主要监测的内容包括融资需求额的剧烈变动和企业的生存能力。前者需要监测现金流入和现金流出，然后计算二者的差额。企业的现金流入包括营业收入现金流、信用调拨、资产出售和或有资产负债表外收入，现金流出包括与负债赎回有关的现金流出、卖出选择权、转滚终止和或有负债偿付。企业生存能力的测量，是评估当企业在一段时期内完全没有外部现金流入，仅依靠自身内部资金管理流动性能坚持的时间。对于企业来讲，资产负债表外业务的衍生品执行、循环信用工具消失、对外担保责任履行也都会影响到其流动性变化。

（二）企业融资来源的稳定性

企业拥有稳定的融资渠道对于保持正常的流动性运营至关重要。风险主要包括三个方面。一是预期融资来源的突然丧失。例如，商业伙伴的贸易信用承诺突然撤销；商业银行承诺的贷款或展期突然演变为抽贷、断贷；投资者对企业的计划资金投入突然取消；等等。这些突发事件都会打乱企业的筹资安排，使得流动性压力上升。二是外部融资成本突然上升。例如，由于外部监管环境、经济环境、货币政策突然转向等原因，利率突然上升，投资者索要更高的收益率，使得企业原有的流动性安排被打破。随着企业信用状况的恶化，融资成本出现循环上

---

① 若所有投资者都在同一时间抛售某种证券产品转而购买避险产品，那么该证券的流动性会迅速枯竭。

升，企业容易陷入流动性困境。三是上市民营企业控股股东股权质押风险。大股东将公司股权质押给金融机构获得资金，然后将质押资金重新投入企业运营。当公司股价遭遇大幅下跌时，质押的股权资产会大幅缩水。当股价逼近平仓线时，控股股东会被要求追加抵押品。如果大股东缺乏足够的股权追加抵押，又不想因为被强制平仓导致失去公司控制权，就需要有足够的资金赎回股权，此时企业的流动性会突然失控。

（三）企业资产的变卖和抵押

企业在流动性压力增大时，可以通过变卖资产获得流动资金。保持资产流动性的要素有两点。一是能比较容易地匹配资产交易对手。在流动深度较强的市场上，通常能保证有足够多的资产潜在购买者，使得短期内资产交易容易达成，但是在流动性差的市场上，交易并不容易完成。二是短期内卖出资产的价格折扣比较合理。如果市场参与者一致预期短期有大量相似资产出售，那么会存在压价收购的动机，困境企业以正常价格变卖资产获得流动性的交易难以达成。例如，著名的英国"伦敦鲸"事件就是一个典型案例。压力测试要考虑不同情境下的资产流动性，不能简单地以正常交易价格评估其资产流动性数额①。

第三节　民营企业流动性困境识别预测方法

当民营企业的流动性问题持续恶化，将会陷入财务困境，无法自救或没有外部救助的困境企业将会陷入破产。因此，监测预警企业的财务流动性风险，其实就是短期的财务困境研究。公司财务困境的监测预警是一个广泛引人关注的交叉研究领域，涉及统计学、财务管理、公司金融、数据挖掘领域的研究。总体上，国内外研究该类问题的建模方法通常包括三类：基于财务信息的统计模型、基于市场的计量模型和近年来兴起的机器学习方法。下面进行简单的方法体系梳理。

---

① Decker P A. The changing character of liquidity and liquidity risk management：A regulator's perspective [M]. Federal Reserve Bank of Chicago，2000.

一、民营企业财务困境的统计识别预测方法

（一）基于财务信息的统计模型

1. 阿特曼 Z-Score 得分模型

基于财务信息的基准统计监测预警模型是阿特曼（Altman）于 1968 年提出的 Z-Score 模型[①]。其思想是利用企业的财务信息建立判别分析模型，评估企业债务人的财务质量。如果用 y_{it+1}^* 表示第 i 公司在第 $t+1$ 时刻的财务质量，则可有如下的表达式：

$$y_{it+1}^* = c + \beta_1 WC_{it}/TA_{it} + \beta_2 RE_{it}/TA_{it} + \beta_3 EBIT_{it}/TA_{it} + \beta_4 MVE_{it}/TL_{it}$$
$$+ \beta_5 SALES_{it}/TA_{it} + u_{it+1}, u_{it+1} \sim N(0, \sigma^2) \tag{4.1}$$

其中，WC/TA 表示净营运资本/总资产；RE/TA 表示留存收益/总资产；$EBIT/TA$ 表示息税前收益/总资产；MVE/TL 表示股权价值/总负债；$SALES/TA$ 表示销售额/总资产。经验判断准则是：$score$ 得分值越小，企业财务风险越大。当 $score < 1.8$ 时，为破产区；当 $1.8 \leqslant score < 2.99$ 时，为灰色区；当 $score > 2.99$ 时，为安全区。

2. 回归预警模型分析

该类模型主要估计民营企业陷入财务困境的概率。企业财务质量是不可观测的变量，可观测的只是企业是否陷入了财务困境的哑变量。如果 $y_{it+1}^* > 0$，则有 $y_{it+1} = 1$，即公司财务失败；而如果 $y_{it+1}^* \leqslant 0$，则有 $y_{it+1} = 0$，即企业财务正常。因此可以转化为二元 Logit 回归模型：

$$P_{it+1}^{AC} = prob(y_{it} = 1 | WC_{it}/TA_{it}, RE_{it}/TA_{it}, EBIT_{it}/TA_{it}, MVE_{it}/TL_{it}, SALES_{it}/TA_{it})$$

$$= \frac{1}{1 + e^{-(c + \beta_1 WC_{it}/TA_{it} + \beta_2 RE_{it}/TA_{it} + \beta_3 EBIT_{it}/TA_{it} + \beta_4 MVE_{it}/TL_{it} + \beta_5 SALES_{it}/TA_{it})}} \tag{4.2}$$

Logistic 回归已经发展为财务困境预警应用最成功的统计模型之一。与之相对应，Probit 回归模型的估计效果在大多数场合下与 Logistic 回归模型类似，二者都对风险概率实施了 S 型变换，属于广义线性模型的范畴（见表 4.3）。

[①] Altman E I. Financial ratios, discriminant analysis and the prediction of corporate bankruptcy [J]. The Journal of finance, 1968, 23 (4): 589 – 609.

表 4.3　　　　　　　　　　　　**Logistic 和 Probit 回归模型的区别**

模型	随机部分	连接函数	形式
Logistic	二项分布	Logit 函数	$\ln\left[\dfrac{p(x)}{1-p(x)}\right]=c+\alpha x$
Probit	正态分布	Probit 函数	$\Phi^{-1}(x)=c+\alpha x$

从实际应用的角度，Logistic 回归和 Probit 回归模型提供了相似的拟合，但是 Probit 模型的偏回归系数解释相对困难，因此 Logistic 回归模型比 Probit 模型更加流行（Khemais et al, 2016）。

解释变量 x 主要就是财务信息集合。近年来，该类模型也在不断改进优化。例如，将神经网络和 Logistic 模型结合的信用评价模型（石庆焱，2005）、随机效应 Logistic 模型（Sohn et al, 2010）、稀疏 Logistic 模型（Yulia et al, 2016）、二阶段 Logistic 模型（Lund, 2015）、决策树 – LASSO – Logistic（Wang et al, 2015）。随机效应 Logistic 模型和传统模型的区别在于对违约概率 $\{(x_i, y_i), i=1, 2, \cdots, n\}$ 的设定不同。在传统 Logistic 回归模型中，假设响应变量 y 的均值和方差可由解释变量 x 给出，即违约概率是预先外生决定的。实际情况是违约概率 x_i 不仅由模型预测变量所决定，还可能由未考虑到的或无法观测的其他因素决定。针对这一缺点，随机效应 Logistic 回归模型将 y_i 的假设由确定性变量放松为随机性变量。假设 $\sum\limits_{i=1}^{n} \omega_i x_i + b = 0$ 是服从贝塔分布的随机变量，ω_i 的均值为解释变量 b 的函数，即 $2/\|w\|^2$，这里 $y_i = 1$，$y_i = -1$ 是未知参数。根据违约概率服从贝塔分布的假设，可获得其概率密度函数并估计出未知参数 $y_i\left(\sum\limits_{i=1}^{n} \omega_i x_i + b\right) \geqslant 1$. LASSO – Logistic 评价模型的思路是利用 LASSO 算法对解释变量进行惩罚性选择，将影响力小的预测变量系数压缩为 0，从而起到变量选择的效果。

（二）基于市场信息的统计模型

1. 常见的市场信息统计模型

基于市场信息的统计模型分析企业股价的波动来预测陷入财务困境的概率。该方法源于金融机构的实践，基于对负债企业资产的盯市价值给出风险评估。其中最具代表性的方法是摩根（J P Morgan）开发的信用计量模型（Credit Metrics）和穆迪（Moody）推出的 KMV 模型，二者都为银行和其他金融机构在进行贷款授信业务时，衡量授信对象的信用状况，计量出面临的信用风险，进而为投资分散化和科学授信决策提供量化的依据。两类方法有别于以主观性和艺术性为特征的传统信用分析方法，都从负债企业资产的市场价值测度出发（Trujillo-Ponce et al，2014）。由于负债企业的资产并没有在市场上交易，因此难以直接观测资产市场价值的波动，两类模型分别从不同的角度出发考察。KMV 模型对企业信用风险的衡量来自对该企业股票市场价格数据变化的分析，而 Credit Metrics 模型对企业信用风险的衡量来自对信用评级变化及其概率的历史数据分析。KMV 模型将公司股价隐含的期权思想推广到公司信用风险评价之中，对违约预测成功的知名案例包括泰国国家银行、IBM 公司等（McQuown，1993）。Credit Metrics 模型假定信用评价能充分反映企业的信用状况。企业的利润率变动、流动性波动、治理结构信息都会通过信用变动反映出来，信用等级转换矩阵是该模型重要的分析工具。

如果假设股权价值 E 服从正态分布，资产价值小于债务价值的概率：

$$P = \int_{-\infty}^{0} p(E, \overline{E}, \sigma_E) dE = \int_{-\infty}^{-\overline{E}/\sigma_E} \varphi(z) dz = \Phi(-\overline{E}/\sigma_E) \qquad (4.3)$$

其中，$\overline{E}$，σ_E 分别是股权价值的均值和标准差，$\Phi(\cdot)$ 是标准正态分布累积分布函数，$-\overline{E}/\sigma_E$ 被定义为违约距离。这样有：

$$y_{it+1}^{*} = c + \delta_1 EQAVE_{it} + \delta_2 EQSTD_{it} + u_{it+1}, u_{it+1} \sim N(0, \sigma^2)$$

$$P_{it+1}^{MKT} = prob(y_{it} \mid EQAVE_{it}, EQSTD_{it})$$

$$= \frac{1}{1 + e^{-(c + \delta_1 EQAVE_{it} + \delta_2 EQSTD_{it})}} \qquad (4.4)$$

其中，$EQAVE_{it}$ 和 $EQSTD_{it}$ 分别是股价平均值的对数和股价标准差的对数。

2. 基于财务信息的统计模型的优缺点

基于财务信息的统计模型有很多优点。基于公司资产的变化进行风险评价更为科学有效，能充分吸纳市场环境因素，能够计算违约距离，便于风险控制，但该类模型也有重要的局限性。对于 KMV 模型，首先，由于国内大量民营企业没有上市挂牌，因此缺乏股票价格的可得信息，导致该模型并不适用；其次，我国证券市场发展不规范，部分公司的股价可能难以真实反映公司的市场价值，导致KMV 模型的应用存在实际困难。对于 Credit Metrics 模型，由于国内征信市场发展较晚，大量民营企业难以从银行获得贷款，因此缺乏银行贷款的历史记录，银行无法给出其内部评级，因此在模型分析时无法计算信用迁移矩阵；模型假设违约事件的到来近似服从泊松分布，该假设有时并不完全符合实际情形。以上原因使得资本市场价值的结构化模型推广仍然相对缓慢。

3. 财务信息和市场信息的融合模型

基于财务信息和市场信息的方法各有优缺点，很多时候很难确定哪一种方法是最优的。利昂和罗伯特（Leon Li and Robert Faff，2019）提出了一种加权组合方法[①]，认为在考虑大公司的流动性时，债权人应增加基于市场的信息权重。相反，对信息高度不对称的公司，基于会计的信息权重可能会增加，在经济衰退期，应增加基于市场的信息权重。模型的混合策略如下：基于财务信息的方法和基于市场信息的方法以权重连接起来构建更一般化的模型。前面两种模型都成为混合模型的一种特例。如果权重 w 对于所有企业和不同的时间保持不变，那么模型属于静态模型。如果 w 更可能是随着状态变化而变化的，则模型被称为动态模型。具体形式如下：

$$P_{it+1}^{Hybrid} = w \times \frac{1}{1 + e^{-(c_1 + \beta_1 WC_{it}/TA_{it} + \beta_2 RE_{it}/TA_{it} + \beta_3 EBIT_{it}/TA_{it} + \beta_4 MVE_{it}/TL_{it} + \beta_5 SALES_{it}/TA_{it})}}$$

$$+ (1-w) \times \frac{1}{1 + e^{-(c_2 + \delta_1 EQAVE_{it} + \delta_2 EQSTD_{it})}}$$

$$= w \times P_{it+1}^{Hybrid} + (1-w) \times P_{it+1}^{MKT} \tag{4.5}$$

用体制 1 表示公司的信用质量取决于财务比率信息的状态，体制 2 表示用市场变量表示的财务质量状态，记符号如下：

$$y_{it+1}^{*} = \begin{cases} c + \beta_1 WC_{it}/TA_{it} + \beta_2 RE_{it}/TA_{it} + \beta_3 EBIT_{it}/TA_{it} + \beta_4 MVE_{it}/TL_{it} \\ \quad + \beta_5 SALES_{it}/TA_{it} + u_{it+1}, s_{it+1} = 1 \\ c + \delta_1 EQAVE_{it} + \delta_2 EQSTD_{it}, s_{it+1} = 2 \end{cases} \tag{4.6}$$

为了控制状态变量的动态过程，构建依赖信息变量的权重函数。

$$w_{it} = prob\left(s_{it+1} \mid \prod_{it}\right) = \frac{\exp(\theta_0 + \theta_1 \pi_{1,it} + \theta_2 \pi_{2,it} + \theta_3 \pi_{3,it} + \cdots)}{1 + \exp(\theta_0 + \theta_1 \pi_{1,it} + \theta_2 \pi_{2,it} + \theta_3 \pi_{3,it} + \cdots)}$$

$$1 - w_{it} = prob\left(s_{it+1} = 2 \mid \prod_{it}\right) = 1 - prob\left(s_{it+1} = 1 \mid \prod_{it}\right) \tag{4.7}$$

---

① Li L, Faff R. Predicting corporate bankruptcy：What matters? ［J］. International Review of Economics & Finance，2019，62：1 – 19.

尽管状态变量是不可观测的，但可以使用数据估计出来某公司在特定时点上处于某一状态的概率。

$$P_{it+1}^{Hybrid} = w_{it+1} \times \frac{1}{1+e^{-(c_1+\beta_1 WC_{it}/TA_{it}+\beta_2 RE_{it}/TA_{it}+\beta_3 EBIT_{it}/TA_{it}+\beta_4 MVE_{it}/TL_{it}+\beta_5 SALES_{it}/TA_{it})}}$$

$$+ (1-w_{it+1}) \times \frac{1}{1+e^{-(c_2+\delta_1 EQAVE_{it}+\delta_2 EQSTD_{it})}}$$

$$= w_{it+1} \times P_{it+1}^{Hybrid} + (1-w_{it+1}) \times P_{it+1}^{MKT} \tag{4.8}$$

权重是由一些经济变量决定的，比如公司总资产的对数，股票每天交易量的自然对数，CAPM 模型回归估计的残差标准差，GDP 增长率，操纵应计项目的绝对值等。

二、财务困境机器学习监测预警方法

机器学习技术在企业财务困境监测预警研究中有广阔的应用前景。该类技术大多属于复杂非线性回归。由于企业是否会陷入财务困境可以被视为一个分类问题，而机器学习正是利用复杂的非线性回归技术进行分类。由于机器学习现在主流仍然在使用统计技术，因此也产生了统计学习领域（Hastie et al, 2009）。下面梳理对比五种有代表性的财务困境的机器学习预警方法。

（一）神经网络模型

神经网络模型最早由赫兹等（Hertz et al）于 1991 年提出，并在 1990 年由奥多姆和沙尔达（Odom and Sharda）用于企业财务困境预测之中。该方法基于输入变量（解释变量），利用对一个或多个隐层组合建立线性和非线性交互分析，最后作用到输出变量（响应变量）的过程。神经网络模型通过大量的神经元传导试图模拟人类大脑的思维决策过程。神经网络的结构包括输入层、隐藏层和输出层三个部分。神经网络包括多层感知器（MLP）、多层 BP 网络算法分类器（MBP）、径向基函数网络分类器（RBF）以及概率神经网络分类器（PNN）等多种形式。

神经网络方法是一种高度非线性的回归工具，不受变量分布形态、参数假定的限制，有很强的学习能力，在输入新的财务信息后，模型在保持记忆性的基础上调整适应性权重，因此其预测抗干扰能力优于传统的模型。建模的基本流程包括：（1）对模型网络的权重设置初始化。（2）判断权重设置效果与实际情况之间的差异性。若差异过大，则修正权值；若差异不显著，则停止计算。（3）输入新的信用信息时，反复计算调整权重，直至达到设定的精度要求为止。

多层前馈 BP 网络的结构也是由输入层、隐藏层和输出层组成，其学习算法分为正向传播和反向传播两种情形。在正向传播中，输入信息从输入层经隐藏层传导至输出层；反向传播则基于信息误差按原路径进行反向计算，调整各层神经元的权值以减小误差。径向基函数网络的形式与传统核函数分类器相似，同性径向对应训练数据，具有任意逼近非线性函数的功能。概率神经网络分类器（PNN）利用样本先验概率（贝叶斯准则）构建概率神经网络对企业样本进行分类。概率神经网络分类器无须训练网络的连接权重，在分类功能上与最优贝叶斯分类器等价。概率神经网络分类器具有训练时间短且容易收敛到全局最优的优点（Hussain et al, 2014）。

神经网络方法一经提出，因其良好的分类预测表现很快被应用到信用评价领域。学者们陆续发展出系列的新模型，包括：专家混合雷达基函数神经网络信用得分模型（West 2000），判别分析和神经网络两阶段混合模型（Lee et al, 2002），概率神经网络信用得分模型（Pang, 2005），偏 Logistic 神经网络（Lisboa et al, 2009），可塑性神经网络模型（Marcano-cedeno et al, 2011），稀疏神经网络模型（Cheng Y et al, 2022）[①]。研究发现，神经网络相比判别分析和 Logistic 信用风险模型有更高的分类预测准确率（Abdou et al, 2008）。

（二）支持向量机方法

支持向量机（SVM）分类器由万普尼克（Vapnik, 1998）引入。构造分类器如下：

$$f(x) = \beta_0 + \sum_{i \in S} \alpha_i K(x, x_i), H(x) = \frac{1}{k} \sum_{i=1}^{k} h_i(x) \tag{4.9}$$

其中，$h_i(x)$ 为解释变量（信用信息），$H(x)$ 为二元响应变量（是否违约），SVM 作为线性分类器尝试发现最优的超平面，即 $I(\cdot)$，其中 $H(x)$ 是超平面的范数，$H(x) = argmax \sum_{i=1}^{k} I[h_i(x) = Y]$ 是门限标量。支持向量机运用输入向量的

---

① Chen Y, Guo J, Huang J, et al. A novel method for financial distress prediction based on sparse neural networks with $L_{1/2}$ regularization [J]. International Journal of Machine Learning and Cybernetics, 2022, 13 (7): 2089–2103.

高度非线性映射到高维特征空间。近几年，SVM 方法开始在财务困境研究中得到很多关注（Gestel et al，2006）。支持向量机是利用核函数来扩大特征空间，实现支持向量机分类的有效计算方法。

（三）决策树模型

决策树模型由布赖曼（Breiman，1984）提出，是一类使用决策规则构造树形结构进行分类的方法，根据响应变量是否连续，可以分为分类树和回归。昆兰（Quinlan，1986）发展了 ID3 算法，后续又发展出 C4.5 和 C5.0 等算法，使得决策树成为重要的分类学习工具。决策树用于财务困境预测的时候，靠近根结点的预测变量通常有更强的解释力。例如，如果盈利能力比流动性指标更重要，它将会被置于决策树的上部。构建决策树的算法规则主要有三类：卡方自动交互侦测（CHAID）、分类和回归树（CART）和 C5.0。CART 使用基尼系数作为分裂准则，C5.0 使用了熵测度，CHAID 则使用卡方检验（Kao et al，2012）。决策树方法既有优点也有缺点，其优点是决策的方式直观，可解释能力强；缺点在于决策树的分类预测精度通常低于传统的统计模型。

（四）集成学习模型

由于二元决策树的分类边界只能呈现水平或竖直，因此其预测精度不够理想。一个解决方法就是组合大量的决策树去提升分类预测效果。装袋法、随机森林和提升法就是基于此思想发展起来的。

装袋法（bagging）是由布赖曼和卡特勒（Breiman and Cutler，2001）提出的。该方法通过随机抽取变量和样本数据生成很多分类树，然后汇总分类树的预测结果进行预测评价。装袋法的优点包括：首先，该方法能提升单棵决策树的预测精度；其次，对多重共线性、缺失数据以及非平衡数据集的影响不敏感；最后，装袋法的运算强度没有显著地上升，适用于大数据高维信用评价（Zareapoor et al，2015）。装袋法使用了 bootstrap 工具重复随机地抽取数据，对每个数据拟合决策树并利用投票法或平均法实施组合预测。装袋法包括回归和分类两种。在回归设置中，假设响应变量 Y 和预测变量 X 相互独立。装袋法的回归预测值是通过对 k 棵回归树取平均得到的，即通过 bootstrap 重复抽样提高外推预测能力。装袋法分类同样利用 bootstrap 重复抽样技术，差别在于采用多数投票表决的分类原理。模型的准确率服从强大数定律，有：

$$P(\text{正确率}) = P(\hat{y}=1, y=1) + P(\hat{y}=0, y=0)$$

$$= P(\hat{y}=1 \mid y=1)P(y=1) + P(\hat{y}=0 \mid y=0)P(y=0) \quad (4.10)$$

公式从理论上保证了装袋法模型的收敛性。研究发现，bootstrap 聚集方法仍然会存在大约 1/3 的袋外数据（out-of-bag），因此模型信息有一定的流失。

生成随机森林的过程和生成装袋法模型的过程类似，区别在于前者每一个分裂点处计算使用的变量较少。通常在回归树拟合中默认取变量个数的 1/3，而分类树的拟合中设置变量个数的算术平方根。在极端情况下，若变量个数等于原始数据的维数，随机森林将等同于装袋法。随机森林方法的原理来自消除树的相关性问题。如果自助法生成的树与树之间存在相关性，那么大量树的平均不一定能带来预测分类精度的提升，随机森林采取了限制变量入选的方法进行估计。

提升法也属于对决策树的推广学习方法。与装袋法和随机森林方法不同，提升法生成的系列决策树都是按照顺序生成的，即每棵当前的树都是根据原始数据集的某一修正版本修剪得到，而非对自助抽样训练集生成的系列独立树平均。提升法的进一步推广模型包括 XGBoost 算法等。

（五）其他机器学习预警方法

大数据技术的迅速发展使得更多新方法被用于财务困境预测之中。相关的一些其他方法包括：（1）K 近邻分类方法（KNN），在给定企业的财务变量 X 后，先估计响应变量 Y（信用状况）的条件分布，然后运用贝叶斯规则，将给定的观测分类到估计分布概率最大的信用类别中去；（2）遗传算法（GENETIC），利用达尔文演化解决非凸的搜索最优化问题，在很大的空间内有效地定位全局极小值。遗传算法可以从数据中提取决策规则，用于企业财务困境分类。其他的建模方法还有贝叶斯网络、深度学习、模糊逻辑、粗糙集方法、演化方法等。

总体上，利用统计模型测度财务风险发展相对成熟，而机器学习方法则有广阔的前景。这类方法对模型的结构化要求不高，可以处理高维度、大容量的财务数据集，有着良好的预测精度（Abellán et al, 2014）。但是，机器学习方法并非没有成本。该类模型通常有黑箱特征，缺乏结构化的表达而且参数经济意义的可解释性弱，容易导致过度拟合和模型误用。取长补短，集成机器学习模型与统计模型的思路是值得提倡的。

三、民营企业财务困境模型方法论

构建科学有效的财务监测预警模型，必须考虑一些重要的基本要素，主要包括准确率、结果可解释性、非确定性、样本量、数据异质性、变量选择、多重共线性、变量类型、变量联系、模型假设、过拟合、更新能力以及可整合性等方面。

不同的技术工具的准确率是不同的，利昂和罗伯特（2019）比较了常见的监测预警模型，发现 ANN 和 SVM 的准确率较高，而判别分析 MDA 的准确率则较低。一般意义上机器学习方法的准确率高于线性回归模型。相比传统线性回归模型，周等（Zhou et al，2014）发现遗传算法具有随机性，对相同的训练数据运算两次，会得到两个不同的模型，在检验集上的预测将会不同，这限制了其使用。伊图里加和桑斯（Iturriaga and Sanz，2015）以及维拉格和尼特莱（Virag and Nyi-trai，2014）的研究也支持了 ANN 和 SVM 的准确率较高的观点，而决策树模型的准确性平均低于其他的机器学习模型。使用不同的变量选择方法也会影响准确率，常见的方法有 t 检验、Altman 比率、皮尔逊相关、因子分析、斯皮尔曼相关系数、蒙特卡罗等。

除了准确率，还要考虑模型的误差成本。这需要平衡第一类和第二类两种模型误差。第一类误差是把困境公司误分类为正常公司，而第二类误差是误将正常公司分类为困境公司。因为犯第二类错误的成本较小，因此第一类错误低的方法的准确率较高。根据研究发现，第一类和第二类成本的均值分别是 7.36 和 7.63，而 ANN 和 SVM 有比较小的第一类错误率。对于可解释性，研究发现，ANN 和 SVM 很难解释分配变量的权重和系数，从而不能清晰地告诉如何避免企业陷入财务困境。Logistic 回归模型的变量系数能表示变量的重要性，因此有强的透明性，而多元判别分析变量的系数并不表示重要性，因此不完全透明。卡斯加利等（Kasgari et al，2013）建议在训练好黑箱模型后将权重固定下来，然后投入预测，这样黑箱模型就成为透明的方法。数据分布平衡性也需要考虑，即保持正常公司和困境公司什么样的比例①。研究发现判别分析方法对数据分布很敏感，Logistic

---

① Alam T M, Shaukat K, Mushtaq M, et al. Corporate bankruptcy prediction: An approach towards better corporate world [J]. The Computer Journal, 2021, 64 (11): 1731 – 1746.

和 ANN 方法相对可以容忍非均衡性，但 ANN 模型要求困境公司的比例不低于 20%。对于样本量，周等（2014）研究发现，判别分析和 ANN 方法需要大的样本量以保证可靠性。统计方法中，Logistic 回归对多重共线性敏感性较强，需使用变量选择技术以提升模型的稳定性。另外，Logistic 方法对异常值也很敏感。ANN 和 SVM 模型经常出现过拟合，找到最优训练数和最优上界"C"是避免过拟合的关键。表 4.4 中比较了几种常见的财务困境模型的表现。

表 4.4 财务困境模型的表现比较

重要准则	模型工具			
	Logistic	ANN	SVM	DT
准确率	中	很高	很高	中
透明性	高	低	低	高
非确定性	无	无	无	高
小样本适用性	低	低	很高	低
数据分布敏感度	正常	高	未报告	未报告
多重共线性	很高	低	低	低
异常值敏感性	高	中	中	中
变量类型	全部	全部	全部	全部
过拟合可能性	是	是	是	是
更新能力	差	可更新	无	差

资料来源：根据 Alaka H A et al（2018）整理。

总之，企业流动性财务困境监测预警日益成为一个跨学科的研究领域。随着大数据时代的到来，研究所面临的数据集样本量更大、维数也更高，计算能力弱、无法实现快速计算的方法将逐步被淘汰。机器学习企业财务困境研究在当前及今后仍然会成为一个学术关注的热点领域。

第四节 民营"僵尸企业"的识别预测方法

"僵尸企业"最早由凯恩（Kane，1987）提出，指的是持续亏损、资不抵债的公司，由于持续得到金融机构贷款或政府补贴存续，而没有被市场出清的企业。从定义上，"僵尸企业"属于陷入财务困境但未破产清算的企业。从流动性出发，在疫情冲击下识别、预警和处置"僵尸企业"，对保持经济高质量发展意义重大[①]。下面梳理主要的"僵尸企业"甄别方法。

一、"僵尸企业"识别的基本方法

（一）CHK方法

第一种方法是CHK方法。CHK方法是卡巴莱罗等（Caballero et al，2008）提出的。该方法的思想是计算企业实际支付利率与最优利率的差的符号。如果小于0，则判断该企业是"僵尸企业"，反之则为正常企业。最优惠利率的计算公式如下：

$$R^* = r_s \cdot B_s + r_L \cdot B_L + r_b \cdot Bond \tag{4.11}$$

其中，R^*是最优惠利率，r_s、r_L和r_b分别是最优惠短期利率、长期利率和债券发行利率。B_s、B_L和$Bond$分别是企业短期贷款、长期贷款和债券发行三种融资规模。判断规则如下：

$$CHK\,条件 = \begin{cases} R - R^* < 0, & 是 \\ R - R^* \geqslant 0, & 否 \end{cases} \tag{4.12}$$

从判断规则可知，CHK方法是根据企业的融资流动性角度，考虑融资成本而提出的。由于企业获得补贴的方式不仅包括低利息，还可能有续贷优惠、资质审查放松等不同方式，因此，该判别方法有一定的片面性。田中（Tanaka，2006）剔除了三种不属于"僵尸企业"的情况，满足的条件分别是：（1）总资本/总资产>40%；（2）公司债券发行期限>11年；（3）当年分红>上一年的分红。

（二）FN-CHK标准法

第二种方法FN-CHK标准法是对CHK方法的推广。该方法由福田和中村（Fukuda and Nakamura，2011）提出。该方法增添的判断标准包括：若息税前利

---

① 中国商务部. 疫情令"僵尸企业"风险大幅上升［EB/OL］.（2020-10-27）. http：//www. mofcom. gov. cn/article/i/jyjl/m/202010/20201003011012. shtml. 德国慕尼黑经济研究所经济学家调查认为，疫情令"僵尸企业"数量上升，最主要原因是暂停企业破产申报义务，其他原因包括政府延长短时工作补贴至2021年底，政府信贷和德国复兴信贷银行的企业担保以及德国政府要求银行减少信贷限制。

润 EBIT 不低于最优利息，则为正常企业；资产负债率超过 50%，借款增量为正的属于"僵尸企业"。

（三）HK 标准法

第三种方法是 HK 标准。该方法由星和金姆（Hoshi and Kim，2012）提出，核心仍然围绕低利润、高负债和外部补贴三个要素构建。方法构造了财务支出占销售收入的比重（FES）和新增贷款/到期债务的银行援助指数（BH）两个变量，然后构建函数去识别"僵尸企业"。

二、"僵尸企业"识别方法研究进展

国内学者在引进国外经典研究方法的基础上，也根据中国国情对方法加以改进。国内研究主要以 FN-CHK 标准法为基础。王永钦等（2018）、方明月和孙鲲鹏（2019）采用了 FN-CHK 标准识别"僵尸企业"，分别探讨"僵尸企业"的创新效应以及国有企业混合所有制改革对"僵尸企业"处置的影响。学者们对 FN-CHK 标准的修正研究，涵盖真实利润指标计算口径的调整、平滑利润的统计处理、利润的连续性价值、财务负债率标准调整等方面。何帆和朱鹤（2016）提出持续亏损三年以上且不符合结构调整方向的企业为"僵尸企业"。李霄阳和瞿强（2017）进一步提出了四种标准：（1）持续亏损标准：净利润连续三年为负；（2）营业外收入调整的持续亏损标准：扣除营业外收入后净利润连续三年为负；（3）潜在连续亏损标准：净利润并非连续三年为负，但扣除营业外收入的净利润连续三年为负；（4）证监会特别处理标准：处于特别处理 ST 和提示退市风险 *ST 的企业。

上述方法仍然存在一些缺陷，比如未考虑宏观经济周期性的影响。由于经济衰退原因导致符合标准的企业并非"僵尸企业"，因此依据上述标准可能在经济衰退状态下产生误判。聂辉华（2016）提出了连续两年满足 FN 标准的建议来加强稳定性。李霄阳和瞿强（2017）则将每一个证监会门类行业中 ROA 位于前 10% 的企业剔除掉，来减小误判的可能[1]。

---

[1] "僵尸企业"大多属于已经丧失竞争力并且不符合产业结构调整方向的企业，不符合国家对民营企业流动性纾困的选择范围，因此识别"僵尸企业"对于防范处置民营企业的流动性风险有现实价值。

第五节　民营企业流动性风险监测预警方法改进

思考对企业流动性风险监测预警研究方法改进完善，提出几点建议。后面相应章节具体应用方法时，将结合具体数据详细阐述。

一、主成分 TOPSIS 流动性风险监测评价法

由于流动性财务指标只能表现企业流动性的某一方面，因此构建统计指标体系，然后利用综合评价的思路测度更为合理。第三节在现金流量比率、流动负债比率、经营性比率方面选取指标构建了统计监测体系，然后提出使用主成分TOPSIS 方法测度流动性水平，衡量流动性风险强弱。后续的章节将会在第五章中，利用具体企业数据进行测度分析。这种综合评价的流动性测算结果也构成了本书的基础性结果。纾困对象的识别也建立在流动性评价结果的基础之上。基于主成分逼近理想解排序法的流动性风险比较方法的思路如下。

利用主成分方法提取出主因子得分，然后在 TOPSIS 综合评价中将低优指标转换成高优指标。在流动性测量指标中，流动性偿债能力系数、现金债务总额比率、营业现金流量偿债能力系数、现金比率、速动比率、营运资金比率、流动比率、现金到期债务比率、存货周转率、应收账款周转率、资本支出支付能力等是高优指标。这些指标的测度值越高，企业的流动性越好。流动负债债务总额比率、流动负债资产总额比率、流动负债权益比率和应付账款周转率等指标是低优指标，即指标的取值越小，那么流动性越好。在将低优指标取倒数转换成高优指标后，进一步，将趋同化数据实施归一化处理。

使用逼近理想解排序方法去做多目标决策。基本思路是定义流动性风险决策问题的理想解和负理想解，然后把计算的各可行解与理想解和负理想解比较，如果有一个可行解最接近理想解，而同时又远离负理想解，则此解就是可行解集合的满意解。所谓理想解，就是所有属性值在可行解中最好的最优解；负理想解是设想的最劣解，属性在所有可行解中表现最差。

使用 p 个目标表示民营企业的流动性风险，记为 t_i（$i = 1$, 2, $\cdots$, p）；q 个可行解，$f_i = (f_{i1}, f_{i2}, \cdots, f_{in})$，$i = 1$, 2, $\cdots$, q，假设流动性风险评价问题的规范化

加权目标的理想解和负理想解分别为 f^+ 和 f^-，其中 $f^+ = (f_1^+, f_2^+, \cdots, f_n^+)$，$f^- = (f_1^-, f_2^-, \cdots, f_n^-)$。计算任意一个可行解 f_i 到理想解 f_i 和负理想解 f^+ 的距离，一般地设定距离测度为欧氏距离，则有：

$$G_i^+ = \|f_i - f^+\| = \sqrt{\sum_{j=1}^q (f_{ij} - f_j^+)^2}, G_i^+ = \|f_i - f^+\| = \sqrt{\sum_{j=1}^q (f_{ij} - f_j^+)^2}$$

$$(4.13)$$

可行解对于理想解的相对接近度定义为 $C_i = \dfrac{G_i^+}{G_i^+ + G_i^-}$，$(i = 1, 2, \cdots, p)$，显然接近度介于 0 和 1 之间。若 $f_i = f^+$，则 $C_i = 1$；若 $f_i = f^-$，则 $C_i = 0$。对 f_i 进行排序，最终得到要求的满意解。对于企业流动性风险评价的问题，综合评价的基本步骤可以表述如下：

步骤 1：微观企业的流动性水平测度。

根据不同的方面定义民营微观企业的流动性，然后根据企业财务数据测度流动性。

步骤 2：民营企业分一级行业流动性水平测度。

根据中位数计算分一级行业下的民营企业流动性水平集中趋势，代表行业的流动性水平。

步骤 3：流动性测量指标趋同化处理。

将流动性测量指标根据含义表达为正向指标和逆向指标，先把逆向指标转化为正向指标。此处使用取导数的方法，比如对流动负债权益比率指标先取倒数处理。

步骤 4：数据规范化处理。

将趋同化处理后的数据组成的矩阵按同一指标为列做归一化处理，得到矩阵 F：

$$F = (F_{i1}, F_{i2}, \cdots, F_{in}), (i = 1, 2, \cdots, p) \qquad (4.14)$$

步骤 5：确定决策的最优方案与最劣方案。

最优方案由每列中的最大值构成，即 $F^+ = (\max f_{i1}, \max f_{i2}, \cdots, \max f_{in})$；而最劣方案由每列中的最小值构成，即 $F^- = (\min f_{i1}, \min f_{i2}, \cdots, \min f_{in})$。

步骤 6：计算评价方案与最优方案和最劣方案之间的距离。

其中，

$$G_i^+ = \sqrt{\sum_{j=1}^{n} (f_{ij} - f_j^+)^2}, G_i^- = \sqrt{\sum_{j=1}^{n} (f_{ij} - f_j^-)^2} \qquad (4.15)$$

步骤7：计算各评价方案与最优方案的接近程度。

$$G_i = \frac{G_i^-}{G_i^- + G_i^+}, (i = 1, 2, \cdots, p) \qquad (4.16)$$

步骤8：计算流动性综合评价值。

依接近程度大小对各评价方案进行排序，确定各个行业流动性评价的效果。确定行业权重，计算出该年度民营企业的整体流动性水平。行业的权重根据该年度中数据集中该行业民营企业在所有民营企业中的占比确定，然后使用该权重加权各一级行业的最优方案接近程度 C，得到流动性综合评价值。分财务年度，按照上述过程分别计算各年度的流动性水平。设想理想解是所有成分中各分量的最大值构成的解向量，负理想解是所有成分中各分量的最小值构成的解向量。

步骤9：不同行业流动性风险的评价。

根据每个行业企业的主成分流动性结果，计算其到理想解和负理想解的距离，生成最优解距离 D + 和最劣解距离 D −，计算出最优方案接近程度 C，根据最优方案接近程度 C，产生对不同行业流动性风险的评价排序，得到计算结果。

二、混合模型 EM 聚类流动性困境预警法

政府纾困政策实施需要精准选择纾困对象，但困境企业的判断需要探索识别，并没有明确标签，因此研究提出利用概率化的软聚类思维甄别流动性困境企业的思路。设想的聚类算法是混合模型 EM（期望最大化）算法聚类。EM 算法识别困境民营企业的思路如下：利用 EM（期望最大化）算法估计模型，关注参数是不同风险水平企业的风险均值。算法首先对风险测度均值参数做初始猜测，其次通过迭代改进参数估计值，使得风险分布与企业数据本身的性质最契合。"反复估计"的过程即是 EM 算法的核心，包括交替实现的 E – 步（expectation）和 M – 步（maximization）。具体步骤如下所述。

（一）期望步

对每一家企业测度数据，计算其属于每个类的概率作为权重。如果一个数据

点很大可能属于一个类，就将对应概率设置为接近 1 的值。对一个点属于 2 个或多个聚类的情况，需要建立对聚类的概率分布，EM 算法不要求一家企业必须属于一个类，该特性被称为"软聚类"（soft clustering），契合民营企业流动性困境识别的复杂情况。

（二）最大化步

利用上一步计算的权重来估计每个企业风险类的参数（均值和方差）。每一数据点以期望步中的概率作权重，然后计算每一个企业风险类的均值和方差，进而计算聚类的总体概率。

通过期望步和最大化步的不断交替来增加总的对数似然，直到估计得到收敛。由于对数似然最大值估计可能会陷入局部最优，可实施多次迭代。总体上，混合模型 EM 聚类比 K 均值聚类或模糊 C 均值聚类更具一般性，它可以使用各种类型的分布，能发现不同大小和椭球形状的簇。虽然 EM 算法的计算可能在高维情况下较慢，对有大量分量的模型可能失真，但是对于本书流动性风险的综合评价值的非监督聚类问题，并不存在上述问题。综上所述，采用 EM 算法识别流动性困境企业是可行的思路。

三、集成学习模型"僵尸企业"预警法

经方法梳理发现，预测困境企业可以使用结构化模型，也可以使用非结构化模型[①]。两类模型都各有其优缺点，没有哪种模型能保证所有情形下的表现一致最优，因此可能预测分类的精度是不稳定的。本书设想采用集成学习的办法，结合结构化模型和非结构化模型，共同增强预警模型的预测表现。

集成学习的学习策略，有单一充分性分类、双重充分性分类、K 重充分性分类和正一致性分类等不同的决策准则，需要反复验证才能获得更为稳健的预警决策结果。结构化的模型选择常见的 Logisitic 类回归，非结构化模型可选择 SVM、神经网络和贝叶斯网络等分类模型。无论结构化还是非结构化模型的实施，都需要事先建立预警指标体系。理论上，构建的理论体系应包括财务特征、僵尸化程

---

① 结构化模型主要是统计模型和基于市场信息的模型，而非结构化模型主要是非线性的机器学习模型。

度和企业特征甚至宏观经济变量等方面。财务信息可由盈利能力、偿付能力、营运能力和成长能力等方面构成，企业特征指标可取自企业规模、创新能力、治理结构、所属地区、所属行业和时期特征等方面。

四、因果推断流动性纾困政策评估法

各级政府部门高度重视民营企业的流动性困难，制定实施了一系列的纾困政策。这些政策的制定印发单位包括国家级、省部级以及金融机构，政策文件数量繁多，涵盖面很广，那么如何科学评估这些政策实施的效果就变得非常重要。纾困政策评估不仅关系到考核公共政策的作用，而且还涉及未来如何进一步优化政策设计，从而更有针对性地支持民营企业的高质量发展。由于政策实施前后的民营企业融资获得性以及融资成本变化不一定都是由政策带来的，可能掺杂着经济阶段性变化、突发冲击等各种因素的影响，因此定性的政策分析难以达到预期研究目标。民营企业不能同时处于两种情境下，因而难以直接对同一类个体比较政策的效果。基于因果推断的方法可以解决这个问题。研究通过合理地构建实验组和对照组，利用准自然实验的思想，构建差分再差分模型，从纾困前后民营企业融资的变化中，定量剥离出民营企业纾困金融政策的净效应。纾困政策计量分析可以为政策设计的进一步优化提升提供经验基础。

本章小结

本章梳理比较了国内外企业流动性风险监测预警的方法，并提出改进新思路。获得如下主要结论。

（1）本书的企业流动性风险监测预警研究针对微观企业，属于企业经济统计、公司金融及企业管理的交叉范畴。企业流动性风险监测预警应把握流动性风险和其他金融风险的区别与联系，坚持复杂系统变化论，考虑风险情景、传导机制和政策设计等原则。

（2）常用的企业流动性统计监测指标包括净营运资金比率、流动比率、速动比率、现金比率、流动性偿债能力系数、流动负债比率、应付账款平均周转率和应收账款平均周转率等。流量压力测试风险分析需考虑企业现金流的异动、企业融资来源的稳定性和企业资产变卖或抵押价格的合理性。

（3）民营企业流动性风险监测评价的典型方法包括单指标评价和因子分析评价法。民营企业财务困境预测方法包括基于财务信息的阿特曼 Z-Score 模型、基于市场信息的 Credit Metrics 模型和融合财务与市场信息的模型和机器学习模型等。民营"僵尸企业"的识别方法包括 CHK 方法、FN-CHK 标准法和 HK 标准法，其中流动性是一个重要的判别标准。

（4）本章提出了三种民营企业流动性风险监测预警的改进方法：一是提出构建主成分 TOPSIS 模型评价民营企业个体、行业及整体流动性的思路；二是设计了混合模型 EM 聚类法识别流动性困境企业；三是提出利用集成算法，结合结构化模型和非结构化模型，增强"僵尸企业"预警的预测表现。

第五章

民营企业流动性风险评价及现金流分析

本章利用民营上市公司数据评价流动性风险。由于企业流动性一直处于动态变化之中，使用单一指标测度流动性不能保证结论一致性，且不同行业企业的合理流动性标准不同，因此测度流动性风险具有挑战性。本章综合运用了单指标评价、多指标评价和现金流敏感度分析等方法刻画流动性。

第一节　民营企业流动性风险的单指标评价

本节选择几种代表性的单一流动性指标，分别测度民营企业的流动性水平。

一、基于营运资金比率的流动性评价

（一）营运资金比率的定义

营运资金比率衡量了企业总资产中的流动性比例，是阿特曼 Z-Score 模型中的第一个财务指标，也是刻画企业流动性水平的基本指标之一。其定义公式为：

营运资金比率 = 净营运资金/资产总额 ×100%

= （流动资产 − 流动负债）/（流动资产 + 非流动资产）×100%

营运资金比率的分母是企业拥有的经济资源货币量，分子是在一定期限内能

合理运用的资源。该比率越大，意味着企业的流动性水平越好。通常流动性资产和非流动性资产的划分期限为一年。资产如果预期能以合理价格在一年内出售、转化为现金类资产或被消耗掉，就称为流动性资产；否则，为非流动性资产。流动性资产类型包括现金、存款、应收账款和存货等，非流动性资产则包括长期债权、长期股权、固定资产和无形资产等。明斯基的"金融不稳定假说"认为，企业会随着经济状态变化调整债务杠杆。在经济繁荣期，企业会在乐观预期驱动下扩张债务，其融资结构从风险对冲型向投机型转化。当经济下行，企业利润下滑，偿债压力增大，流动性风险将上升[①]。如果企业不能依靠自身保证稳定的现金流，将会"借新还旧"甚至陷入庞氏融资。一旦再融资失败，流动性会很快枯竭，企业只有抛售资产生成流动性来偿还债务。

（二）基于营运资金比率的流动性测度

1. 数据预处理

下面以营运资金比率来度量流动性。数据取自国泰安的民营上市公司数据库。本书关注非金融类民营企业，因此剔除了来自保险业、货币金融服务业、其他金融业、资本市场服务以及租赁业的公司。由于每年企业的进入或退出，样本数量会有所不同，具体如表 5.1 所示。

表 5.1　　　　　　　　2009～2020 年沪深民营上市公司数量　　　　　　　单位：家

年份	民营企业数量	年份	民营企业数量	年份	民营企业数量
2009	893	2013	1558	2017	2383
2010	1197	2014	1653	2018	2451
2011	1411	2015	1818	2019	1562
2012	1518	2016	2059	2020	—

资料来源：根据国泰安民营上市公司数据库整理。

考虑财务困境企业的流动性水平明显不同于正常企业，因此计算区分了 ST 和非 ST 的公司。根据营运资金比率定义，测算了不同年份的民营企业流动性，限于篇幅，此处仅对比了 2019 年的结果（见表 5.2）。

---

① 吴世农，等. 企业融资模式、金融市场安全性及其变动特征 [J]. 中国工业经济，2021（8）.

表 5.2　　　　　　　**2019 年民营上市企业营运资金比率描述统计**

企业类型	极大值	极小值	平均值	中位数	标准差	变异系数
非 ST 企业	0.9587	−2.0186	0.2981	0.2845	0.2481	0.8323
ST 企业	0.6356	−9.2089	−0.4031	−0.0676	1.7077	−4.2364

对比发现，营运资金比率指标能灵敏地区分企业流动性。ST 民营企业流动性水平明显比正常企业差。非 ST 民营企业的流动性中位数是 0.2845，而 ST 企业则是 −0.0676，而且 ST 企业流动性的标准差系数也明显更大，因此财务困境企业不仅流动性水平低，而且波动性更强。通常上市公司在被证监会特殊处理警示后，为了避免被强制退市，企业可能通过出售资产以获得流动性，交易行为会增强流动性波动。

上述测算结果针对全部样本企业，没有细分行业。实际上，不同行业企业因经营模式、现金占用等原因，正常的流动性水平非常不同。根据证监会行业分类标准梳理研究样本，发现 18 个一级行业下的样本企业数量悬殊，分别包括：A 农、林、牧、渔业（14）；B 采矿业（20）；C 制造业（1095）；D 电力、热力、燃气及水的生产和供应业（17）；E 建筑业（25）；F 批发和零售业（40）；G 交通运输、仓储和邮政业（20）；H 住宿和餐饮业（1）；I 信息传输、软件和信息技术服务业（116）；J 金融业（剔除）；L 租赁和商务服务业（19）；M 科学研究和技术服务业（33）；N 水利、环境和公共设施管理业（21）；O 居民服务、修理和其他服务业（1）；P 教育（4）；Q 卫生和社会工作（5）；R 文化、体育和娱乐业（16）；S 综合（8）①。经分类汇总可知，有 72.56% 的民营企业样本集中在制造业大类下，其次是信息传输业、软件和信息技术服务业。

2. 分二级行业的测算结果

按照证监会二级行业分类，继续统计企业的营运资金比率，测算结果如表 5.3 所示。

表 5.3　　　　　**2019 年分二级行业的上市民营企业营运资金比率测算结果**

一级行业	平均值	中位数	标准差	变异系数	极大值	极小值
A 农、林、牧、渔业	0.1971	0.1673	0.2417	1.2263	0.6421	−0.1524
B 采矿业	0.0988	0.0800	0.2172	2.1984	0.4464	−0.4395
C 制造业	0.3064	0.2986	0.2369	0.7732	0.9376	−1.0403

---

①　括号内为研究样本中对应行业的民营上市公司数量。

一级行业	平均值	中位数	标准差	变异系数	极大值	极小值
D 电力、热力、燃气及水的生产和供应业	0.1009	0.0798	0.2142	2.1229	0.5240	- 0.2319
E 建筑业	0.1968	0.1913	0.1583	0.8044	0.7058	- 0.1301
F 批发和零售业	0.2255	0.2065	0.2655	1.1774	0.7906	- 0.3102
G 交通运输、仓储和邮政业	0.1449	0.1424	0.1987	1.3713	0.4641	- 0.2938
I 信息传输、软件和信息技术服务业	0.3971	0.3907	0.3122	0.7862	0.9587	- 2.0186
L 租赁和商务服务业	0.3188	0.2649	0.2624	0.8231	0.8475	- 0.1130
M 科学研究和技术服务业	0.3520	0.3501	0.1896	0.5386	0.6699	- 0.0108
N 水利、环境和公共设施管理业	0.1240	0.1159	0.1770	1.4274	0.5716	- 0.0989
P 教育	- 0.1776	- 0.1176	0.0907	- 0.5107	0.2790	- 0.5659
Q 卫生和社会工作	0.0638	0.0965	0.1833	2.8730	0.2258	- 0.2245
R 文化、体育和娱乐业	0.3197	0.3043	0.2719	0.8505	0.8598	- 0.0971
S 综合	0.1599	0.1827	0.0976	0.6103	0.2815	- 0.0108

注：因住宿和餐饮业，居民服务、修理和其他服务业的企业数量太少，未计算结果。

3. 测算结果分析

以中位数对比各二级行业的流动性，得到如下结论。

（1）不同行业的流动性水平不同。在各二级行业中，信息传输、软件和信息技术服务业的营运资金比率最高（0.3907）；其次是科学研究和技术服务业（0.3501）；然后是文化、体育和娱乐业（0.3043）。流动性水平靠后的四个行业分别是教育（- 0.1176），电力、热力、燃气及水的生产和供应业（0.0798），采矿业（0.0800）及卫生和社会工作（0.0965）。

分析流动性较高的行业发现，信息服务业、科技服务业、文娱行业及商务服务业都有轻资产特点，总资产规模不大而且非流动性资产的占比较少。该类企业的技术含量较高，智力型投资活动较多，因此流动负债水平普遍不高。高技术附加值通常带来高利润率，因此企业流动性状况普遍较好。

在流动性水平靠后的行业中，教育行业最为突出（- 0.1176），流动性水平为负，表明教育企业的流动资产普遍小于流动负债，这与该行业近年来的运营模式有关。在教培行业发展的黄金期，大量社会资本进入，为了快速占领市场，树立品牌，一些教育企业将大量资金用于营销和聘请名师。激进的发展策略使得很多企业债务高企，流动性风险突出。遭遇新冠疫情和强监管政策后，一批教育企业陷入流动性困境甚至倒闭。例如，某教育机构高峰期的营业收入过亿元，其母公司也成功挂牌新三板，但最终还是因资金链断裂而倒闭①。电力、热力、燃气及水的生产和供应业，采矿业及卫生和社会工作行业的营运资金比率虽为正数，但水平较低，也有一定的风险，这三个行业企业的前期投入较大，固定资产占比高，因而流动性水平较低。

制造业是民营企业的主体，其营运资金比率也处于较高水平，这与国家统计局的分析吻合。制造业中的烟草制品业，仪器仪表制造业，皮革、毛皮、羽毛及其制品和制鞋业，专用设备制造业的流动资产占资产比重超过70%。

（2）行业企业流动性的离散性存在异质性。卫生和社会工作、采矿业及电力、热力、燃气及水的生产和供应业流动性的离散性较强，而教育、科学研究和技术服务业及综合行业的离散性较弱。行业内流动性分化与行业集中度有关。以教育行业为例，头部企业往往进入市场较早，有较高的市场知名度和占有率，有成熟的市场网络和营销渠道，运营成本可控，而后进入企业的生存压力较大，因此行业内的流动性水平差异显著。相比较而言，两个主体行业——制造业和信息行业内的流动性变异程度则较小。

二、基于流动负债权益比率的流动性评价

（一）流动负债权益比率的概念

除营运资金比率外，还有很多财务指标与流动性密切关联，流动负债权益比率就是另一个有代表性的指标。流动负债权益比率的定义为流动负债与股东权益之比。该指标的分子是企业在1年内应偿还的债务。流动负债包括短期借款、应付账款、应付票据、应付工资、应付福利费、应交税费、应付股利、应付利息、预收账款、预提费用等。分母是公司扣除债务后的自有资本。流动负债权益比率属于逆向指标，该值越小则代表流动性状况越好。

---

① 黎扬. 在线教育产业中小企业融资问题浅析［J］. 中国经贸导刊，2019（8）.

（二）流动负债权益比率的测算

1. 基本测算结果

首先，分别计算非 ST 和 ST 企业的流动负债权益比，并对比 2019 年的结果，如表 5.4 所示。

表 5.4　　　　　2019 年 ST 和非 ST 民营企业流动负债权益比对比

类型	极大值	极小值	平均值	中位数	标准差	变异系数
非 ST 企业	38.3566	−30.4919	0.6402	0.4479	1.5566	2.4316
ST 企业	27.6384	−4.0372	2.3754	0.8654	5.2035	2.1905

对比发现，流动负债权益比能反映两类企业的流动性差异。ST 企业的流动负债权益比明显更高。非 ST 企业的中位数是 0.6402，而 ST 企业则是 2.3754。正常企业负债与自有资本的比值约为 64%，而 ST 企业则达到 2.38 倍，因此很多 ST 企业已丧失了偿债能力。由于非 ST 企业数量远多于 ST 企业，经营状况的差异较大，因而变异系数也大于 ST 企业。如果一家企业已丧失了还债能力，依靠自身将生存艰难。企业需要通过破产重组，被收购兼并，或等待政府介入。

2. 流动负债权益比率的分行业测算

分别计算各二级行业内企业的流动负债权益比率（见表 5.5），然后进一步得到测算结果。分析不同行业流动性的集中趋势和离散趋势，得到如下结论。

表 5.5　　　　2019 年分二级行业的民营企业流动负债权益比率测算结果

二级行业	极大值	极小值	均值	中位数	标准差	变异系数
A 农、林、牧、渔业	1.5986	0.1314	0.4836	0.2731	0.4226	0.8740
B 采矿业	6.8605	0.1058	0.9178	0.4700	1.4513	1.5812
C 制造业	6.3214	−30.4919	0.5395	0.4241	1.0927	2.0252
D 电力、热力、燃气及水的生产和供应业	1.6113	0.0138	0.5704	0.4662	0.4666	0.8180
E 建筑业	5.1611	0.3897	1.6190	1.3795	1.0803	0.6673
F 批发和零售业	5.1455	0.0808	1.0720	0.8128	1.0676	0.9959
G 交通运输、仓储和邮政业	1.0205	0.0541	0.4986	0.4539	0.3048	0.6113
I 信息传输、软件和信息技术服务业	2.7938	−0.9449	0.4875	0.3443	0.4716	0.9675

二级行业	极大值	极小值	均值	中位数	标准差	变异系数
L 租赁和商务服务业	3.5322	0.0593	0.7130	0.5669	0.7758	1.0881
M 科学研究和技术服务业	5.0311	0.0868	0.5911	0.3455	0.8673	1.4671
N 水利、环境和公共设施管理业	1.3291	0.0599	0.6696	0.6795	0.3709	0.5539
P 教育	38.3566	0.2443	10.3190	1.3375	18.7039	1.8126
Q 卫生和社会工作	0.8327	0.2361	0.4342	0.3680	0.2319	0.5340
R 文化、体育和娱乐业	1.2395	− 14.2207	− 0.4545	0.3625	3.6871	− 8.1132
S 综合	1.1823	0.0219	0.4791	0.3714	0.4203	0.8772

（1）不同行业的流动性水平存在差异性。建筑业的流动负债权益比率最高，其次是教育业，科学研究和技术服务业，水利、环境和公共设施管理业。农、林、牧、渔业，信息传输、软件和信息技术服务业，科学研究和技术服务业，文化、体育和娱乐业的流动负债权益比率较低。由于流动负债权益比率是逆向指标，因此数值排序与流动性水平呈反向关系。测算结果表明，农、林、牧、渔业，信息传输、软件和信息技术服务业，科学研究和技术服务业，文化、体育和娱乐业的流动性水平较高；而建筑业，教育业，科学研究和技术服务业，水利、环境和公共设施管理业的流动性水平最低。

（2）各行业间流动负债权益比率的差异较大，行业内部的异质性明显。从变异系数的计算结果看，文化、体育和娱乐业，制造业，批发和零售业，教育以及采矿业的变异系数较高，而卫生和社会工作，水利、环境和公共设施管理业，交通运输、仓储和邮政业，建筑业的变异系数则较低，说明行业之间的流动性水平存在差异性。文化、体育和娱乐业的变异系数小于 − 8，而水利、环境和公共设施管理业变异系数则只有 0.55 左右，说明文化、体育和娱乐业内企业流动性的分化更加严重，行业内的企业竞争也更加激烈。

三、两种单指标流动性评价的对比

对比发现，两种评价方法的排序结果有一定的一致性，但并不相同。两种测算都显示信息传输、软件和信息技术服务业，科学研究和技术服务业，文化、体育和娱乐业的流动性水平都较高，而教育行业的流动性水平则较低。下面用秩号降序排列流动性（见表5.6），然后检验两种方法结果是否一致。

表5.6　　　　　　　两种单指标方法测算结果的对比

项目	行业代码							
	A	B	C	D	E	F	G	I
营运资金比率排序	9	13	4	14	7	6	10	1
流动负债权益比率排序	1	10	7	9	15	13	8	2
秩序差	8	3	− 3	5	− 8	− 7	2	− 1

项目	行业代码							
	L	M	N	P	Q	R	S	—
营运资金比率排序	5	2	11	15	12	3	8	—
流动负债权益比率排序	11	3	12	14	5	4	6	—
秩序差	− 6	− 1	− 1	1	7	− 1	2	

两种排序结果的 Spearman 相关系数是 0.432，检验 p 值是 0.108，在 0.1 的水平下缺乏显著性，因此二者缺乏明显的一致性。进一步发现，两种方法测算的离散性也不相同，这说明行业流动性的测算结果与选取指标有关。

第二节　民营企业流动性风险的多指标评价

由于使用单指标测度既不全面也不稳定，本节采用多指标体系去评价流动性风险，并使用逼近理想解排序法做多目标决策。测算过程遵循从微观个体到行业中观再到民营经济整体的流程，逐层定量评价。由于企业的流动性水平会随时间的推移而改变，本书计算了连续三年（2017~2019 年）的得分和排序结果。

一、评测指标的描述统计分析

（一）2017 年的流动性风险综合评价指标统计

在第四章构建的指标体系框架下，分别约定各 15 个指标的符号：流动性偿债能力系数（X1）；流动负债债务总额比率（逆指标，1/X2）；流动负债资产总额比率（逆指标，1/X3）；流动负债权益比率（逆指标，1/X4）；现金债务总额比率（X5）；营业现金流量偿债能力系数（X6）；现金比率（X7）；速动比率（X8）；营运资金比率（X9）；流动比率（X10）；现金到期债务比率（X11）；存货周转率（X12）；应付账款周转率（逆指标，1/X13）；应收账款周转率（X14）；资本支出支付能力（X15）。针对2017年共2319家民营企业样本，计算其描述性统计结果，如表5.7所示。

表5.7　　　　　　　　2017年流动性风险测度指标的描述统计

指标	最小值	最大值	均值	中位数	标准差	变异系数	偏度	峰度
X1	−3.59	108.69	8.23	6.18	8.11	0.99	4.51	33.99
X2	0.07	8.05	1.25	1.11	0.45	0.36	6.45	68.47
X3	0.60	178.26	4.55	3.25	5.31	1.17	16.87	504.21
X4	−0.49	176.52	3.31	2.05	5.22	1.58	17.40	530.61
X5	−9.06	4.08	0.19	0.12	0.43	2.31	−2.53	101.58
X6	−3.54	5.08	0.23	0.15	0.47	2.05	2.67	21.81
X7	0.00	26.40	1.07	0.54	1.62	1.52	5.39	49.14
X8	−0.10	59.70	2.16	1.40	2.67	1.23	7.74	119.09
X9	−1.18	0.89	0.26	0.26	0.24	0.91	−0.37	1.43
X10	0.03	60.40	2.65	1.81	2.88	1.09	7.34	103.98
X11	−148.01	141.73	0.95	0.40	5.56	5.86	1.54	430.24
X12	0.02	74269.0	121.27	3.83	2231.72	18.40	28.70	888.36
X13	0.001	55.62	0.29	0.22	1.17	4.10	45.63	2156.6
X14	0.03	9942.23	44.16	4.19	443.86	10.05	17.81	349.21
X15	−2769.64	14605.93	14.29	1.73	374.78	26.22	30.89	1100.1

在测度结果中，绝大多数指标的偏度和峰度显著不同于正态分布。现金债务总额比率和营运资金比率都呈左偏分布，而其余变量分布均显著右偏。应付账款周转率、资本支出支付能力和存货周转率的峰度系数很大，远高于正态分布的峰值。从离散性角度，存货周转率、应收账款周转率、资本支出支付能力的变异系数都较大，说明这些指标均值的代表性更差。

（二）其他年度的流动性风险指标描述统计

同样，类似地计算出2018年和2019年的流动性测度指标的描述统计结果（见表5.8和表5.9）。

表 5.8　　　　　　　　2018 年流动性风险测度指标的描述统计

指标	最小值	最大值	均值	中位数	标准差	变异系数	偏度	峰度
X1	-19.03	212.19	8.21	6.22	9.42	1.15	10.04	176.38
X2	0.39	23.11	1.27	1.11	0.67	0.53	17.73	497.83
X3	0.42	130.09	4.62	3.28	5.05	1.09	10.41	199.77
X4	-2.43	128.53	3.36	2.06	4.99	1.48	10.61	206.81
X5	-6.20	5.49	0.18	0.11	0.44	2.50	0.60	45.23
X6	-6.06	6.77	0.21	0.13	0.52	2.45	1.13	43.32
X7	0.00	23.10	1.09	0.55	1.77	1.63	5.49	42.76
X8	-0.70	43.50	2.21	1.40	2.75	1.25	6.24	66.65
X9	-2.02	0.90	0.27	0.26	0.24	0.89	-0.61	4.18
X10	0.10	54.50	2.70	1.83	3.04	1.12	6.83	82.48
X11	-111.89	94.55	0.93	0.36	4.43	4.77	1.01	307.67
X12	0.011	61769.0	133.58	3.85	2198.08	16.46	21.96	517.27
X13	0.0001	29.59	0.28	0.22	0.71	2.54	31.90	1247.71
X14	0.03	27787.9	36.34	4.13	605.91	16.67	41.45	1871.16
X15	-2961.2	1259.28	-1.09	1.67	99.20	-91.10	-14.66	411.29

表 5.9　　　　　　　　2019 年流动性风险测度指标的描述统计

指标	最小值	最大值	均值	中位数	标准差	变异系数	偏度	峰度
X1	-7.78	67.54	8.08	6.45	6.79	0.84	2.48	11.16
X2	0.48	16.01	1.32	1.10	0.83	0.63	8.47	102.32
X3	0.71	79.41	5.10	3.42	6.10	1.20	6.20	51.87
X4	-0.54	75.60	3.78	2.15	5.84	1.54	6.28	54.35
X5	-7.03	5.11	0.24	0.16	0.47	1.94	0.518	60.11
X6	-7.03	10.30	0.30	0.20	0.60	2.02	3.53	76.84
X7	0.02	38.10	1.39	0.63	2.83	2.04	7.78	81.54
X8	-2.60	43.00	2.54	1.51	3.47	1.37	5.70	47.99
X9	-0.70	0.96	0.30	0.30	0.25	0.81	-0.10	-0.16
X10	0.14	43.90	3.09	1.98	3.75	1.21	5.60	45.59
X11	-33.31	616.28	1.74	0.49	16.82	9.65	32.88	1186.8
X12	0.003	53886.0	92.97	4.31	1596.01	17.17	29.51	930.28
X13	0.005	62.92	0.30	0.22	1.65	5.49	36.37	1377.3
X14	0.63	11943.0	62.07	5.61	588.85	9.49	17.29	315.19
X15	-7246.2	454.72	-4.40	1.72	204.93	-46.61	-30.64	1047.0

（三）不同年份观测指标的对比分析

在剔除 ST 公司后，对比三年的流动性测算指标的变化结果，可以发现不同行业的流动性水平总体上在 2018 年变异性最强，而在 2019 年明显回落。说明经过国家各种流动性政策落实后，民营企业的流动性风险得以缓解。变化最为剧烈的指标是资本支出支付能力，从 2017 年的显著正值剧烈变化为负值，企业支付能力明显下降，其原因就是流动性的衰退。

二、基于主成分 TOPSIS 模型的风险评价

不同的流动性指标刻画企业流动性风险的不同方面，不能直接比较，因此利用综合评价方法定量分析更合理。下面使用第四章介绍的主成分 TOPSIS 方法提取流动性主成分并进行排序和不同年份对比。

（一）2017 年企业流动性风险的主成分 TOPSIS 评价

1. 2017 年企业流动性风险的主成分评价

利用 2017 年的民营企业数据，对多维流动性指标实施主成分评价。首先，使用球形度检验观测数据是否适用于因子分析。Bartlett 统计值 KMO = 0.713，卡方统计量等于 42674.71，p 值为 0.000，具有高度显著性。进一步，利用主成分分析法确定因子个数。最终选择了 9 个主成分，累积方差贡献率达到了 92.51%[①]，如表 5.10 所示。

表 5.10　　　　　　　　　　因子累积方差解释

成分	初始特征值			载荷平方和提取			旋转载荷平方和		
	特征值	方差百分比	累积方差贡献率（%）	特征值	方差百分比	累积方差贡献率（%）	特征值	方差百分比	累积方差贡献率（%）
1	5.38	35.88	35.88	5.38	35.88	35.88	4.89	32.58	32.58
2	1.60	10.64	46.52	1.60	10.64	46.52	1.84	12.26	44.84
3	1.13	7.54	54.06	1.13	7.54	54.06	1.09	7.29	52.13

---

① 如果以特征值是否大于 1 为标准，可以提取的主成分个数变为 6 个。

续表

成分	初始特征值			载荷平方和提取			旋转载荷平方和		
	特征值	方差百分比	累积方差贡献率（%）	特征值	方差百分比	累积方差贡献率（%）	特征值	方差百分比	累积方差贡献率（%）
4	1.03	6.85	60.91	1.03	6.85	60.91	1.03	6.87	59.00
5	1.01	6.74	67.65	1.01	6.74	67.65	1.02	6.81	65.81
6	1.00	6.65	74.30	1.00	6.65	74.30	1.01	6.72	72.53
7	0.98	6.56	80.87	0.98	6.56	80.87	1.00	6.67	79.20
8	0.93	6.20	87.06	0.93	6.20	87.06	1.00	6.67	85.86
9	0.82	5.45	92.51	0.82	5.45	92.51	1.00	6.65	92.51
10	0.65	4.31	96.82						
11	0.25	1.65	98.47						
12	0.12	0.77	99.24						
13	0.10	0.68	99.92						
14	0.01	0.08	100.00						
15	$5.94E-5$	0.00	100.00						

进一步绘制主成分分析特征值的碎石图（见图 5.1）。

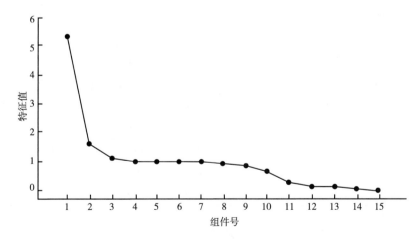

图 5.1 主成分碎石图

利用主成分方差最大法正交旋转，得到因子载荷矩阵。经过 6 次迭代后旋转收敛，得到旋转后的成分矩阵。进一步，根据因子载荷矩阵，得到因子得分系数

（见表5.11）。旋转得到的第一主因子命名为流动负债因子，因为载荷较大的变量包括流动负债总资产比率、流动负债权益比率、现金流比率、营运资金比率、速动比率和流动比率。第二主因子中因子载荷系数较大的是现金债务总额比率和营业现金流量偿债能力系数，可解释为现金流因子。第三主因子中载荷系数较大的是流动负债债务总额比率，可解释为债务结构因子。第四主因子中载荷系数较大的是流动性偿债能力系数。第五主因子主要解释变量是应付账款周转率。第六主因子主要对应存货周转率。第七主因子主要解释应收账款周转率。第八主因子解释资本支出支付能力。第九主因子解释现金到期债务比率。

表 5.11 因子得分系数矩阵

变量	因子								
	1	2	3	4	5	6	7	8	9
X1	− 0.055	0.062	0.054	0.970	0.028	0.025	− 0.005	− 0.026	0.001
X2	− 0.007	0.017	0.842	0.078	− 0.075	− 0.044	0.012	0.009	− 0.005
X3	0.211	− 0.070	0.164	− 0.120	0.039	0.027	− 0.012	− 0.008	0.007
X4	0.215	− 0.073	0.095	− 0.129	0.046	0.031	− 0.014	− 0.008	0.008
X5	− 0.113	0.608	− 0.037	0.045	0.004	− 0.002	0.011	0.023	− 0.101
X6	− 0.081	0.559	0.077	0.048	0.001	− 0.003	0.012	0.016	− 0.057
X7	0.190	− 0.032	− 0.059	0.002	0.022	0.010	0.018	0.014	0.010
X8	0.218	− 0.075	− 0.045	0.015	0.018	0.011	− 0.010	− 0.015	0.008
X9	0.131	− 0.060	− 0.398	0.164	− 0.166	− 0.111	0.023	− 0.027	0.021
X10	0.219	− 0.074	− 0.049	0.007	0.010	− 0.001	0.002	− 0.021	− 0.005
X11	0.014	− 0.101	− 0.010	0.004	0.003	− 0.007	− 0.013	− 0.004	1.023
X12	0.010	− 0.005	− 0.026	0.022	− 0.014	0.988	− 0.004	− 0.002	− 0.006
X13	0.024	0.001	− 0.054	0.027	0.973	− 0.016	0.007	− 0.002	0.005
X14	− 0.001	0.015	0.007	− 0.004	0.006	− 0.004	1.000	− 0.001	− 0.014
X15	− 0.019	0.025	0.018	− 0.031	0.001	0.000	− 0.001	1.004	− 0.004

根据因子得分系数，将主因子表述如下：

$$F1 = -0.055 \times X1 - 0.007 \times X2 + 0.211 \times X3 + 0.215 \times X4 - 0.113 \times X5$$
$$- 0.081 \times X6 + 0.0190 \times X7 + 0.218 \times X8 + 0.131 \times X9 + 0.219 \times X10$$
$$+ 0.014 \times X11 + 0.010 \times X12 + 0.024 \times X13 - 0.001 \times X14 - 0.019 \times X15$$

$$F2 = 0.062 \times X1 + 0.017 \times X2 - 0.070 \times X3 - 0.073 \times X4 + 0.608 \times X5$$
$$+ 0.559 \times X6 - 0.032 \times X7 - 0.075 \times X8 - 0.060 \times X9$$
$$- 0.074 \times X10 - 0.101 \times X11 - 0.005 \times X12 + 0.001 \times X13$$
$$+ 0.015 \times X14 + 0.025 \times X15$$

$$F3 = 0.054 \times X1 + 0.842 \times X2 + 0.164 \times X3 + 0.095 \times X4 - 0.037 \times X5$$
$$+ 0.077 \times X6 - 0.059 \times X7 - 0.045 \times X8 - 0.398 \times X9$$
$$- 0.049 \times X10 - 0.010 \times X11 - 0.026 \times X12 - 0.054 \times X13$$
$$+ 0.007 \times X14 + 0.018 \times X15$$

$$F4 = 0.970 \times X1 + 0.078 \times X2 - 0.120 \times X3 - 0.129 \times X4 + 0.045 \times X5$$
$$+ 0.048 \times X6 + 0.002 \times X7 + 0.015 \times X8 + 0.164 \times X9$$
$$+ 0.007 \times X10 + 0.004 \times X11 + 0.022 \times X12 + 0.027 \times X13$$
$$- 0.004 \times X14 - 0.031 \times X15$$

$$F5 = 0.028 \times X1 - 0.075 \times X2 + 0.039 \times X3 + 0.046 \times X4 + 0.004 \times X5$$
$$+ 0.001 \times X6 + 0.022 \times X7 + 0.018 \times X8 - 0.166 \times X9 +$$
$$0.010 \times X10 + 0.003 \times X11 - 0.014 \times X12 + 0.973 \times X13$$
$$+ 0.006 \times X14 + 0.001 \times X15$$

$$F6 = 0.025 \times X1 - 0.044 \times X2 + 0.027 \times X3 + 0.031 \times X4 - 0.002 \times X5$$
$$- 0.003 \times X6 + 0.010 \times X7 + 0.011 \times X8 - 0.111 \times X9$$
$$- 0.001 \times X10 - 0.007 \times X11 + 0.988 \times X12 - 0.016 \times X13$$
$$- 0.004 \times X14 + 0.000 \times X15$$

$$F7 = -0.005 \times X1 + 0.012 \times X2 - 0.012 \times X3 - 0.014 \times X4 + 0.011 \times X5$$
$$+ 0.012 \times X6 + 0.018 \times X7 - 0.010 \times X8 + 0.023 \times X9$$
$$+ 0.002 \times X10 - 0.013 \times X11 - 0.004 \times X12 + 0.007 \times X13$$
$$+ 1.000 \times X14 - 0.001 \times X15$$

$$F8 = -0.026 \times X1 + 0.009 \times X2 - 0.008 \times X3 - 0.008 \times X4 + 0.023 \times X5$$
$$+ 0.016 \times X6 + 0.014 \times X7 - 0.015 \times X8 - 0.027 \times X9$$
$$- 0.021 \times X10 - 0.004 \times X11 - 0.002 \times X12 - 0.002 \times X13$$
$$- 0.001 \times X14 + 1.004 \times X15$$

$$F9 = 0.001 \times X1 - 0.005 \times X2 + 0.007 \times X3 + 0.008 \times X4 - 0.101 \times X5$$
$$- 0.057 \times X6 + 0.010 \times X7 + 0.008 \times X8 + 0.021 \times X9$$
$$+ 0.005 \times X10 + 1.023 \times X11 - 0.006 \times X12 + 0.005 \times X13$$
$$- 0.014 \times X14 - 0.004 \times X15$$

根据上述主因子表达式，代入 15 个流动性指标标准化后的数值，计算出每家企业的 9 个主成分得分值。进一步，计算每一家民营企业流动性的综合得分。由于每个主成分的解释能力存在差异，例如，第 1 主成分和第 2 主成分分别解释了 35.88% 和 10.64% 的方差变异，其余 7 个主成分的方差贡献率均低于 10%。以方差贡献率定义权重 w_i，从而将不同的主成分得分综合。

$$w_i = \frac{\lambda_i}{\sum\limits_{i=1}^{9} \lambda_i}, i = 1, 2, \cdots, 9 \qquad (5.1)$$

计算得到每一个主成分的权重，分别为：$w_1 = 0.3878$，$w_2 = 0.1150$，$w_3 = 0.0815$，$w_4 = 0.0741$，$w_5 = 0.0729$，$w_6 = 0.0719$，$w_7 = 0.0709$，$w_8 = 0.0670$，$w_9 = 0.0589$。根据权重计算出每家企业的综合得分，公式如下：

$$score_j = w_i F = w_i (f_{i,1}, f_{i,2}, \cdots f_{i,15}) \begin{pmatrix} X_1 \\ X_2 \\ \vdots \\ X_{15} \end{pmatrix} \qquad (5.2)$$

去掉极小值（欧菲科技）和极大值（国恩股份）后，将企业流动性综合得分转化为百分制数值，对应公式为：

$$escore_j = \frac{score_j - \min(score_j)}{\max(score_j) - \min(score_j)} \times 100 \qquad (5.3)$$

百分制流动性综合数值的描述统计如表 5.12 所示。

表 5.12 企业流动性水平综合评分描述统计

指标	统计量	指标	统计量	指标	统计量
样本量	2317	标准差	7.19	第 3 四分位	14.59
均值	13.51	变异系数	0.53	偏度系数	3.94
中位数	11.28	第 1 四分位	9.59	峰度系数	26.07

可以发现，大多数企业的测度值较低且差异较大。测度结果的中位数小于算术平均，呈右偏分布。峰度系数远高于正态分布，呈尖峰特征。在完成每一家企业的流动性测度后，进一步测算行业的流动性。先将每一家民营企业的测算值根

据行业加总平均，得到主成分分量的结果（见表 5.13），然后得到行业的平均流动性测算向量（见表 5.14）。

表 5.13　　　　　　　　民营企业行业主成分因子得分

行业代码	成分 1	成分 2	成分 3	成分 4	成分 5	成分 6	成分 7	成分 8	成分 9	总分
A	- 0.19	0.12	- 0.17	0.22	- 0.03	0.02	- 0.09	- 0.05	0.13	- 0.06
B	- 0.12	- 0.10	0.14	0.39	0.05	- 0.05	- 0.07	0.0001	- 0.07	- 0.03
C	0.002	- 0.02	0.001	- 0.0002	0.005	0.01	- 0.02	- 0.003	- 0.03	- 0.003
D	0.10	- 0.26	- 0.14	0.22	- 0.04	- 0.05	0.66	- 0.031	- 0.20	0.05
E	- 0.13	0.18	0.19	0.27	- 0.02	- 0.05	0.006	- 0.027	0.06	0.002
F	- 0.01	0.06	0.01	0.06	- 0.03	- 0.06	- 0.05	- 0.03	0.15	0.005
G	0.11	- 0.08	- 0.28	0.03	- 0.06	- 0.02	- 0.06	- 0.04	0.16	0.01
I	0.14	0.07	- 0.02	- 0.19	- 0.05	- 0.05	0.14	- 0.02	0.17	0.06
K	0.03	0.07	0.01	- 0.17	0.08	0.05	0.06	0.19	0.03	0.04
L	- 0.01	0.001	0.29	- 0.02	- 0.04	0.004	0.004	0.03	- 0.08	0.01
M	- 0.24	- 0.10	0.04	- 0.05	- 0.009	0.004	- 0.09	- 0.03	- 0.06	- 0.12
N	- 0.11	0.22	- 0.24	- 0.24	0.007	- 0.04	- 0.07	- 0.008	- 0.009	- 0.06
O	- 0.57	- 0.25	0.05	- 0.73	0.04	0.01	- 0.11	0.011	- 0.09	- 0.31
P	0.11	- 1.55	- 0.88	1.34	- 0.23	- 0.14	- 0.11	- 0.14	- 0.02	- 0.16
Q	- 0.10	0.25	0.91	- 0.30	0.02	0.12	- 0.08	0.01	0.05	0.05
R	- 0.16	- 0.04	- 0.20	0.27	0.01	- 0.06	- 0.06	0.11	- 0.11	- 0.07
S	- 0.24	- 0.09	0.05	0.23	- 0.005	- 0.03	0.52	- 0.02	- 0.12	- 0.06

表 5.14　　　　　　　　企业行业流动性得分

项目	A	B	C	D	E	F	G	I	K
得分	- 0.0589	- 0.0262	- 0.0029	0.0461	0.0022	0.0046	0.0103	0.0568	0.035
权重（%）	1.2	1.3	70.4	1.3	2.8	3.7	1.3	8.5	3.1

项目	L	M	N	O	P	Q	R	S	—
得分	0.0057	- 0.1163	- 0.0622	- 0.3078	- 0.1552	0.0483	- 0.0701	- 0.0554	—
权重（%）	1.4	1.4	1.3	0.04	0.04	0.3	1.6	0.5	—

最后，将所有行业的流动性加权汇总，得到民营上市公司的整体流动性风险水平，结果为 0.0032。

2. 2017 年民营企业行业流动性风险 TOPSIS 评价

利用主成分方法提取出的 9 个主因子得分，采用 TOPSIS 综合评价方法，进一步比较不同行业的流动性风险。在 TOPSIS 综合评价中，需要将低优指标转换成高优指标。进一步，对趋同化数据实施归一化处理。在 15 个流动性测量指标中，流动负债债务总额比率、流动负债资产总额比率、流动负债权益比率和应付账款周转率指标属于低优指标，即指标的取值越小，代表流动性越好。其余指标属于高优指标，测度值越高，流动性越好。设想 TOPSIS 理想解是所有成分中各分量的最大值构成的解向量，负理想解是所有成分中各分量的最小值构成的解向量。计算得到所有 9 个成分因子的正负理想解，列于表 5.15 中。

表 5.15 正理想解和负理想解

类型	成分 1	成分 2	成分 3	成分 4	成分 5	成分 6	成分 7	成分 8	成分 9
正理想解	0.1765	0.1535	0.6468	0.7742	0.2806	0.4601	0.7389	0.6769	0.3865
负理想解	− 0.7322	− 0.9367	− 0.6281	− 0.4214	− 0.8439	− 0.5643	− 0.1224	− 0.5155	− 0.4582

进一步，根据各行业企业的主成分流动性结果，计算其到正理想解和负理想解的距离，生成最优解距离 D + 和最劣解距离 D − ，计算出最优方案接近程度 C 值，产生对不同行业流动性风险的评价排序，具体结果如表 5.16 所示。

表 5.16 2017 年分行业民营企业评价结果

行业代码	最优解距离 D +	最劣解距离 D −	最优方案接近程度 C	评价排序
A1	1.7163	1.8498	0.5187	11
B2	1.6099	1.9115	0.5428	4
C3	1.6018	1.8774	0.5396	6
D4	1.6933	1.9523	0.5355	7
E5	1.5916	1.8924	0.5432	3
F6	1.7100	1.8693	0.5222	10
G7	1.7891	1.8380	0.5067	13
I8	1.6548	1.9616	0.5424	5
K9	1.3545	2.3681	0.6361	1
L10	1.6926	1.8177	0.5178	12
M11	1.7830	1.6738	0.4842	15

续表

行业代码	最优解距离 D +	最劣解距离 D –	最优方案接近程度 C	评价排序
N12	1.8403	1.7685	0.4900	14
O13	2.0968	1.6674	0.4430	16
P14	2.7334	1.5367	0.3599	17
Q15	1.4853	2.4047	0.6182	2
R16	1.6910	1.8604	0.5239	9
S17	1.5865	1.8203	0.5343	8

3. TOPSIS 评价结果分析

根据评价结果可知，在各二级行业中，2017 年教育服务行业的流动性风险最大，制造业，信息传输、软件和信息技术服务业，采矿业，建筑业，以及卫生和社会工作的流动性风险则较低。教育服务行业是流动性风险爆发的一个重点行业，该测算结果与实际情况相符。一些教培企业采用预收费制度，把预收费作为企业营收投入扩大运营。在国家"双减"政策影响下，招生量锐减，现金流紧张加剧。

（二）2018 年企业流动性风险的主成分 TOPSIS 评价

按照类似思路，对 2018 年民营企业数据实施流动性风险综合评价。巴特利特检验卡方统计量为 35226.58，p 值为 0.000，检验通过。利用主成分分析法确定了 9 个主成分，累积方差贡献率达到 92.26%。在实施方差最大化正交旋转后，得到旋转后的成分矩阵（见表 5.17）。

表 5.17　　　　　　　　　　旋转后的因子载荷矩阵

变量	因子								
	1	2	3	4	5	6	7	8	9
X1	0.030	– 0.025	– 0.035	0.015	0.982	– 0.010	– 0.006	– 0.011	– 0.019
X2	0.081	– 0.050	0.026	0.957	0.018	0.003	0.040	0.131	0.006
X3	0.934	0.153	– 0.070	0.108	– 0.061	– 0.017	– 0.070	– 0.036	– 0.001
X4	0.937	0.162	– 0.069	0.042	– 0.063	– 0.017	– 0.073	– 0.026	– 0.003
X5	0.226	0.943	0.039	– 0.037	– 0.018	0.008	0.000	0.000	0.077
X6	0.240	0.943	0.022	– 0.022	– 0.013	0.006	– 0.010	– 0.001	0.079

变量	因子								
	1	2	3	4	5	6	7	8	9
X7	0.838	0.187	0.053	0.121	0.036	0.020	0.021	0.039	-0.013
X8	0.969	0.119	0.017	-0.037	0.055	-0.007	-0.003	0.003	0.001
X9	0.590	0.020	0.415	-0.276	0.226	0.041	0.150	0.037	0.028
X10	0.975	0.076	0.032	-0.043	0.040	-0.002	0.004	-0.005	0.002
X11	-0.011	0.130	0.003	0.005	-0.019	0.007	-0.013	-0.002	0.991
X12	-0.009	0.000	-0.012	0.127	-0.011	-0.002	-0.015	0.989	-0.002
X13	-0.045	-0.007	-0.185	0.036	-0.005	-0.006	0.959	-0.016	-0.013
X14	-0.006	0.011	0.003	0.001	-0.009	0.999	-0.006	-0.002	0.007
X15	-0.028	0.049	0.908	0.051	-0.062	-0.003	-0.215	-0.018	-0.002

第一主因子中载荷较大的变量包括流动负债资产总额比率、流动负债权益比率、现金比率、营运资金比率、速动比率和流动比率，主要是流动负债因子。第二主因子中因子载荷较大的是现金债务总额比率和营业现金流量偿债能力系数，可归类为现金因子。第三主因子载荷系数较大的是资本支出支付能力。第四主因子载荷系数较大的是流动负债债务总额比率。第五主因子主要解释流动性偿债能力系数。第六主因子主要解释应收账款周转率流动负债资产总额比率。第七主因子主要解释应付账款周转率。第八主因子解释存货周转率。第九主因子解释现金到期债务比率。根据因子载荷矩阵，得到因子得分系数（见表5.18）。

表5.18 因子得分系数矩阵

变量	因子								
	1	2	3	4	5	6	7	8	9
X1	-0.035	0.040	-0.063	0.060	0.964	-0.003	-0.072	-0.022	0.003
X2	-0.001	0.004	0.093	0.945	0.053	0.008	0.054	-0.094	0.010
X3	0.207	-0.032	-0.124	0.093	-0.084	-0.013	-0.093	-0.059	0.000
X4	0.209	-0.030	-0.127	0.023	-0.089	-0.013	-0.095	-0.033	-0.003
X5	-0.077	0.550	0.004	0.005	0.023	-0.004	0.019	0.004	-0.070
X6	-0.074	0.549	-0.017	0.019	0.029	-0.005	0.002	0.000	-0.068
X7	0.170	0.007	0.034	0.105	0.010	0.021	0.040	0.015	-0.020
X8	0.217	-0.063	-0.023	-0.057	0.013	-0.005	0.001	0.017	0.012

变量	因子								
	1	2	3	4	5	6	7	8	9
X9	0.125	−0.090	0.440	−0.271	0.165	0.032	0.282	0.105	0.050
X10	0.225	−0.093	−0.004	−0.063	−0.005	0.000	0.014	0.010	0.021
X11	0.010	−0.083	−0.010	0.003	0.008	−0.007	0.002	−0.001	1.019
X12	0.001	0.002	−0.020	−0.112	−0.010	−0.002	−0.009	1.015	−0.001
X13	−0.003	0.016	0.107	0.033	−0.050	−0.007	0.993	−0.014	0.000
X14	0.001	−0.005	−0.021	0.008	−0.002	0.999	−0.010	−0.004	−0.008
X15	−0.044	0.008	0.896	0.110	−0.066	−0.023	0.051	−0.044	−0.021

根据表 5.18 可以得到主因子的计算表达式：

$$F_i = (f_{i,1}, f_{i,2}, \cdots, f_{i,15}) \begin{pmatrix} X_1 \\ X_2 \\ \vdots \\ X_{15} \end{pmatrix} \tag{5.4}$$

根据上述 9 个主因子，代入 15 个流动性指标值，计算出每家企业的主成分得分值。进一步，计算每家民营企业流动性的综合得分。以方差贡献率计算权重，得到如下结果：$w_1 = 0.3751$，$w_2 = 0.1217$，$w_3 = 0.0952$，$w_4 = 0.0907$，$w_5 = 0.0730$，$w_6 = 0.0723$，$w_7 = 0.0648$，$w_8 = 0.0558$，$w_9 = 0.0515$。根据以上权重，计算出企业 j 的综合得分 $score_j = w_i F$，然后将企业流动性得分转化为百分制赋值，结果的基本统计特征如表 5.19 所示。

表 5.19 **企业流动性综合评分描述统计**

指标	统计量	指标	统计量	指标	统计量
样本量	2361	标准差	5.30	第 3 四分位	25.34
均值	24.16	变异系数	0.22	偏度系数	3.95
中位数	22.88	第 1 四分位	21.37	峰度系数	32.65

可以发现，首先，2018 年底民营企业的流动性水平相比 2017 年底整体提升。其次，虽然民营企业流动性有所好转，但是整体水平仍然不高。下面进一步分析各行业。计算主成分因子的行业得分（见表 5.20），并合成为行业得分。结果显

示，得分最高的是交通运输、仓储和邮政业，电力、热力、燃气及水的生产和供应业，而得分最低的仍然是教育行业。最后，将所有行业的流动性加权汇总，得到民营企业上市公司的整体流动性，结果为 -0.0008。因此，2018 年民营企业整体流动性并不乐观。

表 5.20   **主成分因子的行业得分**

项目	A	B	C	D	E	F	G	H	I
得分	-0.15	-0.10	0.01	0.08	-0.06	0.04	0.08	0.004	-0.02
权重（%）	1.06	1.35	70.11	1.23	2.41	3.56	1.35	0.04	8.93
项目	K	L	M	N	O	P	Q	R	S
得分	0.01	-0.002	-0.11	-0.002	-0.32	-0.48	-0.15	0.01	-0.03
权重（%）	2.92	1.48	1.65	1.52	0.04	0.08	0.34	1.48	0.42

继续评价不同行业的流动性风险水平。采用 TOPSIS 方法，列指标是利用主成分方法提取出的 9 个主因子得分。对趋同化数据实施归一化处理，计算得到主成分的正理想解和负理想解（见表 5.21）。

表 5.21   **正理想解和负理想解**

类型	成分 1	成分 2	成分 3	成分 4	成分 5	成分 6	成分 7	成分 8	成分 9
正理想解	0.24	0.62	0.10	0.82	0.44	0.72	0.28	0.76	0.43
负理想解	-0.63	-0.44	-0.94	-0.14	-0.56	-0.35	-0.69	-0.29	-0.51

进一步，根据每个行业企业的主成分流动性结果，计算其到正理想解和负理想解的距离，生成最优解距离 D + 和最劣解距离 D - ，计算出最优方案接近程度 C，根据 C 的值产生对不同行业流动性风险的排序，结果如表 5.22 所示。

表 5.22   **2018 年分行业上市民营企业评价结果**

行业代码	最优解距离 D +	最劣解距离 D -	最优方案接近程度 C	评价排序
A1	1.9518	1.4034	0.4183	16
B2	1.8862	1.4589	0.4361	14
C3	1.6183	1.6697	0.5078	6
D4	1.6250	1.9553	0.5461	4
E5	1.9000	1.5400	0.4477	11

行业代码	最优解距离 D +	最劣解距离 D −	最优方案接近程度 C	评价排序
F6	1.4559	1.9275	0.5697	2
G7	1.7585	1.6212	0.4797	8
H8	2.1210	1.6488	0.4374	13
I9	1.7354	1.5648	0.4742	10
K10	1.7446	1.6354	0.4838	7
L11	1.5488	1.9128	0.5526	3
M12	1.9087	1.4234	0.4272	15
N13	1.7789	1.6333	0.4787	9
O14	2.2969	1.3479	0.3698	17
P15	2.7660	0.3677	0.1173	18
Q16	1.8424	1.4456	0.4397	12
R17	1.4878	2.1631	0.5925	1
S18	1.6754	1.8269	0.5216	5

根据 2018 年的测算结果，文化、体育和娱乐业，批发和零售业，租赁和商务服务业，电力、热力、燃气及水的生产和供应业的流动性风险最小，教育，居民服务业，科学研究和技术服务业，农、林、牧、渔业的流动性风险最大，其余行业介于二者之间。

（三）2019 年企业流动性风险的主成分评价

继续评估 2019 年民营企业流动性风险。Bartlett 球形度检验同样通过，前 9 个主成分的累积方差贡献率达到 93.55%。第一主因子代表流动负债因子，第二主因子可归类为现金因子，第三主因子载荷系数较大的是流动负债债务总额比率，第四主因子主要解释流动性偿债能力系数，第五主因子载荷系数较大的是资本支出支付能力系数，第六主因子是应付账款周转率，第七主因子主要解释应收账款周转率，第八主因子解释存货周转率，第九主因子解释现金到期债务比率。根据因子载荷矩阵，得到因子得分系数。计算出每一主成分的权重：$w_1 = 0.3832$，$w_2 = 0.1206$，$w_3 = 0.0880$，$w_4 = 0.0846$，$w_5 = 0.0716$，$w_6 = 0.0708$，$w_7 = 0.0693$，$w_8 = 0.0564$，$w_9 = 0.0555$。根据以上权重计算出每家企业的综合得分并转化为百分制，进而算出各行业的主成分因子得分，最后将所有行业的流动性加权汇总，得到 2019 年民营企业上市公司的整体流动性水平（见表 5.23），计算结果为 -0.0027。可以发现，2019 年民营企业流动性水平相比 2018 年有整体改善，但仍处于较低的水平。

表 5.23　　　　　　　　　　民营企业行业流动性测算

项目	A	B	C	D	E	F	G	H	I
得分	-0.01	-0.06	0.003	0.23	-0.01	-0.02	-0.02	0.11	-0.06
权重（%）	0.93	1.33	72.56	1.13	1.66	2.65	1.33	0.07	9.01
项目	K	L	M	N	O	P	Q	R	S
得分	0.04	-0.06	0.10	0.07	1.32	-0.07	-0.01	-0.06	-0.14
权重（%）	2.25	1.26	2.19	1.39	0.07	0.27	0.33	1.06	0.53

进一步采用 TOPSIS 方法，计算正理想解和负理想解向量，得到最优方案接近程度 C。最终，产生对不同行业流动性的评价排序，如表 5.24 所示。

表 5.24　　　　　　　　　　分行业民营企业评价结果

行业代码	最优解距离 D+	最劣解距离 D-	最优方案接近程度 C	评价排序
A1	2.2413	0.5721	0.2033	16
B2	2.0065	0.8229	0.2908	9
C3	2.0376	0.8866	0.3032	6
D4	2.0753	0.8728	0.2961	8
E5	2.2939	0.5671	0.1982	17
F6	2.2022	0.7520	0.2545	12
G7	2.0409	1.0920	0.3486	5
H8	1.7235	1.8454	0.5171	2
I9	2.3339	0.4980	0.1758	18
K10	2.1825	0.7522	0.2563	11
L11	2.2479	0.8035	0.2633	10
M12	2.0315	1.0968	0.3506	4
N13	1.9390	1.3193	0.4049	3
O14	1.6635	1.9499	0.5396	1
P15	2.0999	0.9100	0.3023	7
Q16	2.2837	0.6596	0.2241	15
R17	2.1717	0.6771	0.2377	14
S18	2.2349	0.6999	0.2385	13

由 2019 年的测算可知,居民服务、修理和其他服务业,住宿和餐饮业,水利、环境和公共设施管理业,科学研究和技术服务业的流动性风险较小;而卫生和社会工作,农、林、牧、渔业,建筑业,信息传输、软件和信息技术服务业的流动性风险较大。

(四) 2017～2019 年民营企业流动性状况比较

将 2017～2019 年分行业的流动性评价排序汇总 (见表 5.25),并进行比较。

表 5.25　　　　　　　　2017～2019 年分行业民营企业评价排序

行业代码	2017 年评价排序	2018 年评价排序	2019 年评价排序	平均秩
A1	11	16	16	14.67
B2	4	14	9	9.00
C3	6	6	6	6.00
D4	7	4	8	6.33
E5	3	11	17	10.33
F6	10	2	12	8.33
G7	13	8	5	9.00
H8	9.5	13	2	8.17
I9	5	10	18	11.00
K10	1	7	11	6.33
L11	12	3	10	8.67
M12	15	15	4	11.67
N13	14	9	3	9.00
O14	16	17	1	11.67
P15	17	18	7	14.33
Q16	2	12	15	9.67
R17	9	1	14	8.00
S18	8	5	13	8.67

根据三年的测算结果发现,民营企业的流动性无论从微观个体的层次,还是从行业的层次上,都具有较强的变异性,从同一时点的横截面和时间演变方面也都有明显变化。民营企业总体的流动性状况不断下降,显示出实体经济在不利冲击下处境不容乐观,需要制定实施配套货币和财政政策,保持宏观经济

运行稳定①。分析不同行业发现，电力、热力、燃气及水的生产和供应业，制造业的流动性风险较低，而教育，农、林、牧、渔业，居民服务、修理和其他服务业，信息传输、软件和信息技术服务业的流动性风险则较高。

第三节 现金流敏感度视角的民营企业流动性分析

一、现金流敏感度的含义

民营企业可通过调整现金流改变流动性状况。企业改变流动性的主要手段是外部融资，但企业受到融资约束的程度不同。当企业面临融资强约束，为应对预期和非预期的支出需求，企业可能改变现金持有行为，因此对现金流的敏感度更高。因此，可通过估计现金流敏感度测度企业的融资约束程度②，而融资强约束与流动性风险密切相关。现金—现金流敏感度是公司现金流变化对现金持有的影响程度。相对于国有企业，民营企业普遍面临着更强的融资约束，因而现金—现金流敏感度应更强。高新技术类企业由于缺乏银行贷款抵押物，通常有更强的敏感度。缺乏现金分红的企业，一般现金—现金流敏感度更高。

现金—现金流敏感度的分析，通常只针对某一个时点。这种静态分析无法观察企业流动性的动态变化，因而缺乏比较性。本节利用对敏感度的动态测度分析民营企业现金—现金流敏感度的变化趋势。从时间序列结构分析角度，民营企业现金流序列包含循环变动和趋势性变动两个成分。趋势性变动体现了持久的现金持有变化，而循环变动则反映了企业的暂时性调整（Drobetz W and Grüninger M C，2007）。根据凯恩斯的货币需求理论，公司持有现金的基本动机包括交易性需求、预防性需求和投机性需求三种。在市场常态下，交易性需求和预防性需求占据主导地位。企业为抓住未来的交易投资机遇会持有现金，为应对市场风险和债务风险也会持有现金。总之，企业现金流的趋势成分捕捉了持有现金的系统性变化，而循环变动部分更多体现在企业运营层面。中国民营企业的现金—现金流敏

---

① 《2022 政府工作报告》指出，全球疫情仍在持续，世界经济复苏动力不足，大宗商品价格高位波动，外部环境更趋复杂严峻和不确定。我国经济发展面临需求收缩、供给冲击、预期转弱三重压力。http://www. gov. cn/premier/2022 – 03/12/content_5678750. htm.

② 现金流敏感度可以分为现金—现金流敏感度和投资—现金流敏感度，此处只针对前者进行分析。

感度是否发生了变化,这种变化主要体现在循环变动还是长期趋势方面? 对该问题的考察能加深对民营企业流动性环境的理解,对政策制定有积极意义。

二、理论分析与研究假设

(一)三个现金流敏感度的假设

民营企业的成长一直被融资瓶颈所约束。由于缺乏资金,民营企业在创业之初非常依赖内源融资,更偏好持有高比例现金,有典型的"自力更生"特征。由于融资时易被金融市场排斥,所以民营企业对货币周期的依赖性很强。在货币紧缩的时期,民营企业倾向于"现金为王";而在货币宽松时期,民营企业会减少现金持有,积极对外投资扩张。因此,民营企业的现金持有和货币周期相关联,应该比国有企业的现金持有行为更敏感。基于此,本书研究提出第一条假设。

假设 H_1:民营企业有较为显著的现金—现金流敏感度。

中国经济转型升级、去产能、不利的贸易环境等因素会推动民营企业现金—现金流敏感度上升。而融资渠道的便利化和多元化也可使敏感度下降。综上所述,提出第二个研究假设。

假设 H_2:民营企业的现金—现金流敏感度下降。

对民营企业个体,假设暂时性的现金流变化对现金—现金流敏感度的影响不显著,而趋势性现金流变化的现金—现金流敏感度显著为负。金融科技进步、营商环境优化等因素使企业无须再持有更高比例现金[1]。因此提出第三条假设。

假设 H_3:暂时性现金流变化的现金流敏感度变化不显著,而趋势性现金流变化的现金流敏感度变化显著。

(二)现金流敏感度研究设计

1. 样本与数据选取

分析选取了 2003~2019 年国泰安民营上市企业数据。由于财务困境企业调整其现金持有行为的空间有限,研究删除了 ST、*ST 和 PT 企业。对个别年度数

---

① 张曾莲,穆林. 金融化与非金融上市公司现金持有 [J]. 金融经济学研究,2018 (4).

据缺失的情况,采用相近季度末的数据予以填补。

2. 现金流序列的 Beveridge-Nelson 分解

参考米克尔·马乔科托等(Machokoto M et al, 2021),使用 Beveridge-Nelson(BN)技术分解现金流序列①。BN 序列分解的稳定性依赖于序列长度,因此剔除了 2011 年及以后上市的民营企业数据。在 BN 序列分解时,建模使用了 ARIMA(2,1,2)模型,每家企业前三年数据会由于滞后差分而缺失。每家企业上市的年份有差异,因此每个年度末时点上的民营企业个数不同,数据集属于非平衡面板。

3. 变量说明

模型分析使用的变量名称及具体含义如表 5.26 所示。

表 5.26 变量符号及含义

变量名称	变量符号	指标含义
现金持有量变动	dcash	现金及现金等价物的变动额/资产总额
现金流量	cf	(净利润 + 折旧摊销)/资产总额
暂时性现金流	cfcycle	Cf 实施 BN 分解的循环项
持久性现金流	cftrend	Cf 实施 BN 分解的趋势项
托宾 Q	Q	(股权市值 + 净债务市值)/期末总资产
公司规模	size	公司年末资产总额的自然对数
成长性	growth	本期公司的营业收入增长率
非现金净营运资本变动	DNWC	(流动资产 − 货币资金 − 流动负债)的变动值/总资产
短期债务变动	dsd	(t 期流动负债 − ($t-1$)期流动负债)/总负债
资本支出	capex	购买固定、无形和其他长期资产支付现金/总资产
财务年度	dum	年份虚拟变量
所属行业	Industry	行业虚拟变量
年份	year	财务数据的实际年度

为了使估计结果更稳健,对所有的连续变量实施了上下各 1% 的 winsorize 缩尾处理。

---

① Machokoto M, Tanveer U, Ishaq S, et al. Decreasing investment – cash flow sensitivity: Further UK evidence [J]. Finance Research Letters, 2021, 38: 101397.

4. 模型研究方法

为了分析现金—现金流敏感度的变化，估计如下基准模型：

$$dcash_{it} = \alpha + \beta cf_{it} + \gamma q_{it-1} + \varepsilon_{it} \tag{5.5}$$

其中，i 代表微观民营企业，t 代表年份，系数 β 是现金—现金流敏感度。利用对现金流序列 cf 分解进一步扩充基准模型。

$$dcash_{it} = \alpha + \beta^{trend} cf_{it}^{trend} + \beta^{cycle} cf_{it}^{cycle} + \gamma q_{it-1} + \varepsilon_{it} \tag{5.6}$$

其中，β^{trend} 和 β^{cycle} 分别是现金流趋势项和循环项的敏感度系数。按照莫利（Morley，2003）的思路，假设现金流 1 阶差分序列服从 ARMA（2，2）[1]，即：

$$(dcf_t - \mu) = \varphi_1(dcf_{t-1} - \mu) + \varphi_2(dcf_{t-2} - \mu) + \varepsilon_t + \theta_1 \varepsilon_{t-1} + \theta_2 \varepsilon_{t-2},$$
$$\varepsilon_t \sim i.i.d. \, N(0, \sigma^2) \tag{5.7}$$

根据差分退均值处理后的序列构建的 ARMA（2，2）模型，也可用一阶差分随机差分方程表示出来。令 $X_t = [\, dcf_t - \mu, \ dcf_{t-1} - \mu, \ \varepsilon_t, \ \varepsilon_{t-1}\,]'$，有如下状态方程：

$$\begin{bmatrix} dcf_t - \mu \\ dcf_{t-1} - \mu \\ \varepsilon_t \\ \varepsilon_{t-1} \end{bmatrix} = \begin{bmatrix} \varphi_1 & \varphi_1 & \theta_1 & \theta_2 \\ 1 & 0 & 0 & 0 \\ 0 & 0 & 0 & 0 \\ 0 & 0 & 1 & 0 \end{bmatrix} \begin{bmatrix} dcf_t - \mu \\ dcf_t - \mu \\ \varepsilon_{t-1} \\ \varepsilon_{t-2} \end{bmatrix} + \begin{bmatrix} \varepsilon_t \\ 0 \\ \varepsilon_t \\ 0 \end{bmatrix} \tag{5.8}$$

得到现金流序列的 BN 趋势序列为：

$$cf_t^{trend} = cf_t + [\, 1 \quad 0 \quad 0 \quad 0 \,] F(1-F)^{-1} X_{t|t} \tag{5.9}$$

以及 BN 循环序列：

$$cf_t^{cycle} = cf_t - trend_t = -[\, 1 \quad 0 \quad 0 \quad 0 \,] F(1-F)^{-1} X_{t|t} \tag{5.10}$$

其中，$F = \begin{bmatrix} \varphi_1 & \varphi_1 & \theta_1 & \theta_2 \\ 1 & 0 & 0 & 0 \\ 0 & 0 & 0 & 0 \\ 0 & 0 & 1 & 0 \end{bmatrix}$，$X_{t|t}$ 是由卡尔曼滤波方法估计的 $E_t[X_t]$。

---

① 使用 ARMA（2，2）模型建模时间序列，具有一定的经验性质，并非经过严格推导获得。

利用方程（5.5）和方程（5.6），分别估计现金流、现金流趋势及现金流循环的敏感度。通过比较不同的子样本和全样本时期，可观测到现金—现金流敏感度是否上升及下降。民营企业数量众多，并非都面临严重的融资约束，因此需要识别其融资约束程度以开展异质性分析。表 5.27 列出了一些文献采用的处理方法。

表 5.27　　　　　　　　　　　一些识别企业融资约束的方法

文献	融资约束划分标准
Almeida et al.（2004）	股利支付率、公司规模、公司债券评级、商业票据评级、KZ 指数
Whited T M（2006）	WW 指数
Machokoto M et al（2021）	销售增长率、产业销售增长率、财务报告时长、不动产、厂房和设备占总资产的比例（有形）、财务杠杆、R&D 研发、行业分类
Hadlock and Pierce（2010）	SA 指数
周铭山等（2012）	企业产权属性（民营企业或国有企业）

注：根据文献整理得到。

三、现金流敏感度测度分析

（一）描述性分析

企业感知宏观经济环境的变化，并作出现金持有策略调整。在经济高增长阶段，企业在乐观预期驱动下有更强的投资冲动；而在经济调整阶段，投资者会更谨慎，企业则需要持有现金以应对不利环境。借鉴揭仕军（2020）的研究，本章将中国 2003 年后的经济增长划分为两个阶段①。第一阶段是 2003～2011 年（p1），经济增长率基本保持在 9% 以上，属于高速增长阶段。第二阶段是 2012～2019 年（p2），经济增速在 8% 以下，属于高质量增长阶段。划分后的两个子数据集的描述统计结果如表 5.28 所示。

---

① 揭仕军. 经济新常态下增长转型与增速预测——基于新中国 70 年的时间序列数据 [J]. 经济问题探索，2020（6）.

表 5.28　　　　　　　　　　　指标描述统计结果

变量	统计量	2003 ～ 2011 年	数据	2012 ～ 2019 年	数据	2003 ～ 2019 年	数据	p1 = p2 检验
现金持有变动	均值	0.05	4054	0.002	6214	0.02	10268	0.05 ***
	中位数	0.01		0.0006		0.004		0.01 **
	标准差	0.17		0.08		0.13		4.35 ***
	离散系数	3.36		40.8		5.97		—
现金流量	均值	0.08	4054	0.06	6214	0.07	10268	0.02 ***
	中位数	0.07		0.06		0.06		0.01 ***
	标准差	0.05		0.06		0.057		0.61 **
	离散系数	0.64		1.03		0.87		—
现金流趋势	均值	0.07	1956	0.05	5981	0.06	7937	0.02 ***
	中位数	0.06		0.07		0.06		− 0.003 *
	标准差	0.04		0.06		0.06		0.49 ***
	离散系数	0.64		1.06		1.09		—
现金流循环	均值	0.008	1956	0.005	5981	0.006	7937	0.003 ***
	中位数	0.003		0.001		0.001		0.002 ***
	标准差	0.04		0.05		0.05		0.55 ***
	离散系数	4.87		9.88		8.32		—
托宾 Q	均值	1.81	3987	2.13	6214	2.00	10268	− 0.32 ***
	中位数	1.48		1.71		1.61		− 0.23 ***
	标准差	0.997		1.23		1.16		0.66 ***
	离散系数	0.55		0.58		0.58		—

注：***、** 和 * 分别代表在 1%、5% 和 10% 的水平上显著。

　　由表 5.28 比较时期 p1 和 p2。首先，现金流量、现金流趋势和循环都下降了，而且差值具有显著性。p2 时期经济增速下滑，调结构、去产能。p1 时期盲目投资，债务杠杆率激增的民营企业在 p2 时期的降杠杆政策下出现了流动性风险。情况严重的民营企业出现资金链断裂。其次，民营企业现金流的波动性在衰退期明显上升。比较前后两个子时期的离散系数和方差比率发现，p2 时期的现金流波动明显变大，表明民营企业的经营和融资环境发生了显著变化，企业保持现金流稳定性的能力下降。

（二）变量的相关性分析

进一步分析各基本变量的相关性。表 5.29 给出了变量间的相关系数，相关系数矩阵表主对角线的左下方是皮尔逊线性相关系数，而右上方是斯皮尔曼秩相关系数的计算结果。

表 5.29　　　　　　　　　　　　　现金流的相关性分析

变量	现金持有变动	现金流量	现金流趋势	现金流循环	托宾 Q
现金持有变动	1	0.115 ***	0.10 ***	0.06 ***	0.07 ***
现金流量	0.11 ***	1	0.79 ***	0.38 ***	0.31 ***
现金流趋势	0.08 ***	0.61 ***	1	− 0.16 ***	0.24 ***
现金流循环	0.06 ***	0.36 ***	− 0.34 ***	1	0.15 ***
托宾 Q	0.009	0.15 ***	0.08 ***	0.06 ***	1

注：*** 代表在 1% 的水平上显著。

相关性分析发现了变量之间普遍的关联性。其中，托宾 Q 值与现金持有的相关系数较小，现金流趋势项与循环项的相关系数为负。现金流趋势表示企业持久性的现金流调整策略，而现金流循环则代表暂时性的流动性安排。企业的现金流管理需要平滑当期和未来，负相关体现了企业对当期和未来的权衡。托宾 Q 与现金持有和现金流量的相关性为正，即民营企业的市场价值相对资产重置成本上升，企业进入资本市场变现套利动机增强，预期企业的自由现金流上升。微观企业的托宾 Q 值上升与货币供应量正相关，从而与现金持有是正向变动关系①。

（三）民营企业现金—现金流敏感度趋势分析

实施固定效应的 within 面板回归估计现金—现金流敏感度。为简化表格，表 5.30 中没有报告年度效应和行业效应的估计结果。

---

① 华玉飞，逯进，杜通. 货币政策对固定资产投资价格的影响：超调理论视角 [J]. 世界经济，2021（1）.

表5.30　　　　　　　未分解现金流的现金—现金流敏感度估计

区间	年份	CF	lagQ	截距项	N	R^2
p1	2006～2011	0.1800 *** (0.0656)	0.0108 **** (0.0037)	-0.0612 *** (0.0137)	2687	0.0415
p2	2012～2019	0.1650 *** (0.0272)	0.0148 *** (0.0021)	-0.0418 ** (0.0180)	6214	0.0694
全部	2006～2019	0.1502 *** (0.0237)	0.0161 *** (0.0016)	-0.0441 *** (0.0107)	8901	0.0771

注：为与后续 BN 分解现金流的数据保持一致，删除了 2003～2005 年的数据；*** 、** 分别代表在 1%、5% 的水平上显著。

从表 5.30 的估计结果可知，全样本的现金—现金流敏感度是 0.1502，即上市民营企业的现金流每增加 1 单位，企业现金持有变动平均增加约 0.15。该结果证实了第一个研究假设 H_1。对比两个时期可知，民营企业的现金—现金流敏感度在上升。在 2006～2011 年，现金—现金流敏感度是 0.18，而在 2012～2019 年，敏感度为 0.1650，数值大约下降了 8.33%。假设检验发现，$F = 903.67$ （$P = 0.000$），现金流敏感度在两个时期显著不同。

使用 BN 方法将现金流分解，分别估计两种成分的敏感度（见表 5.31）。结果显示，两种成分的敏感度均出现了下降。现金流趋势的敏感度在 p1 时期为 0.2204，而在 p2 时期则下降到 0.1845，降幅为 16.3%。现金流循环的敏感度在 p1 时期为 0.2121，而后则下降到 0.1397，降幅为 34.3%。全样本现金流趋势的敏感度为 0.1977，而循环项的敏感度为 0.1561，都具有显著性。说明无论长短期内企业的现金持有行为都发生了变化。两个时期的检验统计量 $F = 765.04$ （$P = 0.000$），敏感度显著不同。结果证实了假设 H_2。

表5.31　　　　　　　现金流分解后的现金—现金流敏感度估计

区间	年份	CFtrend	cfcycle	lagQ	constant	N	R^2
p1	2006～2011	0.2204 ** (0.1052)	0.2121 *** (0.0818)	0.0042 (0.0039)	-0.021 (0.0163)	1956	0.0344
p2	2012～2019	0.1845 *** (0.0365)	0.1397 *** (0.0335)	0.0142 *** (0.0021)	-0.0091 (0.0109)	5981	0.0638
全部	2006～2019	0.1977 *** (0.0304)	0.1561 *** (0.0291)	0.0118 *** (0.0017)	-0.0059 (0.0119)	7937	0.0603

注：（ ）内为标准误；*** 、** 分别代表在 1%、5% 的水平上显著。

比较两种成分，现金流趋势对现金—现金流敏感度的影响更强。说明企业现金持有行为既受货币政策、经济环境的影响，也受经营、突发事件等暂时性因素影响，二者的共同作用导致现金—现金流敏感度不断变化。

（四）民营企业现金—现金流敏感度的非对称性变化

民营企业的现金—现金流敏感度与融资约束密切相关。在经济收缩阶段，民营企业利润率下降，投资机会减少，企业的交易动机减弱。融资约束不明显的企业会倾向于减少现金持有；融资约束强的企业，债务压力上升，企业将非流动性资产转化为现金的预防动机增强。在经济扩张阶段，企业持有现金的交易动机强于预防动机。受乐观预期驱动，企业的现金持有行为相对趋同。以上分析表明，融资约束程度对民营企业现金流敏感度的影响可能非对称。

1. 基于企业规模视角的分析

中小民营企业面临的融资约束最为严重。首先，企业规模较小，缺乏足够的资产作为抵押物从银行贷款，也不易得到重点扶持（罗党论和刘璐，2010），因此其现金流敏感度更突出。基于民营经济发展的现实，将企业规模作为筛选融资约束的属性有较强合理性。本章利用资产总额的自然对数作为规模代理指标，以其中位数作为分割阈值，将民营企业分为融资约束组和无约束组，分别使用固定效应面板模型估计现金—现金流敏感度，分析非对称性变化，结果如表5.32所示。

表5.32　　　　　　按企业规模分类的现金—现金流敏感度估计

时期	企业规模	cf 敏感度	cftrend 敏感度	cfcycle 敏感度
p1 （2006~2011年）	小	0.3200 *** (0.1156)	0.4651 *** (0.1811)	0.3429 *** (0.1650)
	大	0.1256 *** (0.0130)	0.1309 (0.1298)	0.1683 * (0.0956)
	差值	0.1944	0.3342	0.1746
p2 （2012~2019年）	小	0.1963 *** (0.0395)	0.2238 *** (0.0561)	0.1426 *** (0.0468)
	大	0.1311 *** (0.0342)	0.1592 *** (0.0439)	0.1194 *** (0.0418)
	差值	0.0652	0.0646	0.0232

时期	企业规模	cf 敏感度	cftrend 敏感度	cfcycle 敏感度
全部 （2006～2019 年）	小	0.1914 *** (0.0364)	0.2235 *** (0.0508)	0.1599 *** (0.0436)
	大	0.1257 *** (0.0297)	0.2148 *** (0.0375)	0.1446 *** (0.0358)
	差值	0.0657	0.0087	0.0153

注：（ ）内为标准误；***、*分别代表在1%、10%的水平上显著。

由表5.32可知，首先，民营企业规模能衡量融资约束程度。无论是全样本还是子样本估计均显示，规模较小企业的现金—现金流敏感度高于大企业，说明中小民营企业更容易遭受融资约束。结论无论对原始序列还是分解后的序列均成立。其次，小企业的现金—现金流敏感度出现了显著下降，而大企业则没有明显改变。相比p1期，p2期的小企业组敏感度下降了38.66%。小企业组的趋势变动和循环成分的敏感度分别下降了51.88%和50.92%。

2. 营业收入增长的视角

除了用企业规模衡量融资约束程度，营业收入增长也与融资约束关系密切。如果一家企业营业收入增长乏力，投资者会下调企业发展预期。而如果一家企业营业收入持续增长，尽管净利润连续几年为负，投资者也仍会看好。因此，下面利用营业收入增长率作为融资约束的衡量指标，考察企业现金流敏感度的非对称性变化。模型的估计结果如表5.33所示。

表 5.33　　　　按营业收入增长分类的现金—现金流敏感度非对称变化

时期	营业收入增长率	现金流敏感度	趋势项敏感度	循环项敏感度
p1 （2006～2011 年）	低	0.2010 ** (0.0801)	0.1735 (0.1492)	0.2627 ** (0.1037)
	高	0.1256 * (0.0756)	0.1309 (0.1298)	0.1683 * (0.0956)
	差值	0.0754	0.0426	0.0944
p2 （2012～2019 年）	低	0.1963 *** (0.0395)	0.2238 *** (0.0561)	0.1426 *** (0.0468)
	高	0.0546 (0.0516)	0.0985 *** (0.0706)	0.1212 ** (0.0627)
	差值	0.1417	0.1253	0.0214

续表

时期	营业收入增长率	现金流敏感度	趋势项敏感度	循环项敏感度
全部 （2006～2019 年）	低	0.1250 *** （0.0325）	0.1229 *** （0.0477）	0.1341 *** （0.0357）
	高	0.0908 ** （0.0444）	0.1849 *** （0.0564）	0.1413 *** （0.0358）
	差值	0.0342	－ 0.062	－ 0.0072

注：（ ）内为标准误；*** 、** 和 * 分别代表在 1% 、5% 和 10% 的水平上显著。

在全样本期内，低营业收入增长率组民营企业的现金—现金流敏感度高于高营业收入增长率组。对现金流实施 BN 分解后，低营业收入增长率组的现金流趋势敏感度和循环变动敏感度反而高于高营业收入增长率组。低营业收入增长率组会面临更强的融资约束，因而现金流敏感度更高。在两个子时期，低营业收入增长率组的敏感度也高于高营业收入增长率组。

3. 企业债务压力的视角

从企业财务杠杆的角度，选择以资产负债率指标划分高负债率组和低负债率组，分析财务压力对现金—现金流敏感度的影响。

由表 5.34 可知，资产负债率表征企业融资约束的结果不一致。对于全样本，现金流敏感度为正，低负债率组的敏感度更高，但子时期 p1 和 p2 结果不同；高负债率组的现金流敏感度更高，而循环敏感度则相反。

表 5.34　　　　　　　按财务杠杆分类的现金—现金流敏感度估计

时期	财务杠杆	现金流敏感度	趋势敏感度	循环敏感度
p1 （2006～2011 年）	低	0.1598 （0.1392）	－ 0.1115 （0.2064）	0.3735 ** （0.1602）
	高	0.1256 * （0.0757）	0.1309 （0.1298）	0.1683 * （0.0956）
	差值	0.0342	－ 0.2424	0.2052
p2 （2012～2019 年）	低	0.1794 *** （0.0450）	0.1821 *** （0.0595）	0.1696 *** （0.0512）
	高	0.2113 *** （0.0335）	0.1902 *** （0.0335）	0.0091 *** （0.0026）
	差值	－ 0.0319	－ 0.0081	0.1605

时期	财务杠杆	现金流敏感度	趋势敏感度	循环敏感度
全部 (2006～2019年)	低	0.1960 *** (0.0410)	0.1770 *** (0.0548)	0.2052 *** (0.0488)
	高	0.1756 *** (0.0276)	0.2448 *** (0.0377)	0.1417 *** (0.0343)
	差值	0.0204	-0.0678	0.0635

注：( ) 内为标准误；*** 、** 和 * 分别代表在 1% 、5% 和 10% 的水平上显著。

4. 现金—现金流敏感度的替代估计

在替代估计中，先使用只包含现金流解释变量的基准模型；然后借鉴阿尔梅达等（almeida et al, 2004），添加控制变量①。每种模型同时使用原序列和 BN 分解序列，这些简化模型如下：

$$dcash_{it} = \alpha + \beta cf_{it} + \gamma size_{it} + \varphi growth_{it} + \kappa dnwc_{it} + \lambda dsd_{it} + \xi_{it} capex + \varepsilon_{it}$$

$$dcash_{it} = \alpha + \beta^{trend} cf_{it}^{trend} + \beta^{cycle} cf_{it}^{cycle} + \gamma size_{it} + \varphi growth_{it} + \kappa dnwc_{it}$$
$$+ \lambda dsd_{it} + \xi_{it} capex + \varepsilon_{it} \tag{5.11}$$

上述替代模型的估计结果如表 5.35 所示。

表 5.35　　　　　　　　　　　替代模型的估计结果

变量	(5.3.7) I	(5.3.7) II	(5.3.7) III	(5.3.8) I	(5.3.8) II	(5.3.8) III
cf	0.2546 *** (0.0243)	0.3324 *** (0.0712)	0.2411 *** (0.0293)	—	—	—
$cftrend$	—	—	—	0.300 *** (0.0318)	0.4080 *** (0.1043)	0.2937 *** (0.0388)
$cfcycle$	—	—	—	0.1991 *** (0.0292)	0.3218 *** (0.0743)	0.1826 *** (0.0340)
$size$	0.0103 *** (0.0027)	0.0573 *** (0.0094)	0.0101 ** (0.0045)	0.0063 ** (0.0028)	0.0367 *** (0.0090)	0.0097 ** (0.0048)

---

① Almeida H, Campello M, Weisbach M S. The cash flow sensitivity of cash [J]. The Journal of Finance, 2004, 59 (4)：1777 - 1804.

续表

变量	(5.3.7) I	(5.3.7) II	(5.3.7) III	(5.3.8) I	(5.3.8) II	(5.3.8) III
growth	0.0087 ***	0.0031	0.0085 ***	0.0108 ***	0.0079	0.0093 **
	(0.0033)	(0.0069)	(0.0043)	(0.0034)	(0.0067)	(0.0044)
dnwc	−0.1406 ***	−0.2292 ***	−0.1509 ***	−0.1298 ***	−0.1818 ***	−0.151 ***
	(0.0098)	(0.0302)	(0.0121)	(0.0101)	(0.0300)	(0.0123)
dsd	0.0169 ***	0.0011	0.0153 ***	0.0251 ***	0.0390 ***	0.0161 ***
	(0.0050)	(0.0126)	(0.0056)	(0.0050)	(0.0114)	(0.0059)
capex	−0.3665 ***	−0.3944 ***	−0.3354 ***	−0.2762 ***	−0.3059 ***	−0.3188 ***
	(0.0308)	(0.0580)	(0.0371)	(0.0301)	(0.0618)	(0.0392)
_cons	−0.2118 ***	−1.2092 ***	−0.2236 ***	−0.1170 **	−0.7941 ***	−0.1930 *
	(0.0583)	(0.1981)	(0.1026)	(0.0597)	(0.1925)	(0.1057)
时间/行业固定效应	是	是	是	是	是	是
N	8968	2754	6214	7937	1956	5981
R^2	0.1171	0.1106	0.1181	0.1081	0.1269	0.1110
数据集	全样本	时期 I	时期 II	全样本	时期 I	时期 II

注：（ ）内为标准误；*** 、** 和 * 分别代表在1%、5%和10%的水平上显著。

估计结果表明，民营企业具有正的现金—现金流敏感度，趋势项和循环项的敏感度也为正。现金—现金流敏感度在两个时期是下降的。趋势项和循环项敏感度都呈现显著的下降趋势，趋势项敏感度高于循环项。

本章小结

本章测度民营企业的流动性并分析其风险，主要工作及结果如下所述。

（1）民营企业流动性单指标评价结果不稳健。分别利用营运资金比率、流动负债权益比率测度发现，民营企业的流动性水平存在行业异质性。教育服务是流动性风险突出的行业。Spearman 秩相关检验发现，单指标评价得到的行业流动性水平排序一致性不强，单变量评价并不稳健。

（2）流动性风险多指标评价更合理。利用主成分 TOPSIS 方法测算，民营企业流动性无论从截面还是纵向都变化明显。2017～2019 年的总体流动性在下降。教育服务依然是风险较高的行业。

（3）民营企业的长期和短期现金流敏感度不同。首先，中国民营上市企业的现金流敏感度为正。其次，企业规模是区分民营企业融资约束的灵敏性指标。小企业的现金—现金流敏感度比大企业更显著。最后，现金流趋势项和循环项也存在正的现金—现金流敏感度，趋势项的敏感度高于循环项。现金—现金流敏感度可作为监测预警民营企业流动性风险的指标之一。

第六章

困境民营企业的识别预警分析

要降低防范民营企业流动性风险的成本，早期预警要优于纾困救助。本章选取 2015～2020 年的上市民营企业样本，利用混合模型 EM 聚类法识别流动性困境企业，构建民营"僵尸企业"风险监测预警体系，引入集成算法进行预警。

第一节　民营企业流动性困境的识别预警分析

一、流动性困境民营企业识别 EM 聚类分析

（一）农、林、牧、渔业流动性 EM 聚类示例

第五章构建了民营企业流动性风险的综合评价指标体系，然后使用加权主成分 TOPSIS 方法进行评价。但利用流动性值并不能直接识别流动性困境企业，因为流动性水平与行业类型有关。本章利用第四章提出的用 EM 聚类识别流动性困境企业的思路开展分析，算法假定民营企业数据由多个统计过程产生，每个分布对应一个流动性企业簇①。

---

① Kun Li, Liang Yuan, Yunquan Zhang, Gongwei Chen. An accurate and efficient large-scale regression method through best friend clustering [J]. IEEE Transactions on Parallel and Distributed Systems, 2022, 33 (11): 3129 – 3140.

利用2019年综合评价值进行聚类分析。先把1509家民营企业按照国民经济行业分类（GB/T 4754—2017）划分，然后在不同行业内聚类。所有民营企业样本流动性得分的均值为0，中位数为－0.1247，标准差为0.4444。这里先以农、林、牧、渔业为例（行业分类号A）展示EM聚类分析。该行业的民营上市公司有14家，如表6.1所示。

表6.1　　　　　　　　2019年农、林、牧、渔业上市企业流动性得分

公司代码	流动性得分	公司代码	流动性得分	公司代码	流动性得分
A_1	－ 0.29	A_6	0.09	A_{11}	－ 0.25
A_2	－ 0.27	A_7	－ 0.06	A_{12}	－ 0.21
A_3	－ 0.15	A_8	－ 0.04	A_{13}	0.70
A_4	－ 0.13	A_9	0.85	A_{14}	0.07
A_5	－ 0.27	A_{10}	－ 0.18	—	—

从14家企业的流动性得分看，A_1的流动性得分最低，而A_9的流动性得分最高。使用EM聚类，将14家企业的流动性划分为低、中、高三个类别，分别用1、2和3进行标记，结果如表6.2所示。

表6.2　　　　　　　　　农、林、牧、渔业企业聚类结果

公司代码	聚类	概率	公司代码	聚类	概率	公司代码	聚类	概率
A_1	1	1.00	A_6	2	1.00	A_{11}	1	1.00
A_2	1	1.00	A_7	2	0.77	A_{12}	1	1.00
A_3	1	0.97	A_8	2	0.90	A_{13}	3	1.00
A_4	1	0.91	A_9	3	1.00	A_{14}	2	1.00
A_5	1	1.00	A_{10}	1	0.99	—	—	—

注：隶属概率这里仅报告了属于1、2和3三类概率中的最大值。

分析发现A_9和A_{13}两家公司的流动性最高，而A_1、A_2、A_3、A_4、A_5、A_{10}、A_{11}以及A_{12}的流动性风险较突出。该行业企业属于每个类的混合概率分别是0.5857、0.2714和0.1429。三个流动性簇的均值分别为－0.2133、0.0156和0.775。多数企业的流动性明显低于正常值，有陷入流动性困境的风险，应加强对该类企业的监测。

　　图6.1的密度图有三个尖峰，分别表示三个子总体，样本企业的流动性处于区间 [-0.29, 0.85] 内，行业内企业的流动性存在明显分化①。少数行业头部企业保持了较好的流动性，而低流动性企业存在明显的流动性风险。图 6.2 中 E 和 V 分别对应于子总体等方差和不等方差两种情形。

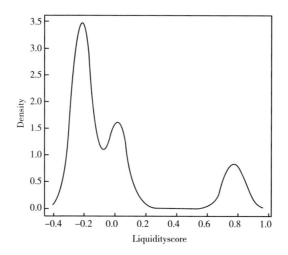

图 6.1　流动性得分 EM 聚类密度

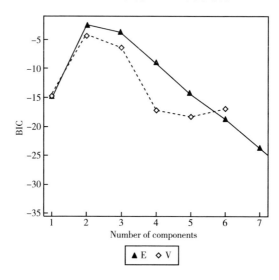

图 6.2　BIC 的变动

---

　　①　图6.1密度函数曲线的三个尖峰分别对应三个不同的风险类别。簇个数是提前设置的，如果划分更多类，可得到更细致的风险等级簇估计。

（二）各行业民营企业流动性的 EM 聚类

依照上述思路，分行业实施流动性聚类分析，聚类结果汇总于表 6.3 中。

表 6.3　　　　　　　　　　　分行业的 EM 聚类结果

代码	数量	总均值	区间	低均值	低概率（%）	中均值	高均值	方差
A	14	-0.01	[-0.29, 0.85]	-0.2133	58.57	0.0156	0.7750	0.0045
B	20	-0.06	[-0.3, 0.63]	-0.1264	26.65	-0.1234	0.4986	0.0168
C	1095	0.003	[-0.68, 4.87]	-0.1685	67.60	0.1997	1.6176	0.0092
D	17	0.23	[-0.25, 2.49]	-0.1860	34.38	0.1296	1.9149	0.0033
E	25	-0.01	[-0.3, 0.42]	-0.1819	45.78	-0.0121	0.2886	0.0058
F	40	-0.02	[-0.4, 2.47]	-0.0815	46.78	-0.0815	2.47	0.0484
G	20	-0.02	[-0.34, 0.64]	-0.2132	60.22	0.0721	0.6033	0.0076
I	136	-0.06	[-2.66, 1.31]	-0.0993	29.04	-0.0514	-0.0266	0.1378
K	34	0.04	[-0.29, 0.85]	-0.2100	39.39	-0.0444	0.8990	0.0025
L	19	-0.06	[-0.37, 0.56]	-0.2274	35.26	-0.0695	0.5450	0.0002
M	33	0.10	[-0.39, 2.75]	-0.0807	82.18	0.4162	1.8236	0.0303
N	21	0.07	[-0.32, 1.36]	-0.2524	47.02	0.0477	0.6617	0.0028
P	4	-0.065	[-0.26, 0.05]	-0.2600	25.00	-0.0250	0.0500	0.0001
Q	5	-0.012	[-0.21, 0.28]	-0.2094	20.11	-0.0432	0.2800	0.0011
R	16	-0.05	[-0.27, 0.35]	-0.1770	24.21	-0.1767	0.1674	0.0058
S	8	-0.14	[-0.34, 0.27]	-0.2337	72.92	-0.0487	0.2700	0.0032

注：因为行业 H 和 O 的企业数太少，因此没有参与聚类分析。

根据 EM 聚类结果，可得以下结论。

1. 各行业的流动性水平存在差异

不同的行业由于经营特点、非流动性资产和周转周期的差异，导致正常经营需要保持的流动性水平明显不同。直接比较发现，电力、热力、燃气及水的生产和供应业，科学研究和技术服务业，水利、环境和公共设施管理业的流动性较高，而综合行业的流动性水平最低。例如，房地产业是典型的资金密集型行业，从流动资产与流动负债两端需要保持较高的流动性，而其他行业则不一定。

2. 行业内企业的流动性明显分化

科学研究和技术服务业、综合行业、制造业的低流动性簇占比较高，而卫生和社会工作业，文化、体育和娱乐业、教育业和采矿业的低流动性簇占比较低。科学研究和技术服务业的低流动性簇占比达到 80% 以上，卫生和社会工作则大约占比 20%。同时，低流动性簇占比与行业流动性风险并不能划等号，因为簇分布特征会影响聚类结果。例如，教育行业流动性的方差很小，且流动性水平较低。因此，管控民营企业流动性风险不仅要监测企业与总体水平的差异，还需要考察企业在其行业内的相对位置。

二、混合模型 EM 聚类流动性困境预警

（一）民营企业流动性困境预警思路

利用 EM 算法的聚类分析结果，能够获得民营企业分行业的低流动性簇，从而提供识别信号。正式实施预警分析，应把识别步骤转化为预警流程，需要对各等级划定预警阈值，研究采用如下步骤。

步骤 1：测度企业流动性水平。

利用主成分 TOPSIS 法计算每一家民营企业的流动性 L_f，然后加权测算行业流动性 $\overline{HL}$ 和总流动性 $\overline{TL}$。

步骤 2：基于流动性实施 EM 算法聚类，识别流动性风险企业。

对每一行业内的企业，利用 EM 算法实施聚类。按照低流动性簇、中流动性簇和高流动性簇的设定，计算每家企业属于每个簇的概率。按照概率大小划分企业，从而得到聚类结果。高流动性簇内是流动性优良的企业，中流动性簇包含流动性正常企业，而低流动性簇则是怀疑陷入困境的企业。

步骤 3：预警流动性困境企业。

设置置信度 $1-\alpha$，低流动性簇中的流动性均值 $\overline{LL}$，计算得到置信度 $1-\alpha$ 的左侧临界值 $\overline{LL} - Z_{\frac{\alpha}{2}} \frac{\sigma}{\sqrt{n}}$。如果企业流动性值 $L_f < \overline{LL} - Z_{\frac{\alpha}{2}} \frac{\sigma}{\sqrt{n}}$，那么判断该企业陷入流动性困境，而如果 $L_f \geqslant \overline{LL} - Z_{\frac{\alpha}{2}} \frac{\sigma}{\sqrt{n}}$，则认为企业只是一般风险。

步骤 4：对不同行业流动性风险的预警处理。

如果 $\overline{HL} < \overline{TL}$，则认为该行业为高风险；而如果 $\overline{HL} > \overline{TL}$，则认为该行业为低

风险。可采用不同标准推断流动性困境企业。例如，对高流动性风险行业，采用低流动性簇单侧10%的标准；而对于低风险行业，可采用单侧5%的标准①。

（二）民营企业流动性困境预警示例

仍以农、林、牧、渔业为例，阐述预警过程。首先，比较该行业的流动性水平与总体均值发现，其流动性水平略低于总体均值，因此认为其属于高流动性风险行业，从而采用低流动性簇单侧10%的标准。计算得到：

$$\overline{LL} - Z_{\frac{\alpha}{2}}\frac{\sigma}{\sqrt{n}} = -0.2133 - 1.2816 \times 0.0671 / \sqrt{8} = -0.2437$$

以此为界，判断 A_1、A_2、A_5 和 A_{11} 4 家企业有陷入流动性困境的风险。假如其属于低流动性风险行业，那么采用低流动性簇单侧5%的标准，计算发现：

$$\overline{LL} - Z_{\frac{\alpha}{2}}\frac{\sigma}{\sqrt{n}} = -0.2133 - 1.6449 \times 0.0671 / \sqrt{8} = -0.2523$$

以此为界，怀疑 A_1、A_2、A_5 3 家企业陷入流动性困境。分析发现 A_9 和 A_{13} 的流动性风险较低。聚类得到的 8 家低流动性企业中，至少有 3 家企业的风险程度较高。即使在低流动性簇中，上述企业的流动性依然较低，因此怀疑其已陷入流动性困境。

按照相似的判断标准和步骤，对所有企业实施 EM 聚类，从而产生流动性困境企业的预警名单。至于这里使用的5%和10%的标准，有一定的主观性。在实际应用中，需要对历史数据反复验证，最终确定合理标准。

第二节　民营"僵尸企业"的识别、影响及预警

一、从流动性风险到"僵尸企业"

严重缺乏流动性的企业难以偿付预期和非预期债务，容易陷入流动性困境。财务困境的持续会导致一些企业破产和退出市场，但是还有一些企业由于获得外部补贴而勉强存活，这就是"僵尸企业"。"僵尸企业"无效占用经济资源，扰

---

① 实际推广使用时，置信区间推断需要根据实际企业数据进一步验证，现仅为初步设定标准。

乱正常的市场秩序，向债权人和担保企业传染风险，严重制约经济的高质量发展，因此对其的监测和处置历来为政府所重视（Martín-García R and Morán Santor J，2021）。受新冠疫情的冲击，我国一些民营企业的正常经营面临挑战。那么外生冲击是否加剧了民营企业的僵尸化风险？回答该问题，对于制定实施防范处置疫情冲击下的民营企业支持政策有积极的现实意义。

二、民营"僵尸企业"问题及相关研究

根据巴列罗等（Ccballero et al，2008）的定义，"僵尸企业"是指本身资不抵债，丧失了流动性，只是依靠政府补贴和银行"常青贷款"得以维持生存而没有被破产清算的无效率企业。国内外研究表明，"僵尸企业"会严重影响经济的健康运行，包括降低行业生产率（McGowan M A et al，2018），加剧产能过剩（申广军，2016），影响公司的信息披露质量（Lin Y P，2011），挤占正常企业的金融资源（谭语嫣等，2017）等。由于其巨大的危害性，处置"僵尸企业"的工作被各国政府高度重视，也是中国深化供给侧改革的重点工作之一，其中，由于国有企业存在预算软约束，如何处置国有"僵尸企业"又成为关注焦点，而对于"融资难、融资贵"的民营企业，其"僵尸企业"问题则容易被忽视（王志锋和谭昕，2021）。但经方明月等（2018）对中国工业企业的测算，发现2000~2013年，中小民营"僵尸企业"在全部"僵尸企业"中的占比达到77%，历年来的平均比例也高达58%。这说明，民营经济中"僵尸企业"数量众多，已严重制约中国经济的转型升级，需要高度重视。在2018年底，国家发展改革委等11部门联合发布《关于进一步做好"僵尸企业"及去产能企业债务处置工作的通知》，提出原则上在2020年底前完成"僵尸企业"出清工作，并已取得重大阶段性成效[①]。

2019年底突如其来的新冠疫情又为处置工作带来了巨大挑战。在疫情冲击下，部分民营企业陷入流动性枯竭的困境，极可能逐渐演变为"僵尸企业"。不仅中国，在很多西方发达国家也出现了类似险情。德国慕尼黑经济研究所向120位经济学家调查了疫情下的"僵尸企业"问题。有86%的被访者认为，疫情发生以来"僵尸企业"数量显著上升，一些原本经营不善的企业继续存续，原因包括：企业破产申报流程延迟甚至停滞；政府延长了短时工作补贴政策的实施期

---

① 孙文浩，张杰，康茜. 减税有利于高新技术"僵尸企业"的创新吗？[J]. 统计研究，2021（6）.

限；政府和金融机构对企业贷款实施担保等。据安格斯·格鲁姆（Angus Groom，2020）分析，新冠疫情发生后，很多英国企业陷入困境，其存续不得不依靠发新债或政府救济，但杠杆率飙升极易导致企业僵尸化。截至 2020 年 8 月，英国"僵尸企业"的占比已达到 21%（Groom A，2020）。瑞安·巴纳吉和鲍里斯·霍夫曼（Ryan Banerjee and Boris Hofmann，2020）对 14 个发达经济体的研究也发现，生存能力差的企业即使利用政府贷款从僵尸化状态中恢复，其再次僵尸化的风险也很高。相比西方国家，中国在走出疫情方面表现优异，但深入考察疫情冲击下的民营企业出现僵尸化风险变化及其影响，仍是迫切需要的。

回顾与本书相关的文献，主要包括两条路径。一是"僵尸企业"的界定和识别研究。"僵尸企业"一词最早由凯恩（Kane，1987）提出，其背景是在 20 世纪 90 年代，日本资产价格泡沫破灭，而诸多大而不倒"僵尸企业"的存在被认为是日本经济陷入长期停滞的重要原因（Ahearne A G and Shinada N，2005；Kawai M and Morgan P，2013）。在 2008 年金融危机爆发后，"僵尸企业"的再次盛行又引发了学者的关注（余典范等，2020）。要分析"僵尸企业"，首先要能够对其进行识别。最早的识别方法是由卡巴莱罗等（2008）提出的 CHK 标准法，即如果企业支付债务的实际利率低于市场最优利率，则判定其为依赖银行补贴贷款存续的"僵尸企业"。此后福田等（Fukuda et al，2011）以 CHK 标准法为基础引入"盈利标准"和"常青标准"，改进为 FN-CHK 标准法。尽管该方法能弥补 CHK 标准可能造成的误判，但仅用一年的盈亏数据判断也并不准确。今井（Imai，2016）和朱舜楠等（2016）将界定盈亏标准的时间延长以提高识别的稳定性。聂辉华等（2016）将识别时期扩大至 2 年，即如果企业在当年和前一年都被 FN-CHK 方法识别为"僵尸企业"，那么该企业则为"僵尸企业"。在此基础上，朱鹤等（2016）又引入政府部门因素并提出了 3 个多条件识别方法，依次为考虑高负债、实际亏损和增加借款的过度借贷法、排除短期性因素对企业存在影响的连续亏损法与同时考虑"僵尸企业"成因和后果的综合法。乌里翁那巴雷尼亚（Urionabarrenetxea，2018）提出了"EZindex"指数法，并利用西班牙数据从严重性、传染性、恢复迹象和即时性四个维度识别"僵尸企业"。

二是"僵尸企业"的形成机制及影响研究。奥卡穆拉（Okamura，2011）和雅斯科夫斯基（Jaskowski，2015）研究发现，银行为了降低坏账准备并能持续从"僵尸企业"中获取利息收益，会与企业合谋增加信贷供给。刘奎甫等（2016）在对国外"僵尸企业"文献进行全面梳理后，认为"僵尸企业"形成的关键因素是银行掩盖坏账损失的不良动机、政府的监管宽松及失调的银企关系，推动性因素包括长期低利率政策、不当的救助计划等。张晓慧等（2020）从供给侧视角下研究发现，低利率货币政策会阻碍"僵尸企业"出清，导致"僵尸企业"占比增加。聂辉华等（2016）认为，国有企业出现僵尸状态主要因为政企关系不当，地方政府间、国企间恶性竞争，外部需求冲击和银行信贷歧视。对于部分民营企业为什么不能靠市场手段迅速出清却演变为"僵尸企业"的问题，方明月等（2018）认为，担保链条和风险传染是核心原因。中小民营企业普遍"硬权力"小而不得不依靠"软权力"合作生存发展，即普遍用互联互保策略增信来获取银行信贷支持。如果一家企业陷入财务困境，那么关联企业会提供资金或担保，这种机制在增强抗风险能力的同时，也为金融风险的传染提供了渠道。地方政府为了防风险、稳就业和保民生，对实施破产清算存在畏难情绪，银行也担心坏账率上升，因此一些民营企业被拖成了"僵尸"。"僵尸企业"的存在会阻碍当地健康企业的投融资机会，并抬升用工成本，从而又导致更多的"僵尸企业"出现[①]。从微观层面，程虹（2016）发现，"僵尸企业"扭曲了创造性破坏进程，会引发企业创新资源错配。以上文献关注了"僵尸企业"的很多问题，但针对新冠疫情背景和民营企业对象的研究却较为稀缺，这不利于疫情冲击背景下企业风险的防控。

本节可能的边际贡献如下：第一，聚焦疫情冲击下的民营"僵尸企业"考察，丰富了该领域的研究。第二，提出了疫情冲击导致民营企业僵尸化风险上升的警示，并揭示了僵尸化对民营企业现金持有、长期负债和研发等方面的影响。

三、民营"僵尸企业"的识别分析

（一）数据说明和变量设定

研究数据取自 CSMAR 民营上市公司数据库，时间区间为 2015～2020 年，频率为年度数据。经手工整理，得到 10716 条数据的非平衡面板。在表 6.4 中列出了研究涉及的核心变量及其含义。

计算企业样本核心指标的描述统计量，结果列于表 6.5 中。可以发现，样本企业资产负债率的平均水平是 47%，平均上市年限是 9.17 年，资产收益率的均

[①] 2011 年后，在江浙地区出现民营企业担保链、资金链断裂的风险，即"两链风险"。

值为 3%，对外担保余额占净资产的比例平均为 39%。按照是否属于疫情期划分，有 36%的样本数据位于疫情期内。按所属行业划分，制造业企业属于主体多数，占比约为 69%。从公司治理看，公司两职合一的占比为 72%。有 54%的企业注册地是副省级城市、省会（首府）城市或直辖市。

表6.4　　　　　　　　　　　　**变量名称及含义**

变量名称	变量符号	指标含义
"僵尸企业"	zombie	"僵尸企业" zombie = 1，正常企业 zombie = 0
疫情期	covid	疫情期 2019 年及以后，covid = 1；非疫情期 2019 年以前，covid = 0
资产负债率	zcfzl	负债合计/资产总计×100%
企业规模	asset	总资产的自然对数
上市年限	age	会计年度 − 上市年度
资产收益率	roa	净利润/股东权益平均余额
担保比例	guar	担保总额/净资产总额×100%
所属行业	industry	制造业企业 industry = 1，非制造业企业 industry = 0
两职合一	dual	控制人是否担任董事长或总经理，是 dual = 1，否 dual = 0
城市层级	city	副省级城市、省会和直辖市 city = 1，普通地级市 city = 0
行业分组	group	第 1 组企业 group = 0，第 2 组企业 group = 1
研发投入	rd	研发投入/营业总收入×100%
现金持有比例	cashhold	现金及现金等价物余额/总资产×100%
长期偿债能力	ldebt	长期负债合计/资产总计×100%
流动比率	ldbl	流动资产/流动负债×100%
企业规模	lnsize	企业员工人数的自然对数

表6.5　　　　　　　　　　　　**企业变量的描述性统计**

变量	观测数	均值	标准差	最小值	最大值
资产负债率	10716	0.47	1.79	0.01	178.35
企业规模	10716	22.11	1.16	15.98	27.01
上市年限	10716	9.17	7.25	−4	30
资产收益率	10716	0.03	0.51	−29.29	8.15
担保比例	10716	0.39	6.36	−38.53	623.52
疫情期	10716	0.36	0.48	0	1
所属行业	10716	0.69	0.46	0	1
两职合一	10716	0.72	0.45	0	1
城市层级	10716	0.54	0.50	0	1

注：当民营企业的统计数据在上市年度以前时，上市的时限计算为负值。

（二）"僵尸企业"的数量特征的变动分析

借鉴朱鹤等（2016）的研究，使用过度借贷方法识别"僵尸企业"。该方法的识别标准同时包括以下三条：第一，企业会计年度的资产负债率高于50%；第二，企业本年度的实际利润为负值；第三，企业本年度的负债合计高于上一个会计年度。基于过度借贷法逐家识别每一家企业在某年度是否处于僵尸状态，结果列于表6.6中。

表6.6 民营上市"僵尸企业"的数量变动特征

时期		企业数（家）	"僵尸企业"数（家）	"僵尸企业"占比（%）	占比降序	GDP增速（%）	增速升序
疫情前	2015年	1808	97	5.37	4	7.04	6
	2016年	2051	80	3.90	6	6.85	4
	2017年	2378	101	4.25	5	6.95	5
	2018年	2444	145	5.93	3	6.75	3
疫情期间	2019年	2595	182	7.01	2	5.95	2
	2020年	2831	255	9.01	1	2.3	1
合计		14121	860	6.09	—	—	—

资料来源：笔者计算和整理得到。

根据测算结果，发现民营"僵尸企业"的数量出现如下特征。

一方面，部分上市民营企业处于僵尸状态，疫情暴发后该风险进一步上升。根据测算结果，在2015～2020年，上市民营"僵尸企业"的平均占比为6.09%。鉴于非上市民营企业的经营状况普遍弱于上市公司，其融资约束程度也更强，因此不难推断，该问题应会更严重。测算还显示，疫情暴发成为企业僵尸化风险的一个重要节点。在2015～2018年，上市民营"僵尸企业"的平均占比为4.86%，而2019年和2020年的平均占比则为8.01%，并且2020年的比例又明显高于2019年（$P < 0.01$）。表明自从2019年底国内疫情暴发后，一些经营韧性不足的企业陷入了流动性困境，"僵尸企业"的数量激增。另一方面，"僵尸企业"风险和宏观经济运行状况密切相关。在经济形势较好时，民营上市公司中的"僵尸企业"占比较低，而在经济增速下滑时，"僵尸企业"占比会明显上升[①]。这种特征无论对绝对数量还是相对比率都存在（$P < 0.1$）。

[①] 陈彦斌，刘哲希，陈伟泽. 经济增速放缓下的资产泡沫研究——基于含有高债务特征的动态一般均衡模型 [J]. 经济研究，2018（10）.

（三）"僵尸企业"的行业特征变动分析

考察民营企业僵尸状态的分行业特征及变化。选择疫情前的 2018 年和疫情期间的 2020 年两个时点，分别测算并对比。由于不同行业的民营企业数量差异很大，因此直接使用绝对数或比例比较行业风险并不合理。本书构建了行业"僵尸企业"发生强度指标以剔除行业规模的影响，计算公式如下：

$$"僵尸企业"行业发生强度 = "僵尸企业"行业占比/行业企业数量占比$$

$$(6.1)$$

1. 疫情前的"僵尸企业"行业分布测算

首先，根据证监会的企业行业分类统计标准，测算 2018 年上市民营"僵尸企业"的行业分布特征，结果如表 6.7 所示。

表 6.7　　　　　　　　2018 年民营"僵尸企业"行业分布特征

行业代码	行业	企业数（家）	企业数占比（%）	"僵尸企业"数（家）	"僵尸企业"占比（%）	发生强度
A	农林牧渔业	28	1.15	3	2.07	1.8
B	采掘业	34	1.39	3	2.07	1.49
C	制造业	1708	69.89	96	66.21	0.95
D	电力、热力、燃气及水的生产和供应业	32	1.31	5	3.45	2.63
E	建筑业	62	2.54	4	2.76	1.09
F	批发和零售贸易业	86	3.52	5	3.45	0.98
G	交通运输、仓储和邮政	32	1.31	0	0.00	0.00
H	住宿和餐饮业	2	0.08	0	0.00	0.00
I	信息传输、软件和信息技术服务业	213	8.72	12	8.28	0.95
K	房地产业	74	3.03	7	4.83	1.59
L	租赁和商务服务业	37	1.51	2	1.38	0.91
M	专业技术服务业	40	1.64	0	0.00	0.00
N	生态保护和环境治理	36	1.47	2	1.38	0.91

续表

行业代码	行业	企业数（家）	企业数占比（%）	"僵尸企业"数（家）	"僵尸企业"占比（%）	发生强度
O	居民服务、修理和其他服务业	1	0.04	0	0.00	0.00
P	教育	2	0.08	1	0.69	8.63
Q	卫生和社会工作	9	0.37	0	0.00	0.00
R	文化、体育和娱乐业	36	1.47	3	2.07	1.41
S	综合	12	0.49	2	1.38	2.82

注：数据集剔除了金融业民营企业（国民经济行业分类代码J）。

资料来源：笔者计算和整理得到。

从表6.7可知，"僵尸企业"的行业分布非常广泛，但行业分布很不均衡。从行业内企业数量占比看，排名前三的分别是制造业（69.89%），信息传输、软件和信息技术服务业（8.72%）及批发和零售贸易业（3.52%）。从"僵尸企业"占比看，排名前三的分别是制造业（66.21%），信息传输、软件和信息技术服务业（8.28%）及房地产业（4.83%）。制造业是民营上市公司的主体行业，行业内的"僵尸企业"数量最多不足为奇。中央经济工作会议也提出，要坚定不移建设制造强国，加快处置"僵尸企业"，制定退出实施办法①。信息传输、软件和信息技术服务业的企业数量较多，行业有轻资产特征，其资产负债率显著高于其他行业。在培育高新技术企业政策支持下，行业内一些不达标企业通过"高负债"上市，但其财务状况并不稳健。房地产业属于典型的劳动和资金密集型行业，资金周转期较长，杠杆率也比较突出。

利用"僵尸企业"行业发生强度测度发现，教育行业企业的风险强度最高（8.63），其次是综合类行业（2.82）和电力、热力、燃气及水的生产和供应业（2.63）。风险强度较高的行业还有农林牧渔业，房地产业，采掘业，文化、体育和娱乐业。教育行业受"双减"政策、疫情的影响最明显。综合类企业普遍实施多元化经营，一些企业存在盲目扩张、主业模糊、缺乏核心竞争力的问题。农林牧渔业，电力、燃气及水的供应业，房地产业，采掘业属于传统行业，占用资金大、资金链条长，而且属于产业调整的重点行业。

---

① 中华人民共和国工业和信息化部．中央经济工作会议在北京举行，习近平李克强作重要讲话［EB/OL］．https：//www.miit.gov.cn/xwdt/szyw/art/2020/art_aebe136bfe0a432f836ce2c136c39b63.html.

2. 疫情期间的"僵尸企业"行业分布测算

继续测算 2020 年"僵尸企业"行业特征，结果列于表 6.8 中。由结果可知，"僵尸企业"的行业分布呈现广泛非均衡特点。从数量占比看，2020 年排名前三的行业没有变化。考察不同行业的发生强度，住宿和餐饮业风险变得最严重（3.55），接下来是教育（2.79），文化、体育和娱乐业（2.62）。

表 6.8　　　　　　　　　2020 年民营"僵尸企业"行业的分布特征

代码	行业	数量（家）	企业占比（%）	"僵尸企业"数（家）	"僵尸企业"占比（%）	发生强度
A	农林牧渔业	29	1.02	1	0.39	0.38
B	采掘业	35	1.24	8	3.14	2.53
C	制造业	1994	70.43	139	54.51	0.77
D	电力、热力、燃气及水的生产和供应业	36	1.27	3	1.18	0.93
E	建筑业	61	2.15	13	5.10	2.37
F	批发和零售贸易	91	3.21	13	5.10	1.59
G	交通运输、仓储和邮政业	35	1.24	5	1.96	1.58
H	住宿和餐饮业	3	0.11	1	0.39	3.55
I	信息传输、软件和信息技术服务业	272	9.61	25	9.80	1.02
K	房地产业	69	2.44	15	5.88	2.41
L	租赁和商务服务业	46	1.62	9	3.53	2.18
M	专业技术服务业	41	1.45	2	0.78	0.54
N	生态保护和环境治理	50	1.77	7	2.75	1.55
O	居民服务、修理和其他服务业	1	0.04	0	0	0
P	教育	8	0.28	2	0.78	2.79
Q	卫生和社会工作	11	0.39	2	0.78	2
R	文化、体育和娱乐业	34	1.20	8	3.14	2.62
S	综合	12	0.42	2	0.78	1.86

资料来源：笔者计算和整理得到。

3. 疫情前和疫情期间的民营"僵尸企业"行业分布对比

比较 2018 年和 2020 年民营上市公司"僵尸企业"的行业分布特征发现，由于疫情冲击，不同行业"僵尸企业"发生的风险出现了分化。制造业内的"僵尸企业"规模虽然最大，但在疫情期间行业的比重却出现了下降，而信息传输、软件和信息技术服务业，建筑业，批发和零售贸易以及房地产业的发生强度则提升了。"僵尸企业"涉及行业更分散，热点行业也发生了变化。例如，以前建筑业，批发和零售贸易，交通运输、仓储和邮政业，住宿和餐饮业并非重点行业，但在疫情冲击下，这些行业企业的营业收入和净利润大幅下滑，陷入困境的风险大幅增加。

四、疫情冲击对企业僵尸化风险的影响

（一）疫情冲击对企业僵尸化风险的整体性影响

在测算分析基础上，继续构建模型，考察疫情冲击对民营企业出现僵尸化风险的影响。以"僵尸企业"识别结果为被解释变量，纳入资产负债率、总资产对数、上市年限、资产收益率、担保比例、所属行业、两职合一及企业所在城市层级等变量，分析疫情对僵尸化风险的影响。利用豪斯曼检验设定面板模型，检验卡方统计量为 188.16（Prob > chi2 = 0.0000），拒绝随机效应原假设，构建如下形式的 Logit 固定效应面板模型：

$$\Pr(zombie_{i,t} \mid X_{i,t}) = F(\alpha_i + X_{i,t}\beta) = \frac{\exp(\alpha_i + X_{i,t}\beta)}{1 + \exp(\alpha_i + X_{i,t}\beta)} \tag{6.2}$$

模型的估计结果列于表 6.9 中。

表 6.9 **疫情对民营企业僵尸化风险影响的估计**

变量	基准模型	模型 2
covid	0.9515 *** (0.0836)	0.40 * (0.21)
asset	—	2.77 *** (0.29)
age	—	− 0.21 ** (0.07)

续表

变量	基准模型	模型 2
roa	—	−6.72 *** (0.86)
guar	—	−0.002 (0.003)
zcfzl	—	14.34 *** (1.08)
industry	—	−0.29 (0.43)
dual	—	−0.35 (0.25)
city	—	−0.47 (0.61)
N	2992	2535
对数似然比	131.18 (0.000)	779.53 (0.000)

注：括号内为 *t* 检验值，***、**、* 分别代表在 1%、5%、10% 的水平上显著。

估计结果显示，无论基准模型还是全模型，疫情冲击对僵尸风险的影响都显著为正，这表明疫情整体上增大了民营企业僵尸化风险。资产规模越大、资产负债率越高的上市民营企业，其僵尸化风险更高，而资产收益率更好、上市历史更长的企业则风险更低。担保比率、企业治理、所在城市层级和所属行业变量对"僵尸企业"风险的影响则缺乏显著性。

（二）疫情对企业僵尸化风险的异质性影响

1. 异质性影响的模型设定

疫情对企业的负面冲击是不同的。例如，建筑业、旅游、教育等行业受到影响较大，而电商、医药等少数行业受到的冲击小，甚至因疫情而获得发展机会。为检验影响的异质性，构造了双重差分模型。将所有企业按行业分成两组，生成分组变量 *group*。第一组是受疫情冲击小甚至获益行业的企业，记为 0；第二类是受疫情负面冲击较大的行业企业。结果显示，第一组行业包括农林牧渔业，制造业，电力、热力、燃气及水的生产和供应业，居民服务、修理和其他服务业，教育以及综合行业；而第二组行业为采掘业，建筑业，批发和零售贸易，交通运输、仓储和邮政业，住宿和餐饮业，信息传输、软件和信息技术服务业，房地产业，租赁和商务服务业，专业技术服务业，生态保护和环境治理，卫生和社会工作及文化、体育和娱乐业。将第一组企业视为控制组，第二组企业视为处理组，用疫情期虚拟变量 covid 和行业分组变量 group 构成交互项 gd，估计疫情对"僵尸企业"影响的净效应。记控制变量集为 controles，构建的面板 Logit-DID 模型如下：

$$logit(zombie_{it}) = \alpha + \beta_1 gd_{it} + \beta_2 covid_{it} + \beta_3 group_{it} + \gamma controles_{it} + \varepsilon_{it}$$

(6.3)

2. 模型的设定检验

在估计模型前，采用事件研究法检验平行趋势。首先，生成年份虚拟变量。以疫情前 1 期，即 2018 年作为基准期。其次，用年份虚拟变量与处理组虚拟变量生成交互项。检验结果如表 6.10 所示。

表 6.10　　　　　　　　　　双重差分的平行趋势检验

变量	系数	标准误	z 值	$p > |z|$	95% 置信区间
截距项	−6.59	1.02	−6.49	0.00 ***	[−8.58 −4.60]
Act2015	−0.31	0.28	−1.12	0.26	[−0.86 0.23]
Act2016	−0.43	0.29	−1.49	0.14	[−1.008 0.14]
Act2017	−0.52	0.39	−1.33	0.18	[−1.04 −0.002]
Act2019	−0.26	0.14	−1.90	0.06 *	[−0.37 −0.15]
Act2020	0.64	0.21	3.07	0.002 ***	[0.23 1.05]

注：*** 、** 、* 分别代表 z 检验在 1%、5%、10% 的水平上显著。

检验结果显示，疫情前各时期交互项 Act2015、Act2016 和 Act2017 的估计系数不显著，而疫情期间则显著，因此平行趋势检验通过。

3. 模型的估计结果

利用极大似然方法估计模型 3，发现模型在整体上高度显著。由表 6.11 的估计结果可见，剔除时间趋势及其他控制变量的影响，双重差分项的系数为正，表明第二组企业受到疫情的不利影响显著大于第一组。在加入了其他变量控制后，这一差异变得更显著。第一类企业从数量上占据民营企业主体，在冲击下表现出较强的韧性，大多属于"刚需"类型。第二组企业则更容易受到负面冲击影响。

该类企业所属行业多属于满足精神性需求和人员密集行业。在疫情期间，受到居民出行减少的影响更明显。分析结果的含义是，政府部门对"僵尸企业"的监管应分行业进行，重点关注受负面冲击较大的行业。

表 6.11　　　　　　疫情对企业僵尸化风险异质性影响的双重差分估计

变量	基准模型	模型 3
gd	0.40 ** (0.18)	0.89 *** (0.29)
covid	0.80 *** (0.10)	0.13 (0.22)
group	0.27 (0.26)	−0.18 (0.44)
zcfzl	—	14.38 *** (1.09)
asset	—	2.86 *** (0.29)
age	—	−0.21 *** (0.07)
roa	—	−6.92 *** (0.87)
guar	—	−0.002 (0.003)
industry	—	−0.29 (0.43)
dual	—	−0.34 (0.25)
city	—	−0.46 (0.61)
N	2992	2535
对数似然比	138.99 (0.000)	789.08 (0.000)

注：括号内为 *t* 检验值，*** 、** 、* 分别代表在 1% 、5% 、10% 的水平上显著。

五、僵尸化风险对民营企业经营的影响

如果疫情冲击使民营企业的僵尸化风险上升，那么会对其经营产生什么影响？下面将从现金流、长期债务压力和创新活动变化三个角度考察。记"僵尸企业" zombie 与疫情期 covid 的交互项为 zomcov。使用相同的控制变量，并将被解释变量依次分别设定为现金持有比率、长期负债比率和研发投入比例，构建模型 4 ~ 模型 6。

$$Y_{it} = \alpha_0 + \alpha_1 covid_{it} + \alpha_2 zombie_{it} + \alpha_3 zomcov_{it} + \gamma controles + \varepsilon_{it} \qquad (6.4)$$

（一）民营企业僵尸化风险对现金持有的影响

根据模型 4，得到表 6.12 中的估计结果，根据估计结果得到如下结论。

首先，"僵尸企业"的现金持有比率显著低于正常企业，该结论很直观。因为相比正常企业，"僵尸企业"已经丧失了盈利能力，只能依靠借款来支撑流动性。当一家企业成为"僵尸企业"后，只能持有更低的现金流。其次，疫情冲击对所有企业现金持有的平均影响显著为正。由于市场外部环境的不确定性增强，出于预防和持币观望等动机，企业倾向于持有更多的现金流以应对不确定性的资金支出需求。最后，"僵尸企业"和疫情时期的交互效应为正。该结论在 10% 的水平上显著，其现实含义是，疫情时期的"僵尸企业"相比其在非疫情期平均持有更高的现金比率。

表 6.12　　　　　　　　　　僵尸化风险对现金持有的影响估计

变量	基准模型	无交互模型	模型 4
zomcov	—	—	1.24 * (0.65)
zombie	- 2.45 *** (0.33)	- 0.46 (0.35)	- 1.09 ** (0.48)
covid	—	0.76 *** (0.27)	0.68 ** (0.27)
asset	—	- 0.59 ** (0.25)	- 0.55 ** (0.25)

续表

变量	基准模型	无交互模型	模型4
age	—	−0.85 *** (0.09)	−0.86 *** (0.09)
roa	—	10.56 *** (1.20)	10.53 *** (1.20)
guar	—	−0.02 *** (0.004)	−0.018 *** (0.004)
dual	—	−0.19 (0.32)	−0.19 (0.32)
city	—	−0.64 (0.72)	−0.62 (0.72)
_cons	13.94 *** (0.08)	34.53 *** (5.21)	33.85 *** (5.22)
N	10716	10194	10194
F	53.67 *** (0.000)	67.17 *** (0.000)	60.13 *** (0.000)

注：括号内为 *t* 检验值，***、**、* 分别代表在1%、5%、10%的水平上显著。

（二）疫情期间民营企业僵尸化风险对长期债务压力的影响

用长期负债与总资产占比刻画长期债务压力，基于模型5，分析民营企业僵尸状态对其长期债务压力的影响，获得表6.13中的估计结果。

表6.13　　　　　　　　僵尸化风险对长期债务压力的影响估计

变量	基准模型	无交互模型	模型5
zomcov	—	—	−0.65 (0.45)
zombie	4.56 *** (0.68)	1.74 *** (0.25)	2.07 *** (0.34)
covid	—	0.09 (0.19)	0.14 (0.19)

变量	基准模型	无交互模型	模型5
asset	—	2.99 *** (0.17)	2.97 *** (0.18)
age	—	− 0.05 (0.06)	− 0.04 (0.06)
roa	—	− 2.00 ** (0.84)	− 1.98 ** (0.84)
guar	—	0.03 *** (0.003)	0.03 *** (0.003)
dual	—	0.22 (0.23)	0.22 (0.23)
city	—	− 0.26 (0.51)	− 0.27 (0.51)
_cons	6.46 *** (0.16)	− 35.84 *** (5.23)	− 59.65 *** (3.66)
N	10716	10194	10194
F	45.34 *** (0.000)	96.67 *** (0.000)	86.17 *** (0.000)

注：括号内为 *t* 检验值，***、**、* 分别代表在1%、5%、10%的水平上显著。

由结果可知，僵尸风险对长期债务压力有正向影响。对于"僵尸企业"，由于自身缺乏足够的偿还能力，继续融资只会推高其长期债务压力。筹措的资金主要用来支付前期的债务本息和各种费用而不是投资，企业的债务压力会不断滚动。担保比率对长期债务水平的影响为正，说明获取担保仍是民营企业拥有长期再融资能力的关键因素之一。当"僵尸企业"与其他企业联合形成担保网络会延迟被破产清算。

（三）民营企业僵尸化风险对研发投入的影响

用企业研发投入与营业收入占比刻画企业研发投入强度，分析僵尸化风险对创新活动的影响，获得表6.14中的估计结果。

表 6.14　　　　　　　　僵尸化风险对研发投入的影响估计

变量	基准模型	无交互模型	模型 6
zomcov	—	—	-0.23 (0.16)
zombie	0.63 *** (0.09)	0.51 *** (0.09)	0.22 * (0.12)
covid	—	0.47 *** (0.04)	0.13 * (0.07)
asset	—	—	-0.12 *** (0.06)
age	—	—	0.08 *** (0.02)
roa	—	—	-6.23 *** (0.32)
guar	—	—	0.0006 (0.001)
dual	—	—	0.01 (0.08)
city	—	—	0.06 (0.18)
_cons	4.78 *** (0.02)	4.62 *** (0.02)	6.88 *** (1.33)
N	10716	10716	10194
F	50.57 *** (0.000)	88.12 *** (0.000)	67.31 *** (0.000)

注：括号内为 t 检验值，***、**、* 分别代表在 1%、5%、10% 的水平上显著。

　　根据估计结果，"僵尸企业"和疫情对研发投入的当期影响为正，而"僵尸企业"和疫情的交互效应不显著。"僵尸企业"的营业收入增长不足，缺乏稳定的盈利能力。在疫情冲击下，地方政府权衡税收、就业和社会稳定等方面因素，会为"僵尸企业"提供政府补助以避免其被破产清算。同时，政府也会监督企业将更多的资金投入到研发活动中，以尽快提高创新能力并摆脱困境，因此"僵尸企业"与研发投入比例呈现出正相关关系。探究研究数据集也可以发现支持证据，因为"僵尸企业"的平均研发投入比例是 4.87%，也高于正常企业 4.82% 的水平。从企业自身角度，民营"僵尸企业"为避免被 ST 甚至退市，也有动力增加研发投入以提升竞争力，但不能排除其存在通过调节研发费用以避税和盈余管理的动机。

六、稳健性检验

为验证计量模型的估计结果是否可靠，研究尝试使用了添加控制变量、更换模型结构、替换解释变量等不同方式，检验回归结果的可信性。

（一）疫情冲击对民营企业僵尸化风险影响的检验

1. 添加控制变量检验

检验在模型 2 和模型 3 的设定中是否遗漏了重要的控制变量。因为疫情冲击通常会伴随企业整体性营业收入的下降，而营业收入增速下降会恶化企业的财务状况。如果出现遗漏，那么其影响会出现在随机扰动项中，因此稳健性检验是将营业收入增长率（$salegr$）添加为控制变量，重新估计模型 2 和模型 3。研究发现，新结果与原结果基本相似，所以判定原结果具有稳健性（见表 6.15）。

表 6.15　　　　　　　　疫情对企业僵尸化风险影响的稳健性检验

变量	整体性影响模型	异质性影响模型
	系数（标准误）	系数（标准误）
gd	—	0.90 *** （0.29）
$group$	—	− 0.48 （0.71）
$covid$	0.40 * （0.21）	0.13 （0.23）
$asset$	2.89 *** （0.30）	2.99 *** （0.30）
age	− 0.22 *** （0.07）	− 0.23 *** （0.07）

续表

变量	整体性影响模型	异质性影响模型
	系数（标准误）	系数（标准误）
roa	−7.46 *** (0.90)	−7.63 *** (0.91)
zcfzl	14.27 *** (1.09)	14.31 *** (1.09)
guar	−0.002 (0.003)	−0.002 (0.003)
industry	−0.24 (0.44)	−0.37 (0.70)
dual	−0.34 (0.25)	−0.32 (0.25)
city	−0.51 (0.62)	−0.55 (0.63)
salegr	−0.08 (0.06)	−0.08 (0.06)
N	2535	2535
Wald 卡方	796.17 (0.000)	806.22 (0.000)

注：*** 、** 、* 分别代表在 1%、5%、10% 的水平上显著。

2. 变换模型设定结构检验

模型 2 和模型 3 均采用 Logit 回归设定。本书重新设定了 Probit 回归模型，即 $\Pr(zombie_{i,t} \mid X_{i,t}) = \Phi(\alpha_i + X_{i,t}\beta)$ 再次估计模型，得到的估计结论与原模型相似，因此模型的设定合理，估计结果列于表 6.16 中。面板 Probit 模型采用了随机效应设置[1]。可以发现，核心解释变量 *Covid_new* 的系数仍然为正，即疫情时期民营企业演变为"僵尸企业"的可能性升高。疫情对不同行业僵尸化风险的影响有异质性。疫情与行业变量乘积项的估计系数仍显著为正，即对第二类行业的冲击显著大于第一类行业。

---

[1] Logit 模型估计结果使用的是固定效应模型，Probit 模型输出了截距项，而 Logit 模型中不存在截距项。

表 6.16 变换模型设定结构检验

变量	疫情是否加剧僵尸化风险		行业僵尸化风险异质性		研发投入对僵尸化风险的影响		
	基准模型	模型 1	基准模型	模型 2	变量	基准模型	模型 3
gd	—	—	0.28 *** (0.09)	0.36 *** (0.12)	rd	0.008 *** (0.002)	0.01 *** (0.004)
Covid_new	0.43 *** (0.04)	0.21 * (0.05)	0.34 *** (0.05)	0.10 (0.06)	rdl1	—	−0.0004 (0.003)
groupdd	—	—	0.06 (0.08)	−0.66 *** (0.04)	rdl2	—	−0.006 (0.005)
Asset_new	—	−0.005 *** (0.030)	—	0.003 (0.03)	—	—	—
Age_new	—	0.01 ** (0.005)	—	0.009 * (0.005)	—	—	—
roa_new	—	−3.64 *** (0.27)	—	−3.63 *** (0.27)	—	—	—
guar_new	—	−0.003 *** (0.001)	—	−0.003 *** (0.001)	—	—	—
Zcfzl_new	—	5.29 *** (0.27)	—	5.30 *** (0.27)	—	—	—
Industry_new	—	0.17 ** (0.07)	—	−0.25 * (0.13)	—	—	—
dual_new	—	−0.09 (0.07)	—	−0.08 (0.07)	—	—	—
City_new	—	−0.06 (0.06)	—	−0.05 (0.06)	—	—	—
cons	−2.02 *** (0.05)	−4.50 *** (0.69)	−2.04 *** (0.06)	−4.21 *** (0.69)	—	−1.84 *** (0.04)	−1.73 *** (0.06)
N	10716	10074	10716	10074	—	10715	6762
Wald 卡方	131.18 (0.000)	639.91 (0.000)	118.10 (0.000)	646.16 *** (0.000)	—	9.72 *** (0.002)	10.26 ** (0.02)

当期研发投入对"僵尸企业"的影响仍然为正，而滞后1期和2期的研发投入则没有显著影响，因此研发投入能影响企业的当期运营资金。当企业面临疫情冲击时，如果继续加大对产品研发的投入，会使得其他方面的资金使用减少，导致财务困难发生。可以发现，企业在疫情时对研发等现金流支出做出了临时性调整。

（二）僵尸化风险对民营企业经营影响的稳健性检验

使用企业员工数的对数 ln*size* 作为规模指标替换模型4的总资产变量 *asset*。估计发现，规模变量的系数依然显著为负，交互项显著为正，基本结论没有变化（见表6.17）。

表6.17　　　　　　　　　　　僵尸化风险对企业经营影响的稳健性检验

对现金流的影响		对长期债务压力的影响		对研发投入的影响	
变量	模型	变量	模型	变量	模型
zomcov	1.02 * (0.61)	*zomcov*	−0.88 ** (0.44)	*zomcov*	−0.19 (0.17)
covid	0.65 ** (0.26)	*covid*	−0.11 (0.18)	*covid*	0.13 * (0.07)
zombie	−0.84 * (0.46)	*zombie*	2.1 *** (0.33)	*zombie*	0.23 * (0.12)
ln*size*	−1.34 *** (0.21)	ln*size*	0.99 *** (0.15)	*asset*	−0.16 *** (0.06)
age	−0.82 *** (0.07)	*age*	0.30 *** (0.05)	*age*	0.10 *** (0.02)
roa	11.84 *** (1.20)	*roa*	−0.17 (0.86)	*roe*	−1.27 *** (0.09)
guar	−0.02 *** (0.004)	*guar*	0.04 *** (0.003)	*guar*	0.001 (0.001)
dual	0.04 (0.31)	*dual*	0.52 ** (0.22)	*dual*	0.009 (0.08)
city	−0.85 (0.69)	*city*	−0.32 (0.49)	*city*	0.08 (0.19)

续表

对现金流的影响		对长期债务压力的影响		对研发投入的影响	
变量	模型	变量	模型	变量	模型
_cons	31.42 *** (1.64)	_cons	-4.98 *** (1.17)	_cons	7.42 *** (1.34)
N	10366	N	10366	N	10333
F	69.10 *** (0.000)	F	63.74 *** (0.000)	F	46.57 *** (0.000)

注：括号内为 t 检验值，***、**、*分别代表在1%、5%、10%的水平上显著。

在模型 5 的检验中，在替换了变量 asset 后，模型的估计系数和标准误保持了稳健性。交互效应项的系数仍显著为负，而"僵尸企业"和担保比率的估计系数则仍显著为正。在模型 6 的检验中，使用净资产收益率指标 roe 替换总资产收益率指标 roa，原结论依然成立，即"僵尸企业"相对有更高的研发投入。

第三节　民营企业僵尸化风险的预警分析

一、僵尸化风险的预警指标体系构建

（一）预警指标的选取

"僵尸企业"盈利性差、长期占用稀缺的金融资源，不仅挤出了正常企业的融资机会，而且在后期也会成为市场出清的棘手问题。如果能在早期阶段通过加强流动性监测预警，做到早发现、早应对，会大大降低后期处置所需付出的成本。

对"僵尸企业"的监测预警，需要构建民营企业的僵尸状况监测预警指标体系从不同角度综合判断。本节借鉴了周琎等（2018）的研究[1]。该指标体系应包括企业财务风险和非财务风险两个方面。首先考察财务指标。"僵尸企业"已经陷入经营困境，依靠外部输血维持，其现金流量比率、流动比率、速动比率以及流

---

① 周琎，冼国明，明秀南. "僵尸企业"的识别与预警：来自中国上市公司的证据［J］. 财经研究，2018（4）.

动资产周转率会表现异常。现金是最具流动性的资产，如果企业经营活动收到的现金流量净额大于流动负债合计，说明企业经营活动收入多且债务少，经营有利可图。现金流量表中的三个指标——经营活动现金流量、投资活动现金流量、筹资活动现金流量分别来自利润表、资产负债表的资产部分和负债及所有者权益部分。现金流量比率考察的是经营活动所产生的，公司可以自由运用的现金流量部分。如果现金流量比率指标大于100%，表示因一年内到期须偿还债务引发的流动性风险可控。若扣除非经常性损益后的净利润为负，企业的偿付能力会恶化。快速准确甄别预测民营"僵尸企业"，信号也可能与企业规模、所属行业、地区发展水平、企业治理等信息有关。在流动性困境初期，很多企业有实施盈余管理、媒体公关等遮掩行为的动机，因此单独以某项指标判断会出现偏差，构建一个兼具理论性和实用性的统计监测预警体系是非常必要的。表6.18在理论上构建了一个预警指标体系框架，然后在数据测算中进一步检验和完善该体系。

表6.18   "僵尸企业"监测预警指标体系

一级指标	二级指标	测度变量	变量含义
僵尸表现	过度借贷法	"僵尸企业"	"僵尸企业"取1，否则为0
	僵尸性程度	政府补贴依赖度	政府补贴变换值/净利润变换值×100%
财务信息	盈利能力	总资产报酬率roa	收益总额/平均总资产×100%
		净资产收益率roe	税后净利润/股东权益余额×100%
		营业毛利率	（营业收入-营业成本）/营业收入×100%
	偿付能力	流动比率	流动资产/流动负债×100%
		速动比率	（流动资产-存货）/流动负债×100%
		现金流量比率	营业现金活动流量净额/流动负债×100%
		资产负债率	总负债/总资产×100%
		担保比率	当期担保总额/净资产×100%
	营运能力	应收账款周转率	营业收入/平均应收账款×100%
		存货周转率	销售成本/存货平均余额×100%
		流动资产周转率	产品销售收入/流动资产×100%
		非流动资产周转率	产品销售收入/非流动资产×100%
	成长能力	营业收入增长率	本期营业收入增加值/上期营业收入×100%
		净利润增长率	净利润增加值/上期净利润
		总资产增长率	总资产增加值/上期总资产×100%

一级指标	二级指标	测度变量	变量含义
企业特征	企业规模	总资产规模	年末总资产自然对数
		员工规模	企业员工对数
	创新能力	研发投入	研发费用/营业收入×100%
	治理结构	两职合一	实际控制人同董事长取1
	所属地区	市场化程度	市场化低于中位数取1
		东西部	西部地区取1
	所属行业	是否制造业	制造业取1
		抗冲击程度	敏感性强的第二类行业取1，其余取0
	时期特征	疫情冲击	2019年后取1，以前时期取0
		上市年限	财务年度−上市年度

构建的理论体系主要包括财务特征、僵尸化程度和企业特征三个方面。财务信息包括盈利能力、偿付能力、营运能力和成长能力四个方面，企业特征包括企业规模、创新能力、治理结构、所属地区、所属行业和时期特征六个方面。

（二）预警指标的处理

对于预警体系中的连续型可选指标，依靠过度借贷法得到识别结果，然后将民营企业样本划分为两组，即正常企业和"僵尸企业"。两类企业分属两个不同的总体，如果同一指标在两类总体中表现迥异，则说明有较好的区分能力。由于样本量较大，可近似认为各连续型变量服从正态分布，因此采用两总体均值差的 t 检验，得到如表6.19所示的均值差检验结果。

表6.19 民营非"僵尸企业"和"僵尸企业"样本的均值检验

变量	非"僵尸企业"	"僵尸企业"	均值差检验
政府补贴依赖度	0.99	1.02	−13.04***
总资产报酬率 roa	0.05	−0.05	21.01***
净资产收益率 roe	−0.01	−0.65	4.62***
营业毛利率	0.30	0.20	9.87***
流动比率	0.05	−0.05	30.52***

变量	非"僵尸企业"	"僵尸企业"	均值差检验
速动比率	1.81	0.84	13.55 ***
现金流量比率	0.19	0.007	11.76 ***
资产负债率	0.42	0.68	-37.51 ***
担保比率	4.98	5.92	-3.24 ***
应收账款周转率	277.3	41.35	1.62
存货周转率	523.3	633.08	-0.34
流动资产周转率	1.12	0.96	4.60 ***
非流动资产周转率	5.63	1.72	0.74
营业收入增长率	1.08	3.03	-2.49 **
净利润增长率	-2.14	-38.71	5.91 ***
总资产增长率	0.27	0.21	1.07
总资产规模	22.08	22.36	-6.94 ***
员工规模	7.51	7.39	2.52 **
研发投入	4.98	5.92	-3.24 ***
上市年限	8.88	12.78	-14.60 ***

注：*、** 和 *** 分别表示在10%、5%和1%的水平上显著。

检验发现，正常企业的总资产报酬率 roa、净资产收益率 roe、营业毛利率、流动比率、速动比率、流动资产周转率、净利润增长率、员工规模均值高于"僵尸企业"，而非"僵尸企业"的政府补贴依赖程度、资产负债率、担保比率、营业收入增长率、总资产规模、研发投入、上市年限低于"僵尸企业"。两类企业的应收账款周转率、存货周转率、非流动资产周转率以及总资产增长率不显著。

依赖政府补贴的程度是评估"僵尸企业"的一个重要特征。对于政府补贴依赖度的刻画，张栋等（2016）使用了政府补贴/净利润的计算公式，但存在对净利润为正和为负的企业无法比较的问题。周琏等（2018）使用了对正利润和负利润企业分别处理的办法，盈利企业计算政府补贴/净利润，对于负利润企业计算政府补贴/扣除非经常性损益后的净利润，但该方法不能彻底解决该问题。本书使用了位移计算的方法,即所有企业都使用如下同一公式计算:[政府补贴 − min(净利润)]/[净利润 − min(净利润)]。对净利润的极小值,使用排序从大到小的倒数第二个值替代。

二、僵尸化风险的集成预警模型构建

(一)两类民营企业僵尸化风险预警建模思路

构建预警模型的思路可分为以下两种:结构化计量模型和非结构化数据挖掘模型。结构化模型通常使用回归思想,即寻找对"僵尸企业"风险有预测能力的解释变量,依靠预先设定的回归方程判断。常见的模型包括受限因变量回归模型,例如,Logit(Probit)回归、Tobit 回归、COX 回归等。非结构化模型不预先设定模型结构,而是基于输入信息和输出信息,以最大限度拟合为准则,依靠数据挖掘算法,估计非线性、非结构化的训练模型,然后依据检验集优化调整,最后投入预测。常见技术包括决策树、遗传算法、贝叶斯网络、人工神经网络、KNN、支持向量机等。

两类模型各有其优缺点。结构化回归模型的优点在于预先设定的结构通常基于经典的经济学理论,有比较清晰的经济学解释,方便给决策者决策带来启发。而缺点在于预期模型如果与实际的作用机制不符,功效会显著降低,甚至出现误导性结论。非结构化模型的优点在于其学习能力,结构的灵活性使得其在预测方面有一定的优势。该类模型也存在相应的成本,因为灵活性的获得以可解释性下降为代价。模型的黑箱结构为研究者和政策制定者带来了不便。

(二)两类预警模型的集成

本书尝试先从两种思路下分别构建模型,然后采用集成学习增强预警性能。集成学习的思路之一是通过重复抽样、生成人工数据等技术手段构造多个数据集,构建一系列模型,并采取投票、组合等方法集成起来。该做法的好处是,通过集成学习让模型表现更稳定。另一种思路是异质性集成学习方法。即采用不同的建模思路去构建模型,然后再采取集成技术处理。具体方法包括合成投票法和趋向平均法。合成投票法包括多数分类、单一充分性分类、双重充分性分类、K 重充分性分类和正一致性分类等。在集成学习中,使用不同的判定准则,分类结果会有差异。一般情况下，单一充分性分类准则预测的敏感性最高，但是容易犯假正错误。正一致性分类方法是最严格的正类识别方法，因为需要所有模型都通过。

本书采用异质性集成学习构建预警模型。对集成候选模型的选择，既考虑了经济意义明显、可解释性强的 Logistic 模型，也考虑了更侧重预测功能的数据挖掘模型，包括人工神经网络、决策树模型等。所有模型都使用前面构建的"僵尸企业"预警指标体系，被解释变量都是"僵尸企业"二元变量。预警集成过程分成以下步骤。

（1）预警数据集的划分。删除严重缺失数据，对缺失不严重的数据集实施填补。对所有的连续变量实施上下 1% 的缩尾处理。将民营企业样本随机划分为训练集和测试集，两个部分样本量的比例为 3∶1。得到训练样本 6524 家企业，测试集 2127 家企业。

（2）企业训练数据集的平衡处理。民营企业训练数据集包括 6140 家正常企业和 384 家"僵尸企业"。两类的数量比例约为 16∶1，数据集显著不平衡。对不平衡性数据集直接建模会导致准确率度量失效。例如，对该训练数据集，如果直接视每家民营企业是正常经营，尽管一家问题企业也没找到，但模型准确率仍高达 94.11%。实际研究中，显然"僵尸企业"比多数类正常企业更令人关注，二者地位并不等同。为解决该问题的困扰，本书采用抽样技术改变了数据集中两类企业的比例。通常有三种不同的平衡化抽样策略：不充分抽样、过分抽样和混合抽样。此处实施了第三种抽样方法，达到近似的 1∶1 平衡配比。最后得到的新训练数据共计 10000 家民营企业，包括正常企业 5047 家，"僵尸企业" 4953 家。

（3）利用平衡训练数据集训练一组基分类器。用来集成的候选模型分别是 Logisitic 回归、人工神经网络和 CART 决策树分类器。将训练后的基分类器分别应用到测试数据集上，从而得到各基分类器的预测分类结果。

（4）使用不同的投票方法获得集成模型，并比较不同集成模型的性能。

三、民营企业僵尸化风险集成预警分析

（一）民营"僵尸企业"集成预警模型训练

根据以上步骤，针对 10000 家民营企业的平衡数据集训练，使用不同的分类器预测，得到的分类结果如表 6.20 所示。

表 6.20　　　　　　　　不同基分类器和集成模型的训练结果

分类模型	风险类型		预测风险	
			0	1
Logistic 回归模型	实际风险	0	4246	801
		1	563	4390
神经网络模型		0	4615	432
		1	35	4918
决策树模型		0	4470	577
		1	176	4777
单一充分性集成模型		0	3993	1054
		1	0	4953
双重投票集成模型		0	4522	525
		1	83	4870
正一致性充分集成模型		0	4816	231
		1	691	4262

　　根据表 6.20 的训练预测结果，分别计算总误差率、特异度、假正率、假负率、精度、召回率和 F1 度量。其中，总误差率等于误分类样本数除以训练样本企业数，精度表示实际为“僵尸企业”中能准确预测的比率，特异度是度量正常企业中能被正确识别的比率，假正率是预测为“僵尸企业”的样本中实际却是正常企业的比例，假负率是预测为正常企业但实际属于“僵尸企业”的比例，而 F1 度量是精度和召回率的调和平均。根据以上度量指标的定义，得到训练模型的评估结果如表 6.21 所示。

表 6.21　　　　　　基分类模型和投票集成模型的训练评估度量

模型	总误差率	特异度	假正率	假负率	精度	召回率	F1 度量
Logistic 模型	0.1364	0.8413	0.1543	0.1171	0.8457	0.8863	0.8655
神经网络模型	0.0467	0.9144	0.0807	0.0075	0.9192	0.9929	0.8456
决策树模型	0.0753	0.8857	0.1078	0.0379	0.222	0.9645	0.9269
单一充分性集成模型	0.1054	0.7912	0.1755	0.0000	0.8245	1.00	0.9038
双重投票集成模型	0.0608	0.8960	0.0973	0.0180	0.9027	0.9832	0.9412
正一致性充分集成模型	0.0922	0.9542	0.0514	0.1255	0.9486	0.8605	0.9024

可以发现，在基分类模型的训练预测中，神经网络模型的总误差率最低，而Logistic 模型的总误差率则最高，决策树模型介于二者之间。表现差异源于机器学习模型的高度非线性和 Logistic 模型设定的结构性。在不同的集成模型中，单一充分性模型、双重投票和正一致性充分模型的区别在于对正类企业判断门槛的高低。单一充分模型有最高的召回率，但是有最低的特异度。双重投票集成模型作为单一充分性和正一致性模型的折中，各方面表现比较稳健，能有效实现集成模型的目的。

（二）民营"僵尸企业"集成预警模型测试

进一步，将获得的基分类器和集成模型使用测试集进行预测，结果如表6.22所示。

表6.22 不同基分类器和集成模型的测试结果

基分类模型	风险类型		预测风险	
			0	1
Logistic 回归模型	实际风险	0	1708	283
		1	14	122
神经网络模型		0	1827	164
		1	30	106
决策树模型		0	1769	222
		1	7	129
单一充分性集成模型		0	1601	390
		1	2	134
双重投票集成模型		0	1804	187
		1	10	126
正一致性充分集成模型		0	1899	92
		1	39	97

总体上，测试集的预测结果与预期符合，误差率普遍高于训练误差率，而神经网络仍然是表现最好的分类器。从预测角度，集成分类模型的表现相比单个基分类器模型要更稳定，有明显更高的 F1 度量。在不同偏好的集成模型中，正一致性充分集成模型的分类预测误差率更低，且 F1 度量值更高。双重投票集成模型与正一致性集成模型的预测差异不大（见表6.23）。

表 6.23　　　　　　　基分类模型和投票集成模型的测试评估度量

模型	总误差率	特异度	假正率	假负率	精度	召回率	F1 度量
Logistic 模型	0.1396	0.8579	0.6988	0.0081	0.8971	0.3012	0.4510
神经网络模型	0.0912	0.9176	0.6074	0.0162	0.7794	0.3926	0.5222
决策树模型	0.1077	0.8885	0.6325	0.0039	0.9485	0.3675	0.5297
单一充分性集成模型	0.1843	0.8041	0.7443	0.0012	0.9853	0.4136	0.5826
双重投票集成模型	0.0926	0.9061	0.5974	0.0055	0.9265	0.4026	0.5613
正一致性充分集成模型	0.0616	0.9538	0.4868	0.0201	0.7132	0.5132	0.5969

根据以上分析结果判断，使用集成分类方法构建民营"僵尸企业"预警模型是有益的尝试。集成预警模型合成了结构化和非结构化基分类器，改进了预警能力。

四、预警变量的重要性分析

（一）预警变量重要性分析思路

预警模型的性能只是研究的目标之一，预警分析还要能为经济监测和政策制定提供启示。确定重要的监测指标，找到主要矛盾，及时发现问题苗头更为实用。集成预警模型虽然能得到较好的预测，但模型复杂化也会带来可解释性的下降，会给监测和决策工作带来不便。因此，有必要找出有重要影响的预警指标。

研究设想利用两种方法相互印证，探索对预测灵敏的变量。一种方法是LASSO 回归变量选择技术，另一种是决策树评估信息熵的方法[①]。前者是从结构性模型中搜寻重要变量，后者则更适用于非结构化模型。如果某特征变量在两类模型中都有显著的预测作用，那么认为其为重要的预警变量。如果某特征变量只在一个模型中有积极作用，那么认为其为辅助预警变量。如果变量在两类模型中的预测作用均不显著，那么认为其是非敏感变量。

（二）基于 LASSO 交叉验证方法的变量重要性分析

首先，利用前面已经构建的 Logistic 回归模型，进一步使用 LASSO 方法进行

---

① 模型的变量重要性分析方法还包括评估变量覆盖度、划分次数、惩罚系数大小等具体技术。每种技术的计算结果可能会有差别。

估计。变量系数被压缩至 0 的顺序显示了变量对于模型的重要程度排序。变量选择顺序如图 6.3 所示。

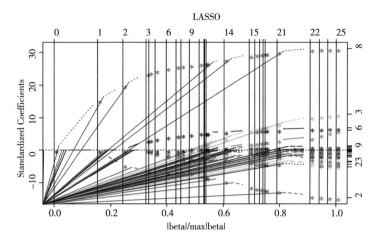

图 6.3　LASSO 变量选择

根据交叉验证方法，估计出的最优压缩参数 $\lambda = 0.9056$。为了更清楚地显示各变量预测能力的差异，研究采取了逐步加强压缩的办法，使得不重要的解释变量的系数被压缩至 0。最后，得到了各解释变量的重要性排序，结果如表 6.24 所示。

表 6.24　　　　　　　　　**LASSO 方法获得的变量重要性及作用方向**

项目	P8	P2	P23	P3	P6	P22	P1	P13	P20
重要性排序	1	2	3	4	5	6	7	8	9
作用方向	+	+	−	−	−	−	+	−	−
项目	P15	P24	P12	P14	P5	P18	P11	P19	P4
重要性排序	10	11	12	13	14	15	16	17	18
作用方向	−	−	−	−	−	−	+	+	−
项目	P16	P10	P9	P25	P7	P17	P21	——	——
重要性排序	19	20	21	22	23	24	25	——	——
作用方向	+	−	+	+	−	+	−	——	——

利用 LASSO 变量选择，得到了解释变量的重要性排序。前 9 位的变量分别是：资产负债率、总资产报酬率、抗冲击能力、净资产收益率、速动比率、所属行业、政府补贴依赖度、非流动资产周转率及公司治理变量。以变量的作用方向

来分，资产负债率、抗冲击能力、政府补贴依赖度是预警的正向变量，而总资产报酬率、净资产收益率、速动比率、所属行业、非流动资产周转率及公司治理是负向变量。分析表明，资产负债率等企业流动性指标是预测僵尸化风险的最重要因素。资产负债率高的企业，严重依赖政府补贴生存的企业有更高的风险，而盈利能力强、公司治理水平高、速动比率好的企业风险更低。

（三）基于决策树信息熵的变量重要性分析

为印证 LASSO 变量选择的分析结论，继续使用决策树模型计算每一个预测变量的信息熵评估其对响应变量的重要性。结果列于表 6.25 中。

表 6.25   **决策树模型的变量重要性排序**

项目	P8	P1	P3	P2	P15	P13	P12	P17	P4
排序	1	2	3	4	5	6	7	8	9
度量	2888.24	2777.67	2745.35	2588.22	1661.88	259.95	141.92	45.94	42.34
项目	P25	P6	P5	P7	P9	P10	P11	P14	P16
排序	10	11	12	13	14	15	16	17	18
度量	39.96	26.44	0	0	0	0	0	0	0
项目	P18	P19	P20	P22	P23	P24	P21	—	—
排序	19	20	21	22	23	24	25	—	—
度量	0	0	0	0	0	0	0	—	—

根据决策树模型的信息增益判断，资产负债率、政府补贴依赖度、净资产收益率、总资产报酬率、净利润增长率、非流动资产周转率、流动资产周转率、总资产规模、营业毛利率、上市历史、速动比率对风险预警有重要价值。

（四）变量重要性的综合分析

经对比发现，使用两种不同方法得到的变量重要性排序大体相近但有差异。资产负债率、政府补贴依赖度、总资产报酬率、净资产收益率、速动比率、资产周转率、净利润增长率变量在两种方法中都显示出较强的预测能力。而是否制造业、所属地区、治理结构、上市年限、营收增长率、总资产规模、营业毛利率等变量的预测能力不稳定；担保比率、应收账款周转率、存货周转率、企业所在城市层级等变量则缺乏显著的预测能力。

　　综上所述，预测一家民营企业是否会陷入财务困境甚至演变为"僵尸企业"，最重要的信号仍来自财务信息[①]。如果一家民营企业的资产负债率攀升至高位，而盈利能力却出现下滑，企业资金周转不灵，严重依赖政府补贴或关联企业支持存续，那么该企业将会很容易演化为"僵尸企业"。民营企业普遍采用家族式管理方式，上市时长、地区经济水平及是否在中心城市等信息并不是重要因素。因此对民营企业的风险监测预警重点在于流动性管理、盈利能力和偿债能力方面。

本章小结

　　本章识别流动性困境企业并预警流动性风险，主要内容及结论如下所述。

　　（1）构建混合模型聚类算法识别预警流动性困境企业。采用 EM 算法聚类获得流动性风险低、中和高三个簇。结果发现，科学研究和技术服务业、综合行业、制造业的低流动性簇的占比较高，而卫生和社会工作，文化、体育和娱乐业，教育业和采矿业低流动性簇的占比较低。通过计算流动性阈值，预警了流动性困境企业。

　　（2）根据过度借贷识别法的测算结果，疫情前后的"僵尸企业"行业分布发生了明显变化。比较 2018 年和 2020 年的"僵尸企业"行业发生强度测度结果发现，疫情冲击总体上加重了民营企业的流动性风险。在疫情冲击下，制造业"僵尸企业"比重出现了下降，而信息传输、软件和信息技术服务业，建筑业，批发和零售贸易以及房地产业的发生强度则升高了。

　　（3）涵盖财务特征、僵尸化程度和企业特征三个方面指标构建了预警指标体系。融合结构化 Logistic 模型、非结构化人工神经网络模型和决策树模型，构建了异质性集成学习"僵尸企业"预警模型，研究发现，集成预警模型能显著改进预警表现，其中，流动性管理、盈利能力和偿债能力的预警能力更突出。

---

① 王昱，杨珊珊．考虑多维效率的上市公司财务困境预警研究［J］．中国管理科学，2021（2）．

第七章

民营企业流动性纾困政策分析

本章聚焦于纾困民营企业的政策分析。综合政策计量、文件梳理、博弈分析和个案考察等手段，评估民营企业流动性纾困政策的效果，并提出优化流动性纾困政策和推动民营经济高质量发展的对策。

第一节　民营企业流动性纾困政策梳理

本章首先梳理民营企业流动性纾困政策文件，利用博弈理论分析纾困政策的挑战；其次，基于因果推断方法评估纾困政策的效果；最后，对优化民营企业纾困的政策路径提出对策建议。本书研究对纾困政策的梳理，集中于习近平总书记召开民营企业座谈会之后。国务院、监管部门、地方政府短期内出台了一系列政策文件积极化解民营企业的流动性困境，引发了国内外高度关注。

民营企业纾困政策的出台有深刻的社会经济背景。中国的民营经济一直在曲折中前行，且在 2018 年左右承压尤为突出。首先，中国经济"三期叠加"，粗放的高增长模式难以持续。政府部门对企业的绿色监管力度不断增强，导致环保不达标、高污染、高能耗的民营企业面临强大的转型压力。在资本市场上，股票市场的动荡加剧，一些民营企业的股票价格不断下跌，导致高比例股权质押的民营企业面临被强制平仓、所有权转移的风险①。民营企业债券的信用利差也逼近了

---

① 根据 Wind 资讯统计，2018 年底，98% 的民营上市公司存在股票质押，质押的纯市值高达 4.3 万亿元。

近十年来的最高水平，投资者对民营企业债券违约的预期增强。民营企业信用债遭到市场抛售，市场流动性出现萎缩。其次，2017 年后人民币兑美元汇率持续升值，2018 年上半年已经升至 6.3∶1。汇率升值导致国内民营企业的出口成本增加，出口利润率下滑。中国与西方发达经济体的贸易摩擦加剧，全球贸易保护主义倾向抬头①。最后，2019 年底新冠疫情的暴发，物资及人员流动受到了很多限制，一些中小企业受到的冲击更大。针对以上严峻形势，党中央、国务院以及各级部门密集调研，其中，习近平总书记在北京召开民营企业座谈会是最具标志性的事件。本节从国家宏观、国家职能部委、地方政府和金融机构等不同层面梳理政策文件，以期对纾困政策有更深入系统的解读，并且为政策评估和纾困路径研究奠定了基础。

一、国家层面民营企业纾困政策梳理

国家宏观政策的基调就是习近平总书记在民营企业座谈会上的讲话。会议充分肯定了民营经济的重要成就和对国民经济的作用，强调国家要坚定鼓励、支持和引导民营经济发展，国家支持各种所有制经济共同发展的政策方针不会改变。会议在充分肯定的基础上，正确认识了当前民营经济发展遇到的困难和问题，主要是"市场的冰山"、"融资的高山"和"转型的火山"三座大山。厘清了国际政治经济环境冲突、国内经济由高速增长转向高质量发展阶段、支持政策落实不到位以及企业自身粗放经营等基本原因。会议提出了纾困民营企业的政策思路，包括：化解"融资难、融资贵"问题、降低企业赋税、竞争中性原则、改进工作方法、摆正政府与企业的关系、提升企业家安全感等，其中化解融资约束是重中之重。应急性纾困政策目标首先是向民营企业提供短期流动性，帮助其暂渡难关。其次才是推动营商环境、税收体制、司法体系建设等方面的长效综合改革。总之，国家民营企业纾困政策就是在企业家座谈会会议精神指导下的各方面配套政策改革。根据以上分析，本节系统地回顾了座谈会后党中央和国务院的系列纾困民营企业纲领性文件，并列于表 7.1 中。

---

① 根据中国贸易救济信息网的数据，2016 ~ 2018 年，美国对中国发起的贸易救济行动有 68 起，超过过去六年之和，涉及行业从金属制品工业向通用设备等中高端行业蔓延。

表 7.1　　　　　　　　中共中央和国务院支持民营企业的政策文件

发文日期	发文部门	标题
2018 年 11 月	中共中央	习近平：在民营企业座谈会上的讲话
2019 年 1 月	全国人大	关于发挥商会调解优势　推进民营经济领域纠纷多元化解机制建设的意见
2019 年 2 月	中共中央、国务院	关于加强金融服务民营企业的若干意见
2019 年 2 月	国务院	国务院办公厅关于有效发挥政府性融资担保基金作用切实支持小微企业和"三农"发展的指导意见
2019 年 2 月	国务院	我国将建立健全清理拖欠民营企业账款长效机制
2019 年 2 月	国务院	清理拖欠账款　激发民营企业创新活力
2019 年 4 月	中共中央、国务院	关于促进中小企业健康发展的指导意见
2020 年 7 月	国务院	关于进一步优化营商环境更好服务市场主体的实施意见
2019 年 7 月	国务院	关于开展财政支持深化民营和小微企业金融服务综合改革试点城市工作的通知
2020 年 9 月	国务院	关于深化商事制度改革　进一步为企业松绑减负激发企业活力的通知
2019 年 10 月	国务院	优化营商环境条例
2019 年 12 月	中共中央、国务院	关于营造更好发展环境支持民营企业改革发展的意见
2020 年 9 月	中共中央	关于加强新时代民营经济统战工作的意见
2020 年 11 月	国务院	全国深化"放管服"改革优化营商环境电视电话会议重点任务分工方案

注：以上文件信息均来自发文部门的官方网站并经笔者整理得到。

在表 7.1 所列的政策性文件中，加强金融服务、建设融资担保基金、清理拖欠账款、财政资金支持民营企业等都直接针对民营企业的流动性问题。由此可见，国家层面是把缓解民营企业的流动性压力作为纾困民营企业的突破口。

二、职能部委的民营企业纾困政策梳理

国家各部委是国家政策的执行部门，出台的政策分别从各自的分管职能方面支持民营企业发展，其中中小企业受到了特别关注。例如，中国人民银行侧重于

从货币政策角度疏通民营企业流动性渠道，实施定向滴灌救助；银保监会在贷款审查、利率成本和简化续贷等方面向民营企业倾斜；证监会则重在处理股票质押平仓风险和鼓励民营企业发债融资方面。这些政策既有对贷款临时性延期还本付息、加大再贷款和再贴现支持力度等救济性举措，也包括加强金融服务民营企业、推进民营经济领域纠纷多元化解等长效机制建设。将主要相关政策文件列于表 7.2 中。

表 7.2 　　　　　　　　　　**国家部委支持民营企业的政策文件**

发文日期	发文部门	标题
2018 年 10 月	中国人民银行	中国人民银行引导设立民营企业债券融资支持工具
2018 年 11 月	中国人民银行	关于加大再贷款再贴现支持力度引导金融机构增加小微企业和民营企业信贷投放的通知
2018 年 11 月	中国证监会	关于支持证券公司积极参与化解上市公司股票质押风险、支持民营企业发展的通知
2018 年 11 月	司法部	关于充分发挥职能作用为民营企业发展营造良好法治环境的意见
2018 年 12 月	国家税务总局	关于实施进一步支持和服务民营经济发展若干措施的通知
2018 年 12 月	国家知识产权局	关于知识产权服务民营企业创新发展若干措施的通知
2018 年 12 月	中国人民银行	关于调整普惠金融定向降准有关考核标准的通知
2019 年 1 月	工商联、生态环境部	关于支持服务民营企业绿色发展的意见
2019 年 1 月	工商联、最高法院	关于发挥商会调解优势　推进民营经济领域纠纷多元化解机制建设的意见
2019 年 1 月	住房和城乡建设部	关于支持民营建筑企业发展的通知
2019 年 2 月	银保监会	关于进一步加强金融服务民营企业有关工作的通知
2019 年 7 月	财政部	关于开展财政支持深化民营和小微企业金融服务综合改革试点城市工作的通知
2019 年 9 月	国家邮政局	国家邮政局关于支持民营快递企业发展的指导意见
2020 年 1 月	证监会	公开募集证券投资基金投资全国中小企业股份转让系统挂牌股票指引（征求意见稿）
2020 年 2 月	国家发展改革委、民政部	关于积极发挥行业协会商会作用支持民营中小企业复工复产的通知

发文日期	发文部门	标题
2020 年 3 月	国家发展改革委、农业农村部	关于支持民营企业发展生猪生产及相关产业实施意见
2020 年 3 月	国家发展改革委	支持民营企业发展生猪生产促进猪肉市场保供稳价
2020 年 3 月	中国人民银行、银保监会等	关于对中小微企业贷款实施临时性延期还本付息的通知
2020 年 5 月	工业和信息化部、科技部等	关于营造更好发展环境支持民营节能环保企业健康发展的实施意见
2020 年 5 月	银保监会、工业和信息化部等	关于进一步规范信贷融资收费降低企业融资综合成本的通知
2020 年 6 月	司法部	关于充分发挥职能作用为民营企业发展营造良好法治环境的意见
2020 年 6 月	财政部	关于下达 2020 年度财政支持深化民营和小微企业金融服务综合改革试点城市奖励资金预算的通知
2020 年 7 月	银保监会	商业银行小微企业金融服务监管评价办法（试行）
2020 年 7 月	国家发展改革委	关于支持民营企业参与交通基础设施建设发展的实施意见
2020 年 10 月	国家发展改革委等	关于支持民营企业加快改革发展与转型升级的实施意见
2020 年 10 月	中国人民银行、银保监会等	关于进一步强化中小微企业金融服务的指导意见
2020 年 10 月	中国人民银行、银保监会	关于进一步对中小微企业贷款实施阶段性延期还本付息的通知
2020 年 10 月	中国人民银行、银保监会	关于加大小微企业信用贷款支持力度的通知

三、地方政府支持民营企业政策梳理

省级及以下政府部门支持民营企业的政策文件更加丰富，因为省级部门既要响应国家政策原则，又要因地制宜考虑当地情况。对比同类民营企业支持政策，可以发现不同省份的政策文件不仅体现了对民营企业发展的高度支持，也表现出我国"巨大的发展韧性、潜力和回旋余地"。将相关的文件列于表7.3中。

表7.3　　　　　**中国大陆各省、自治区和直辖市支持民营企业的文件**

发文日期	发文省份	文件标题
2018 年 3 月	黑龙江	关于进一步营造企业家健康成长环境弘扬优秀企业家精神更好发挥企业家作用的实施意见
2018 年 3 月	甘肃	关于进一步支持非公有制经济发展的若干意见
2018 年 5 月	青海	关于大力弘扬优秀企业家精神促进企业持续健康发展的实施意见
2018 年 7 月	重庆	关于全面优化营商环境促进民营经济发展的意见
2018 年 7 月	西藏	关于促进非公有制经济健康发展的若干意见
2018 年 11 月	上海	关于全面提升民营经济活力大力促进民营经济健康发展的若干意见
2018 年 11 月	江苏	关于进一步降低企业负担促进实体经济高质量发展的若干政策措施
2018 年 11 月	广东	关于促进民营经济高质量发展的若干政策措施
2018 年 11 月	江西	关于进一步降低实体经济企业成本的补充政策措施
2018 年 11 月	山东	关于支持民营经济高质量发展的若干意见
2018 年 11 月	湖北	关于大力支持民营经济持续健康发展的若干意见
2018 年 11 月	四川	关于促进民营经济健康发展的意见
2018 年 11 月	北京	北京市进一步优化营商环境行动计划（2018～2020 年）
2018 年 11 月	安徽	大力促进民营经济发展的若干意见
2018 年 11 月	山西	关于支持民营经济发展的若干意见
2018 年 11 月	宁夏	关于促进民营经济健康发展的若干意见
2018 年 12 月	贵州	关于进一步促进民营经济发展的政策措施
2018 年 12 月	深圳	关于以更大力度支持民营经济发展的若干措施
2018 年 12 月	浙江	关于进一步促进民营经济高质量发展的实施意见
2018 年 12 月	河北	关于大力促进民营经济高质量发展的若干意见
2018 年 12 月	辽宁	关于加快民营经济发展壮大的若干意见
2018 年 12 月	河南	关于进一步深化民营企业金融服务的意见
2018 年 12 月	内蒙古	关于促进民营经济高质量发展的若干措施
2018 年 12 月	福建	关于营造更好发展环境支持民营企业改革发展的若干措施
2018 年 12 月	海南	关于大力促进民营经济发展的实施意见
2018 年 12 月	吉林	关于全面优化营商环境深入推进民营经济大发展的意见
2018 年 12 月	湖南	关于促进民营经济高质量发展的意见
2018 年 12 月	陕西	关于推动民营经济高质量发展的若干意见

续表

发文日期	发文省份	文件标题
2018 年 12 月	福建	关于加快民营企业发展的若干意见
2018 年 12 月	广西	关于着力发展壮大民营经济的意见
2018 年 12 月	新疆	关于大力促进民营经济健康发展的若干意见
2018 年 12 月	天津	关于进一步促进民营经济发展的若干意见
2019 年 1 月	云南	关于支持民营经济高质量发展的若干意见
2019 年 5 月	青海	进一步促进民营经济和中小企业高质量发展的若干措施
2019 年 7 月	黑龙江	关于进一步支持民营经济高质量发展的意见
2019 年 8 月	云南	云南省加强金融服务民营企业任务交办清单
2020 年 8 月	甘肃	关于切实保护和激发市场主体活力促进民营经济持续健康发展的若干措施

四、金融机构支持民营企业政策梳理

国有商业银行是中国金融机构的主体，也是民营企业流动性的主要提供方，因此金融机构的系列举措围绕如何为民营企业提供高质量的金融服务。包括下沉服务重心，优化信贷资源配置，改进信贷管理机制和创新服务等方面。重点解决金融机构对民营企业"敢贷""愿贷"和"控风险"等技术性问题（卢盛荣等，2019）。相关的文件列于表 7.4 中。

表 7.4 金融机构支持民营企业融资的文件

发文日期	发文部门	文件标题
2018 年 11 月	中国建设银行	进一步加大支持民营和小微企业发展的通知
2018 年 11 月	中国银行	支持民营企业二十条
2018 年 11 月	国家融资担保基金	国家融资担保基金银担"总对总"批量担保业务操作指引
2018 年 11 月	中国农业银行	关于加大力度支持民营企业健康发展的意见
2018 年 11 月	中国邮政储蓄银行	中国邮政储蓄银行支持民营企业指导意见
2018 年 11 月	交通银行	关于进一步加强民营企业金融服务的指导意见
2020 年 2 月	上海清算所	关于减免民营企业相关费用的通知
2020 年 4 月	中国农业银行	关于助力营造更好金融环境 支持民营企业改革发展的意见

从国家、职能部委、地方政府和金融机构等不同层面，本节梳理了支持民营企业发展的政策，发现各级各部门都高度重视民营经济发展。这些支持政策除了针对民营企业的短期流动性风险和长期融资约束难题，还涉及法律、税收、环境等方面的配套改革，体现了政策供给侧改革的意图①。

第二节　民营企业流动性纾困典型政策剖析

应对民营企业流动性风险的系列政策中，以中国人民银行牵头推出的"三支箭"政策组合最具代表性。本节以该政策工具组合为例，分析纾困民营企业流动性的货币政策内容和作用机制。

一、"三支箭"政策组合的内容与含义

"三支箭"的货币政策工具组合包括："第一支箭"是金融机构加大对民营企业信贷支持的政策。具体规划是实现如下对民营企业贷款的"一二五"目标，"在新增的公司类贷款中，大型银行对民营企业的贷款不低于1/3，中小型银行不低于2/3，争取3年以后，银行业对民营企业的贷款占新增公司类贷款的比例不低于50％"。"第二支箭"是民营企业债券融资支持政策。即由央行牵头推出民营企业债券融资支持工具和债券违约风险缓释工具。该工具本质上属于信用保护合约，类似于信用违约互换产品（CDS）。这种产品在西方发达国家的证券市场上非常流行，交易量巨大，即使在2008年金融危机期间仍然很受欢迎。中国资本市场上的投资者还习惯于刚性兑付，信用保护产品发展相对缓慢②。民营企业债券融资支持工具的设立，能修复民营企业的信用，推动以民营企业债券市场资金修复民营企业股权，从而缓解大股东高比例股权质押带来的风险。"第三支箭"是推出民营企业股权融资支持工具。设想由中国人民银行出启动金，让国有机构带头，成立纾困基金，以购买民营企业股权的方法注入纾困资金。该政策组

---

① 根据本书的目标，政策文件分析主要聚焦于解决民营企业流动性困境的各类政策。

② 根据 Wind 数据，2018 年底，全市场共创设 98 只信用风险缓释工具（CRMW），对标的债券的覆盖率不到 25％。

合遵循市场化路径，兼顾民营企业、政府和投资人的利益，为民营企业提供融资支持。

二、"三支箭"政策组合的功能分析

"三支箭"政策工具分别指向了民营企业在信贷市场、债券市场和股权市场上的融资问题。政策旨在解决民营企业在这三个市场上的融资困境。在信贷市场上，中小民营企业容易受到信贷歧视，难以获得银行贷款支持。在经济下行期，银行对民营企业压贷、抽贷的现象严重。在债券市场上，民营企业发债困难，发债利率高且违约风险突出。当债券市场紧缩时，投资者择优而栖会导致对民营企业债券的风险偏好降低。在股权市场上，一些大股东将公司股权质押给金融机构，获得抵押贷款资金。在股市动荡期，公司股价下跌导致抵押品缩水，当股价跌至平仓线以下，股权可能被金融机构强制拍卖，造成公司所有权发生转移。"三支箭"政策组合的功能，正是从信贷、债券和股权三种渠道向民营企业注入流动性，从而达到纾解民营企业流动性困境的目的①。

三、"三支箭"政策组合内部冲突分析

（一）信贷支持政策可能的内部冲突

林毅夫和李永军（2001）研究认为，大型金融机构天生不适合为"中小企业"服务，因此，要实现"在新增的公司类贷款中，大型银行对民营企业的贷款不低于1/3"的政策目标，需要以自上而下的政策压力驱动大银行向民营企业贷款的积极性。"在新增的公司类贷款中，对民营企业的贷款不低于2/3"的目标，需要以中小微企业为服务对象、具有成熟风险控制经验的中小银行去完成。"3年以后，银行业对民营企业的贷款占新增公司类贷款的比例不低于50%"的政策目标是针对金融业的要求。

银行业加强对民营企业的金融服务，解决"融资难、融资贵"问题，一方面，要求银行要加大对民营企业，特别是中小微民营企业的信贷投放，同时考虑

---

① 易纲. 坚持稳健的货币政策 坚定支持保市场主体稳就业：中国人民银行行长易纲在 2020 金融街论坛上的讲话［EB/OL］. http：//www. pbc. gov. cn/goutongjiaoliu/113456/113469/4113425/index. html.

民营企业的承受能力，保持对民营企业的贷款利率稳中有降；另一方面，要求银行业控制坏账率不能显著上升，守住不发生系统性金融风险的底线。上述要求的实现对商业银行的经营具有挑战性。由于发生流动性风险的民营企业本身信用状况较差，普遍难达到银行贷款审查要求，因此银行放贷偏好国有企业有其合理性。如果银行增加对民营企业贷款，根据市场机制需要更高的利率匹配风险，而强制性要求银行降低贷款利率，坏账率很难不升高，银行风险管理的压力自然增大（Greenbaum S I et al, 1989）。如果不能精准放贷和严控风险，要同时满足增大民营企业信贷支持、降低放贷成本和坏账率不上升三个要求，将会形成冲突的三角（见图 7.1），最终可能的结局是需要政府财政资金兜底。

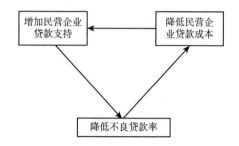

图 7.1　增加民营企业银行贷款的内部冲突

（二）支持民营企业债券融资的风险

推动民营企业债券直接融资同样存在内在困难。中小民营企业大多信用等级不高，投资者对其发行债券的认购意愿较弱，因此民营企业债券产品的收益率通常较高。根据兴业研究债券利差数据统计，以无风险国债利率为基准，2020 年底，中央企业债券的信用利差是 85.92 个基点，地方国企债券的利差为 128.58 个基点，而同期民营企业债券的利差则高达 279 个基点。处在流动性旋涡中的民营企业，由于盈利能力偏弱，普遍缺乏足够利润支撑到期债券的本金及利息兑付，存在较高的违约风险。这种情况下，为推动民营企业债券顺利发行，同时不升高融资的成本，就需要外部增信支持。民营债券违约风险缓释工具的原理就是由高等级机构对民营企业债券提供信用保护①。当民营企业债券的违约风险集中爆发时，风险保护工具的流动性本源最终仍然需要依靠政府背景的金融机构提供。

---

① 根据数据统计，市场上已发行的民营债券违约风险缓释工具的提供者均为 AAA 级的金融机构。

（三）民营企业股权融资支持工具的问题分析

企业股权融资包括股权出让融资、增资扩股融资、私募股权融资、杠杆收购融资和管理层收购融资等多种形式。由于股权融资一般会发生公司部分管理权的转移或稀释，用该渠道纾困的实施难度高于信贷和债券支持。民营企业股权融资支持工具设想由中国人民银行带头，引入金融机构、社会资本提供资金，民营企业出让部分股权获得融资。该工具是为了应对股票市场上由股权质押引起的强制平仓风险，可能引发的问题是注入资金的管理目标与公司的长期发展策略冲突，从而削弱原公司管理层对公司的控制权。

地方政府纾困基金的运作通常包括债权型和股权型两种。债权型纾困基金采用"转质押"的应急支持模式。首先，由高比例质押的大股东从纾困基金处借入资金赎回被质押股票。其次，将赎回的股权再度质押给证券公司从而获得资金。借入和再质押获取资金的差额由民营企业补齐。因为企业所有权在该模式下没有发生转移，这对发展前景较好、暂时性流动性困难的民营企业是较理想的纾困模式，但对于股价长期低迷，缺乏盈利能力的企业也只是推迟了风险爆发。相比而言，股权型纾困基金是一种长期投资模式。实施思路是民营上市公司股东先协议转让股份给纾困基金，由纾困基金注资该困境企业，获得资金的控股股东去赎回被质押股票。这种模式一般会伴随公司治理结构的转变，包括股权结构、董事会表决权、提案权等改变（刘刚等，2020）。对非上市民营企业，纾困基金认购非公开发行股权的操作，同样会发生企业控制权的转移。

纾困基金模式也不是没有隐忧，突出问题就是如何保证纾困行动符合政策实施的初衷。政府委托股权基金实施股权融资纾困，但政府不能监管股权基金的所有行为。因为股权资本很可能改变企业的治理结构和发展目标，甚至企业文化。股权资本也可能会导致企业的实际所有者改变，原先的企业可能已不复存在，而这是被纾困企业最担忧的事情。解决这一典型的委托代理问题，政府竞争性招标股权基金并动态监管其纾困绩效的方法可能更为可行。

四、"三支箭"政策组合实施的案例分析

（一）银行支持民营企业贷款的案例分析

大型国有商业银行在中国银行业中占据举足轻重的地位，其举措最具代表性。

下面以中国工商银行为例，分析国有大银行如何落实民营企业贷款支持政策。

通常大银行的信贷客户是大型企业，而中小民营企业则不容易满足贷款资格。中国工商银行制定了 20 条措施解决这一问题。在鼓励贷款发放方面，中国工商银行制定了新增贷款规模的三年计划，采取由总行补贴基层行普惠贷款损失，然后奖励有突出表现的信贷人员的办法。在控制风险方面，提升了对中小民营企业不良贷款的容忍限度，并利用大数据技术提高精准放贷和风险识别能力。在控制贷款成本方面，通过深入调研，摸清中小民营企业资金需求的实际情况，下调了小微企业贷款的经济资本金比率，制订了降贷款利率的三年计划。具体措施内容如表 7.5 所示。

表 7.5　　　　　　　　　中国工商银行支持民营企业贷款的措施

问题	具体举措
破解"不愿贷"	加大对普惠业务的专项激励，奖励业务发展好的经营机构和业绩突出的从业人员，对分支机构利率下调的损失，由总行全额补足
破解"不敢贷"	梳理对民营和小微企业的作业流程，进一步标准化"尽职"的判断。适度提高对民营企业和小微企业不良贷款率的容忍度
破解"不会贷"	加快小微金融服务中心建设，让专业信贷人员选择市场、授信审批、管控风险；充分利用大数据，帮助基层行准确判断企业状况
支持民营企业发行债券	创设信用风险缓释凭证，积极引导多元化市场资金投资民营企业债券
调研民营企业需求	开展"普惠金融行"，广泛走访小微企业，掌握多渠道融资需求，与民营骨干企业签订"总对总"合作协议
融资支持增量降利	支持民营企业融资规模增长、降低小微企业贷款执行利率
制定服务民营和小微企业三年规划	普惠贷款翻一番，净增量每年不少于 2000 亿元，新增融资客户每年不低于 5000 户
确保落实对小微企业的优惠利率政策	对小微企业贷款设置较低的经济资本调节系数，给予内部资金转移价格优惠
创新针对民营和小微企业生命周期的金融产品	对成长期企业扩大抵质押品范围，对拥有上下游固定合作伙伴的企业积极推广供应链融资服务，创新风控技术
改进金融服务思路	不唯所有制、不唯大小、不唯行业、只唯优劣
保持服务中小民营企业的可持续性	设立普惠金融事业部，创新与之相适应的风控模式，利用大数据等金融科技，集约化管控风险

资料来源：根据中国工商银行官网发布的信息整理（https：//www.icbc.com.cn/icbc/）。

中国工商银行的 20 条措施不仅包含对民营企业贷款的指标要求，而且在控制银行不良资产方面也做出了具体安排。这套政策措施代表了国有大银行纾困民营企业融资的主流做法。中国建设银行、中国银行、中国农业银行、交通银行等国有大型商业银行的支持措施也大体相似。

（二）民营企业债券支持工具的案例分析

信用风险缓释凭证是以市场化办法转移信用风险的金融工具，其通过将债券违约风险转移给投资者，来实现债券产品的风险分担（卜振兴，2019）。民营企业债券支持工具是一种专门用来为民营企业债券增信的信用风险缓释凭证。通过中国人民银行牵头成立投资基金，专门投资民营企业发行的信用债券。承诺若发行的民营企业债券发生违约，那么由该支持工具偿付本金和利息。这种工具为民营企业的债券融资提供了担保，一经推出，便吸引了投资者的高度关注。

下面，以 2018 年 12 月 14 日上交所发行的首单民企债券融资支持工具为例进行分析。该信用保护工具由中证金融与华泰证券为江苏亨通光电股份有限公司联合创设。亨通光电为上交所的民营上市公司，主体评级为 AA＋，2018 年的营收规模为 338.66 亿元，企业总资产为 363.63 亿元，资产负债率为 62.87%。亨通光电发行的公司债（18 亨通 01）规模为 1 亿元，发行票面利率为 4.9%，发行期限为 2 年。投资者在第一个计息年度末拥有回售选择权。中证金融和华泰证券向该期债券认购机构共出售信用保护合约的名义本金 3000 万元，协议共担风险。"18 亨通 01"回售有效登记数量为 10 万手，回售金额为 1 亿元，回售兑付日为 2019 年 12 月 18 日。因本次回售达到全额回售，实施完毕后，"18 亨通 01"在上海证券交易所提前摘牌，跟踪评级也随之终止①。该期民营企业债券的成功发行和提前兑付，示范了民企债券融资支持工具的基本使用范式，打消了投资者顾虑。

（三）纾困基金支持民营企业股权融资案例

利用纾困基金支持 A 公司股权融资的案例展开分析②。A 公司是一家在深圳

---

① 资料来源：上交所官网，http：//www.sse.com.cn/aboutus/mediacenter/hotandd/c/c_20181214_4693795.shtml。

② 资料来源：中山市人民政府金融工作局，http：//www.zs.gov.cn/jrj/zwdt/content/post_1237627.html。

中小企业板上市的民营企业，总市值为 48 亿元，主要经营行业为家用电器。在子公司 P2P 平台违约后，公司隐含的各类债务问题开始显现。公司持有的股权先后被司法冻结，资金总额共计 6.9 亿元。公司被深圳中院下发了《民事裁定书》和《查封、冻结通知书》。如果不能解决流动性危机，那么股票会被司法拍卖。

公司控股股东所持有的全部股份都已被质押出去。在公司负面舆情爆发后，投资者纷纷抛售公司股票。2018 年 11 月 6 日，公司股票收盘价跌至 6.39 元/股，质押股票已经触及了平仓线，而企业已不能补充股票质押，也没有流动资金赎回股权。2018 年 12 月 19 日，政府出面实施纾困，由当地国资委下属金控集团成立了纾困基金，牵头设立了一项 8.5 亿元的"3＋2"年的定向资产管理计划。由资产管理计划借款给 A 公司，为其提供周转资金。A 公司将股权作为质押担保。在公司运营走上正轨后，再赎回所质押的股权。该方案以转质押借款的形式处置了 A 公司的流动性危机，是一次成功的纾困案例。

（四）疫情防控债券案例分析

新冠疫情的暴发在供给和消费两端都严重冲击了企业运营，使得一批民营企业的资金链紧张。为支持企业复工复产，国家和地方政府采取了一系列的紧急扶持措施，其中，民营企业疫情防控债券是一个具有代表性的金融创新。疫情防控债券具有三大创新特色。一是金融制度创新。企业的发债申请直接上报国家发展改革委，无须其他中间部门审核，审核效率极大提升。二是金融品种创新。债券募集资金可同时用于支持疫情防控及其他领域。三是风险管理创新。运用衍生工具为疫情防控债融资提供信用保护。表 7.6 梳理了疫情防控债券的相关政策。

表 7.6　　　　　　　　　　疫情防控债的政策梳理

文件名称	发布时间	发布主体	主要内容
《中国人民银行 财政部 银保监会 证监会 外汇局关于进一步强化金融支持防控新型冠状病毒感染肺炎的通知》	2020 年 1 月	中国人民银行、财政部、银保监会、证监会、外汇局	对募集资金用于疫情防控以及疫情较重地区企业发行的金融债券、资产支持证券、公司信用类债券建立注册发行"绿色通道"

续表

文件名称	发布时间	发布主体	主要内容
《国家发展改革委办公厅关于疫情防控期间做好企业债券工作的通知》	2020年1月	银行间市场交易商协会	对注册地在湖北等疫情严重地区的企业,以及债务融资工具用于疫情防控领域,交易商协会建立注册发行服务绿色通道
《关于加强银行间市场自律服务 做好疫情防控工作的通知》	2020年2月	中国银行间市场交易商协会	支持企业债券募集资金用于疫情防控相关医疗服务、科研攻关、医药产品制造以及疫情防控基础设施建设等项目,适当放宽收益覆盖要求,允许募集资金用于偿还或置换因疫情防控工作产生的项目贷款
《关于全力支持防控新型冠状病毒感染肺炎疫情相关监管业务安排的通知》	2020年2月	上海证券交易所	对注册地在湖北等疫情严重省(自治区、直辖市)的企业及债务融资工具用于疫情防控领域,建立注册发行服务绿色通道
《关于全力支持上市公司等市场主体坚决打赢防控新型冠状病毒感染肺炎疫情阻击战的通知》	2020年2月	深圳证券交易所	建立审核绿色通道,优化工作流程,实行"专人对接、专项审核"

疫情防控债利用信用风险缓释凭证将信用风险剥离转移,实现了债券风险分担。以2020年2月26日天士力医药集团股份有限公司发行的2亿元"20天士力医(疫情防控债)SCP001"为例阐述。协议约定,债券由中国农业银行设立0.5亿元的风险缓释工具。如果该债券发生了100万元以上的违约支付或遭遇破产,那么中国农业银行将兑付所有的本金和利息[1]。为债券配套创设的信用风险缓释工具(CRMW)产品,一方面增强了市场投资者信心,保障了疫情防控债券的成功发行;另一方面提升了民营企业的融资能力,降低了发债成本,是应急民营企业融资的重要工具。

第三节 纾困策略的博弈分析

纾困民营企业的行为,是由政府和国有企业牵头提供启动资金,吸引社会

---

① 资料来源:中国人民银行官网,http://tianjin.pbc.gov.cn/fzhtianjin/113678/3980717/index.html。

机构的资本参与，以市场化方式加强对民营企业的支持[①]，解决产业市场波动及资本市场冲击。市场化纾困有三个好处：一是政府能力的有限性决定其不能无限救助企业。以财政资金产业补贴的方式难以满足所有民营企业的需求，因此，需要优先支持暂时遇到困难，但有市场、有前景和有竞争力的民营企业[②]。二是市场化方式有助于提升纾困效率。政府作为市场管理者，其优势不在于经营，而纾困基金则更熟悉市场操作，也更加了解民营企业，因此政府委托纾困基金代理纾困操作将更有效率。三是市场化纾困更易于使各参与方达成共识，维护市场主体的利益诉求。纾困民营企业行动其实是风险与机遇并存，各方存在复杂的博弈关系。如果盲目施救，不但无法帮助被救企业走出困境，还可能给施救方带来风险，因此，需要提前部署，精选企业对象，积极鼓励困境企业自救，提高纾困的成功率。根据弗里德曼的观点："花自己的钱办自己的事，最为经济；花自己的钱给别人办事，最有效率；花别人的钱为自己办事，最为浪费；花别人的钱为别人办事，最不负责任"[③]。政府直接补贴企业可能最经济，但未必最有效率。因为政府还要付出监管和搜寻成本，因此委托给专业机构就成为合理选择。关键问题在于，政府在纾困行动中应实施什么样的纾困策略，才能督促各方行为不偏离预期目标呢？基于以上思考，下面利用动态博弈思维展开分析[④]。

一、纾困民营企业的特征和筛选原则

把待纾困民营企业分为上市公司和非上市公司两类。根据已有纾困案例分析，纾困民营上市公司主要是化解大股东股票质押风险，而纾困非上市民营企业通常是缓解其生产经营资金周转问题。梳理政府机构发布的公开文件，总结了政府基本的纾困原则和纾困对象的选择条件，列于表7.7中。

---

① 《中共中央 国务院关于营造更好发展环境支持民营企业改革发展的意见》，2019年12月4日，http：//www.gov.cn/zhengce/2019 – 12/22/content_5463137.htm。

② 《民企债券融资支持工具获批，市场化方式帮助缓解企业融资难》，http：//www.scio.gov.cn/，2022年1月26日。

③ 王媛. 弗里德曼说花钱的四种可能 [J]. 图书馆建设，2019（3）：162 – 164. DOI：10.19764/j.cnki.tsgjs.20190927.

④ 政府、纾困基金和困境企业的利益诉求很多时候存在冲突，需要政策设计能激励各方按预期方案行动。

表 7.7 　　　　　　　　　纾困民营企业的基本原则和基本特征

纾困原则	内容	基本特征	内容
公开透明	公开征集，企业机会平等，审议申请救助的企业程序公正	发展潜力	符合产业政策和支持方向，有核心竞争力、市场前景和发展潜力
自愿申请	符合条件的企业均可自愿申请	财务良好	杠杆率合理，无恶意拖欠贷款、虚假纳税、财务失真或造假等不良记录
风险可控	管理规范、财务清晰、信用良好。能短期内脱困	管理规范	生产经营依法依规，稳就业作用明显，积极履行社会责任
封闭运行	纾困资金专款专用，定期接受审议监督	规模较大	须满足年营业收入门槛，对调结构作用明显的新兴产业可降低标准
应急原则	救助短期资金困难、生产经营受冲击、生存困难的良性企业	—	—

资料来源：根据相关政府部门的公开通知文件经笔者整理而得。

从表 7.7 可知，以政府背景的国资带头纾困民营企业并非无条件、无要求，被救民营企业需要满足规模门槛，很多小微企业其实不能获得救助。在满足纾困最低门槛的民营企业中，还需要经过竞争力、市场潜力判断，而有些标准则需要认定，并不特别清晰（张乐才和刘尚希，2019）。即使民营企业能得到纾困机会，其获得的资金注入在使用方式、实际绩效等方面也要满足要求，否则，后期将难以获得纾困资金。纾困的重要原则是"救急不救穷"，那些自身经营不规范、财务记录不良、陷入长期困境的企业不在纾困范围内。在遵循以上纾困基本原则和筛选流程的基础上，纾困行动也会面临一些潜在的冲突。

二、民营企业纾困中的博弈关系

（一）国资纾困与防止国有资产流失问题

由国有企业带头注资民营企业，如果资金流入民营企业并使其短期内扭亏为盈，那么转让给国有企业的股权等资产可由民营企业重新赎回，进入的社会资本也能获得一定回报，政府也达到了促发展、稳就业等基本目标，各方均可受益。但如果国资进入后，被救对象的生产经营却迟迟没有起色，那么国有资产将会困于民营企业中，有资产缩水的风险。如果在救民营企业之时，产生合谋高溢价并购输送利益，更会造成国有资产的流失。因此，政府应严格监管国有资金使用，处理好既要真金白银地支持民营企业脱困，又要防止国有资产被低价变卖侵吞的风险。

（二）纾困需求广泛性与施救能力有限性的冲突

如果放任民营企业的流动性风险不管，将会有一批优质民营企业破产，进而影响经济发展和社会稳定，因此政府理应调动资源进行纾困。但同时应注意到，遭遇困境的民营企业数量不少，以政府掌握的经济资源，不可能救助所有企业。即使政府有能力对所有困境民营企业纾困，做法也并不符合市场化原则。政府的大包大揽救助将会导致民营企业对政府过度依赖，放松了自身的责任担当。政府本身不是市场经营主体，只是市场秩序管理者，政府直接救助也并非专业。综上所述，政府的最优选择是委托专业机构实施更公开公正的纾困对象遴选机制，防止发生道德风险和逆向选择。由政府委托专业机构去摸清每一家申请纾困民营企业的状况，给出评估建议。

（三）民营企业股权转让与所有权转移的冲突

在民营企业大股东签署了股权受让协议后，国有企业及其他社会资本进入民营企业。但如果协议期内大股东不能及时赎回公司股权，那么民营企业的所有权可能发生转移。这种局面既不符合政府纾困民营企业的既定原则，又可能会挫伤民营企业家的积极性。一旦发生了所有权转移，由于国有企业的运作方式、企业文化和民营企业之间差异很大，重组后民营企业的经营绩效不一定能得到明显改善。因此，在实施纾困时，既要让纾困基金方能持有债权或股权抵押，又要设计好民营企业大股东的赎回机制，避免出现国有企业接盘民营企业的结果。

（四）政府与受委托纾困基金的代理冲突

政府一般不会直接接管民营企业运营，而是采取国有企业联合其他投资人成立纾困基金的模式，但政府如何保证纾困基金能按照其目标采取一致性行动呢？政府目标是以合理成本达到纾解民营企业流动性风险的目的，而纾困基金除了实现支持民营企业的社会责任外，也有一定的投资获益目的，因此政府和投资人的目标不能确保完全一致。如果纾困基金变卖了公司的股票或资产，那么公司的后期运营会受到影响。未来基金方如果对上市公司进行并购或者重组，最终成为公司的实际控制人，将会影响政府纾困目标的实现。

基于以上考虑，本节借鉴施托普勒（Stopler，2009）的研究，阐述民营企业纾困中的各参与方的关系，定量刻画政府、纾困基金和纾困企业之间的博弈冲突，寻找民营企业纾困中一致性的最优策略[①]。

三、三阶段博弈模型纾困策略分析

（一）纾困行动的三个阶段

模型中考虑政府监管方、纾困基金和被纾困企业三方（见图 7.2），其中，政府不能直接观测企业的具体情况，而纾困基金有识别民营企业的专业能力。对模型做必要的简化。假设有两类企业 A 和 B，其中企业 A 是合适的政府纾困对象，有较高的纾困成功可能性，而企业 B 不是合适的对象，纾困成功的可能性较低。

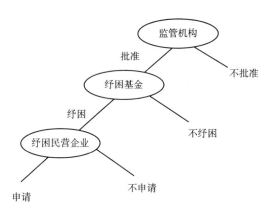

图 7.2　动态博弈的三个阶段

在图 7.2 中，纾困行动可分为三个阶段。第一阶段：政府监管方决定是否批准纾困基金去实施纾困行动。政府有权批准成立一家或多家纾困基金，而且还可

---

　　① Stolper A. Regulation of credit rating agencies [J]. Journal of Banking & Finance, 2009, 33 (7): 1266 – 1273.

以根据其表现决定后期是否继续合作。在阶段 1，如果政府决定与某家纾困基金合作，其批准成本记为 C_A，即政府财政注资。记是否批准为 z_i^t。第二阶段：纾困基金评估民营企业，认定救助对象并实施纾困。在纾困方案中提出对企业的要求，从而生成纾困企业须付出的成本。记每一家纾困基金要求纾困企业须付出的成本为 f_i^t。这些成本包括企业接受纾困后，需要在经营、融资及股权等方面的改变。记纾困基金评估民营企业是否可入选的阈值为 a_i^t，而实际上是否适合纾困的阈值为 m。纾困基金对企业筛选的标准既包含量化指标，比如企业的年营业收入、近三年的平均资产负债率等，也包括定性指标，比如判断该企业是否能对结构调整作用明显，是否具有核心竞争力，是否有市场前景等。在资格认定方面，纾困基金有其自身的自由度。如果筛选标准 $a_i^t = m$，那么纾困基金会做出正确的选择；而如果筛选标准 $a_i^t > m$，纾困基金则会把一部分不适合的民营企业纳入纾困名单，其后果是申请民营企业会增多，而纾困效果会下降；如果实施标准 $a_i^t < m$，纾困基金会做出更严格的筛选，使得大量企业丧失纾困机会。第三阶段：陷入流动性困境的民营企业基于自身情况，决定是否申请救助。如果民营企业没有达到纾困基金制定的救助标准，那么自然就无法申请。如果困境企业满足了申请条件，其仍然需要决定是否提交申请，因为接受纾困对民营企业来说并非毫无成本。一方面，大股东可能由于股权转让失去对公司的控制权。另一方面，纾困资金有专款专用限制，并不同于正常融资。而且，纾困资金也有使用期限限制，一般属于短期的应急性救助安排，不是普通的长期负债。比如企业需要承诺在 3 年之内偿还债务，然后退出救助。

（二）纾困行动的不同策略

假设申请成功对企业的效用是 Δ，而申请被驳回的效用为 0。综合企业接受纾困的成本，其净效用函数 U_{firm} 在企业决定申请并成功入选时的值为 $\Delta - f_i^t$；如果企业决定申请但没有入选，其效用值为 $-f_i^t$；如果企业决定不申请，则净效用值为 0。记 $D_i^t \in [0, 1]$ 是民营企业申请需求的密度函数。如果监管者没有批准任何一家纾困基金，则民营企业的申请密度值为 0。如果监管者仅批准成立一家纾困基金，那么民营企业的申请密度分为两种情况。当申请费用低于收益，密度值为 a_i^t；当申请费用高于收益，密度值为 0。如果监管者批准了多家纾困基金，当 $f_i^t < f_{-i}^t$，$f_i^t < \Delta$，那么民营企业对第 i 家纾困基金的申请需求为 a_i^t；当 $f_i^t = f_{-i}^t \leq \Delta$，

$a_i^t \leqslant a_{-i}^t$，那么申请密度等于 $\dfrac{1}{n^t} a_i^t$；如果 $f_i^t = f_{-i}^t \leqslant \Delta$，$a_i^t > a_{-i}^t$，那么申请密度等于

$a_i^t - \dfrac{n^t - 1}{n^t} a_{-i}^t$。记政府的监管者成本是 C_M，记 χ_i^t 是接受纾困后经营绩效未改善

的比例。记民营企业经营可能遭受的外部冲击服从均匀分布 η^t，其发生概率是

p；不发生概率是 $1 - p$。外部冲击增加了企业经营恶化的概率。记 q_i^t 是申请企业

被审核通过的比例，则有，$\chi_i^t = q_i^t (d_A + \eta_A^t) + (1 - q_i^t)(d_B + \eta_B^t)$。记 δ_{RA} 是纾困基

金的贴现因子，则纾困基金的效用函数 $U_{RA} = (1 - \delta_{RA}) \sum\limits_{t=1}^{\infty} \delta_{RA}^{t-1} D_i^t(\cdot) f_i^t$。记 δ_{Re} 为政

府作为监管者的贴现因子，成本效用函数 $(1 - \delta_{Re}) \sum\limits_{t=1}^{\infty} \delta_{Re}^{t-1} \left[C_A \sum\limits_i z_i^t + C_M \sum\limits_i w_i^t \right]$。

政府要督促纾困基金提供正确的筛选标准，就需要采取合适的批准策略，使得纾

困基金能按照其既定方针纾困，而不是通过合谋偏离目标。政府有如下四种可供

选择的策略（见表 7.8）。

表 7.8 　　　　　　　　　政府批准纾困基金的不同策略

项目	策略	策略内容	策略分析
纾困基金	策略 1	在第 1 期，批准两家纾困基金。如果纾困企业表现 $x_i < x_j$，那么用第 j 家纾困基金代替第 i 家	如果监管者选择批准策略 1，纾困基金倾向于合谋放松标准。如果纾困基金的贴现因子充分大，存在子博弈完美均衡，所有纾困基金都提供正确的标准
	策略 2	在第 1 期只批准一家纾困基金。如果 $x_i < d_A$，在后续时期替换此纾困基金	如果监管者选择批准策略 2，纾困基金倾向于合谋放松审核标准。如果纾困基金的贴现因子 δ_{RA} 关于 p 充分高，批准的纾困基金能提供正确的审核标准
	策略 3	在第 1 期，批准两家纾困基金。如果纾困企业表现 $x_i < x_j$，取消第 i 家纾困基金的资格。如果 $x_j < d_A$，在后续时期替换纾困基金 j	监管者选择批准策略 3。如 δ_{RA} 充分高，存在一个子博弈完美均衡。所有的纾困基金提供正确的审核结果。批准策略 3 阻止授权纾困基金之间提供虚假审核
政府	策略 1 和策略 2	监管成本 C_M，批准成本 C_A，贴现因子 δ_{Re}	贴现因子 δ_{Re} 充分高，监管成本 C_M 小于批准成本 C_A，批准策略 1 的成本小于批准策略 2

（三）不同纾困行动策略的分析

假设监管者选择策略 1，策略涉及两个阶段。合谋阶段中纾困基金选择阈值 m 和费用 Δ，惩罚阶段选择阈值 m 和费用 0。如果所有的纾困基金合谋于价格而非阈值，每一家纾困基金的支付函数为 $(1-\delta_{RA})\sum_{t=1}^{\infty}\delta_{RA}^{t-1}\dfrac{m}{2}\Delta=\dfrac{m}{2}\Delta$。

如果纾困基金 i 为最大化收益而改变阈值，令 $a_i=1>m$，费用 $\Delta-\varepsilon$。偏离产生的收益为 $(1-\delta_{RA})\left[1(\Delta-\varepsilon)+\sum_{t=2}^{\infty}\delta_{RA}^{t-1}0\right]$。如果 $\dfrac{m}{2}\Delta\geqslant(1-\delta_{RA})(\Delta-\varepsilon)$，纾困基金没有动力选择更高阈值。如果监管者选择批准策略 1，纾困基金倾向于合谋放松审核标准。如果纾困基金的贴现因子 δ_{RA} 充分大，存在子博弈完美均衡，使得所有的纾困基金都提供正确的审核标准。

假设监管者选择策略 2，如成本小于收益，则民营企业需求纾困的密度为 D_i，否则其值为 0。对于纾困基金选择费用 Δ，考虑纾困基金阈值 a 的选择。如果阈值 $a=m$，民营企业的纾困需求严格为正。纾困基金的支付函数为 $(1-\delta_{RA})\left[m\Delta+\sum_{t=2}^{\infty}\delta_{RA}^{t-1}(1-p)^t m\Delta\right]$。如果纾困基金选择更高阈值 $a>m$，标准放松使得一些原本不能入选的企业获得了机会，申请纾困的企业数量增加，从而导致纾困民营企业的绩效变差。政府作为监管者在观测到纾困效果不佳后，会做出否决此纾困基金资格的决定。如果最大化放松标准至 $a=1$，那么所有企业均需求纾困，则有支付函数 $(1-\delta_{RA})\left[1\Delta+\sum_{t=2}^{\infty}\delta_{RA}^{t-1}0\right]$。

如果 $(1-\delta_{RA})\left[m\Delta+\sum_{t=2}^{\infty}\delta_{RA}^{t-1}(1-p)^t m\Delta\right]\geqslant(1-\delta_{RA})\Delta$，纾困基金就没有动力去选择更高阈值。如果纾困基金选择了一个更低的阈值 $a<m$，那么更少的民营企业可以入选，因此纾困需求自然会下降，但纾困结果是能改善优质企业的经营，但与 $a=m$ 的阈值相比，纾困效果没有提升，因此纾困基金没有动力选择更低阈值。如果纾困基金的贴现因子 $\delta_{RA}\geqslant\dfrac{1-m}{1-p}$，在批准策略 2 下，政府能引导纾困基金提供正确的标准。

如果监管成本 $C_M<\left[(1+p)\delta A_{Re}\right]$，监管者的贴现因子 δ_{Re} 收敛到 1，那么监管成本 C_M 充分小于审批成本 C_A，批准策略 1 相对于批准策略 2 会产生更小的成本。

假设监管者选择批准策略 1。当纾困基金的贴现因子 $\delta_{RA} \geqslant 1 - \dfrac{m}{2}$，会存在子博弈完美均衡，所有纾困基金会提供正确的标准。在此均衡状态中，每家纾困基金的支付函数 $(1 - \delta_{RA}) \sum\limits_{t=1}^{\infty} \delta_{RA}^{t-1} \dfrac{m}{2}\Delta = \dfrac{m}{2}\Delta$，假设所有纾困基金采取合谋行动，选择更高的阈值 a^H 替代 m，则有更多企业产生纾困需求并且绩效下降。然而由于企业绩效没有差异化，监管者无法决定让哪一家纾困基金退出，此时每家纾困基金的支付函数为 $(1 - \delta_{RA}) \left[\dfrac{a^H}{2}\Delta + \sum\limits_{t=2}^{\infty} \delta_{RA}^{t-1} \dfrac{m}{2}\Delta \right]$。如果所有纾困基金合谋提供宽松的救助标准，每一家批准的纾困基金得到更高的支付函数。批准策略 1 没有提供一个动力偏离合谋决定。假设纾困基金 i 和 j 初期合谋选择阈值 a^H 和费用 Δ，后期纾困基金 j 坚持合谋，而纾困基金 i 偏离了合谋，纾困基金 i 提供了筛选阈值 $\Delta - \varepsilon$，那么纾困基金 j 的绩效将会比 i 的纾困效果差。监管者后续会否决纾困基金 j 的资格，批准另一家纾困基金替代纾困基金 j，那么纾困基金 i 的支付函数是 $(1 - \delta_{RA}) \left[\dfrac{a^H - \varepsilon}{2}\Delta + \sum\limits_{t=2}^{\infty} \delta_{RA}^{t-1} \dfrac{m}{2}\Delta \right]$。

既然 $(1 - \delta_{RA}) \left[\dfrac{a^H}{2}\Delta + \sum\limits_{t=2}^{\infty} \delta_{RA}^{t-1} \dfrac{m}{2}\Delta \right] > (1 - \delta_{RA}) \left[\dfrac{a^H - \varepsilon}{2}\Delta + \sum\limits_{t=2}^{\infty} \delta_{RA}^{t-1} \dfrac{m}{2}\Delta \right]$，基金 i 并没有动力偏离合谋。进一步，如果纾困基金的贴现因子充分高，那么纾困基金 i 没有动力偏离价格合谋。假设纾困基金 j 坚持价格合谋并且选择阈值标准 a^H 和费用 Δ。如果纾困基金 i 选择了费用 $\Delta - \varepsilon$，则偏离了合谋协议。在惩罚阶段，如果贴现因子 $\delta_{RA} \geqslant \dfrac{2 + a^H - 2m}{2 + a^H - m}$，惩罚阶段的存在使得纾困基金没有动力偏离费用 Δ；惩罚阶段充分短，纾困基金没有动力偏离惩罚阶段。因此，监管者选择批准策略 1，纾困基金将会合谋提供纾困[①]。

假设监管者选择批准策略 3。如果纾困基金的贴现因子 $\delta_{RA} \geqslant 1 - \dfrac{m}{2}$，存在一个子博弈完美均衡，使得所有的纾困基金都提供正确的纾困标准。批准策略 3 也能产生偏离合谋的动力。假设纾困基金 i 和 j 建立合谋协议。协议内容是选择共同的阈值 $a^H > m$ 和费用 Δ，如果所有的纾困基金都能坚持合谋，每一家纾困基金

---

① Zhao D, Ji S, Wang H, et al. How do government subsidies promote new energy vehicle diffusion in the complex network context? A three-stage evolutionary game model [J]. Energy, 2021, 230: 120899.

得到的支付函数为 $(1 - \delta_{RA}) \left[\frac{a^H}{2}\Delta + \sum_{t=2}^{\infty} \delta_{RA}^{t-1} \frac{m}{2}\Delta \right]$。如果纾困基金 i 选择偏离合谋，并且其选择的阈值是 $a^H - \varepsilon$。民营企业从 i 申请纾困的密度下降 $\varepsilon/2$，纾困基金 i 的绩效上升，纾困绩效 $x_i > x_j$，监管者否决对 j 的批准，只批准 i 的纾困资格，直到 i 的绩效低于 A 类预期绩效，纾困基金 i 因此可获得支付函数：

$$(1 - \delta_{RA}) \left[\frac{a^H - \varepsilon}{2}\Delta + \delta_{RA}m\Delta + \sum_{t=3}^{\infty} \delta_{RA}^{t-1}(1-p)^{t-2}m\Delta + \sum_{t=3}^{\infty} \delta_{RA}^{t-1} p^{t-2} \frac{m}{2}\Delta \right]$$

既然偏离合谋的支付函数大于坚持合谋的支付，那么每一家纾困基金都有偏离合谋的动力，因此纾困基金会放松选择标准。如果监管者只批准纾困基金 i，直到观测到其绩效小于 A 类平均绩效为止，在纾困基金贴现因子充分高的情况下，i 会提供正确的标准。因此，如果贴现因子 δ_{RA} 充分高，将存在子博弈完美均衡，使得所有的批准纾困基金提供正确标准。批准策略 3 阻止了批准纾困基金合谋提供过度宽松的标准。

四、纾困策略博弈分析的启示

根据以上策略分析，得到表 7.8 中的结论。如果监管者选择批准策略 1，纾困基金倾向于合谋放松审核标准。如果纾困基金的贴现因子 δ_{RA} 充分大，存在子博弈完美均衡，使得所有纾困基金都提供正确标准。贴现因子大的条件，说明纾困基金要对纾困保持足够的耐心，要有支持民营企业发展的社会责任感，而不是借纾困机会赚取高额回报。因此，纾困的主力应该由国有企业担当，而社会资本作为辅助。在策略 2 中，纾困基金倾向于合谋放松审核标准。如果纾困基金的贴现因子 δ_{RA} 关于冲击概率 p 充分高，能提供正确的标准，即纾困基金能在冲击下保持足够耐心，不至于自身难保。在策略 3 中，如果 δ_{RA} 充分高，则存在一个子博弈完美均衡。所有的纾困基金提供正确的审核结果，这与策略 1 相似。

当政府的贴现因子 δ_{Re} 充分高，监管成本 C_M 小于批准成本 C_A，批准策略 1 的成本小于策略 2。其含义是政府在批准机构代理其纾困职责时，应当引入竞争机制，而不是让某一机构垄断。政府同样也需要满足一定条件，首先，政府应该真正有纾困民营企业的决心；其次，政府监管纾困基金的成本 C_M 小于批准成立纾困基金的成本 C_A，监管成本要小于其注资成立纾困基金的成本。因此，其含义是政府能提供必要资源支持纾困。总之，纾困需要政府提供财政资金，并寻找合适的国有企业部门参与，由政府保持话语权和纾困方向，才能获得好的效果。

第四节　流动性纾困政策效应的经验分析

一、民营企业纾困政策背景分析

在民营企业座谈会召开之后，中央、地方和基层三个层级的系列支持政策被陆续颁布实施，其中中国人民银行推动的"三支箭"政策最具代表性。作为政府帮助民营企业融资脱困的公共政策，既引人关注又影响深远。那么如何科学评估政策实施的效果及如何进一步优化政策，就非常值得深入探讨。

已有考察公共政策影响企业融资的文献主要包括：第一，研究货币政策对企业融资约束的影响。学术界普遍支持政府帮助中小企业融资，但对介入方式、时机和领域等问题存在争议。加西亚和桑托尔（García and Santor，2021）认为，欧盟直接发放贷款政策存在道德风险，而政府资助的反周期担保工具的效果较好。阿尔塔维拉等（Altavilla et al，2022）发现，采用降准降息总量货币政策能释放流动性并促进企业融资，但难以控制对行业的异质性影响，因此，近年来各国央行开始采用结构性货币政策。伯南克（Bernanke，2020）认为，货币当局购买避险资产能减小期限溢价，有利于私人部门融资。在"新常态"背景下，中国经济出现了流动性总量充裕和结构性短缺共存的局面，中国人民银行探索实施定向降准、常备借贷便利、中期借贷便利等结构性政策工具。这些政策的传导机制和有效性，引发了学者们的关注。冯明和伍戈（2018）发现，定向降准能收窄定向和非定向部门间的信贷利差，但利率弹性差异会影响资金流向。田国强和赵旭霞（2019）基于 DSGE 模型，分析破解民营企业融资约束举措效果不明显的原因，认为金融体系效率下降使金融资源错配，金融体系效率与地方政府债务的循环关联是主因。地方政府债务进一步给企业投融资行为带来了消极影响（徐彦坤，2020）。中国人民银行三亚市中心支行课题组（2020）评估了定向降准政策的作用，发现其能缓解融资约束。定向降准政策能改善小企业的现金流敏感性，但效果对国有企业更明显（Lin et al，2020）。定向中期借贷便利政策能降低民营企业的融资成本，但可能引发上下游企业的产出背离而导致经济不稳定（孔丹凤和陈志成，2021）。第二，产业政策会间接作用于企业融资。政府产业扶持的企业通常会获得融资便利，容易与银行形成关系型借贷（王满四和王旭东，2020）。例如，邱洋冬（2020）发现，资质认定型产业政策会通过税收优惠、信贷支持和政府补贴三种机制促进企业融资。绿色金融政策实施能显著提高绿色产业企业融资的可获得性（牛海鹏等，2020）。第三，政策的不确定性也会影响企业融资。政策环境的不确定性会使企业形成期望落差，进而减少长期债务融资（贺小刚等，2020）。巩雪（2021）发现，政策的不确定性越强，投资者索要的风险溢价越高。

以上文献中，专门调研定向支持民营企业融资政策效果的很少。辛静（2019）调查了深圳市 191 家接受地方政府及国资纾困的民营上市公司，发现其融资困境得到了有效缓解，但政策实施中存在纾困边界不明，效率不足和民营企业政策依赖等问题。李奕和王桂莲（2020）调查了天津支持民营企业发展政策的落实情况，发现存在企业不了解优惠政策、不熟悉办理流程的问题。徐光等（2019）评估了民营企业债券融资支持工具政策的作用，发现其能缓解民营企业的融资约束。政府对民营企业的纾困措施起到了急诊效果，但仍未能根治（陆岷峰，2020）。梳理文献发现，对民营企业融资支持政策效应的研究仍很缺乏，需要深入定量评估纾困政策实施的净效应。本节的主要工作是：第一，从宏观流动性、债券和股权市场和企业经营变化等多维视角，获得民营企业融资支持政策实施效果的全貌；第二，以 B 公司为例，分析公司陷入流动性困境的原因、纾困过程及其结果。

二、民营企业纾困政策效果对比

（一）流动性纾困政策实施的多维度对比

纾困金融政策实施会引发微观主体的变化，最终汇聚成市场和宏观经济指标变动，因此，可跟踪宏微观不同领域的变化以全面把握政策效果。本书从宏观流动性、信贷市场角度、债券市场、股票质押风险以及企业经营变化方面进行分析。

1. 宏观流动性的变化

以 M2 同比增速（RM2）和社会融资规模同比增速（RTSF）反映宏观经济

流动性的松紧程度，如图7.3所示。由图7.3可见，从2018年第四季度到2020年第一季度，金融体系流动性总体保持稳定，没有明显的宽松趋势。2020年第一季度后，货币供应量增速明显上升，而在2020年第三季度之后又开始回归。纾困政策实施后出现的短期流动性充裕环境有利于企业融资。

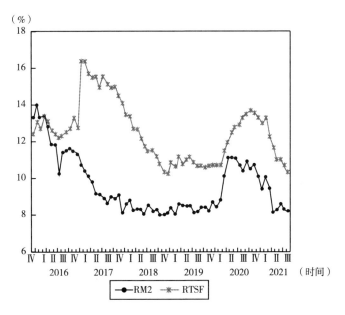

图7.3 M2和社会融资同比变化

资料来源：Wind数据库。

2. 企业信贷市场的变化

以小微企业贷款增速看民营企业的贷款变化。从2018年第四季度到2021年第二季度，金融机构各项贷款余额同比增速（SL）从13.5%降至12.3%，而小微普惠贷款增速（SML）则从18%上涨到31%，金融机构加大小微贷款的"量"效应非常明显，如图7.4所示。同期人民币贷款加权平均利率从5.44%降至5.03%，而小微企业贷款利率则从6.7%降至5.88%，"价"上的降幅也很明显。从贷款期限看，中长期贷款占比从62.65%上升至65.42%，而且同期商业银行不良率从1.83%微降至1.75%，民营企业的贷款市场环境发生了积极变化。

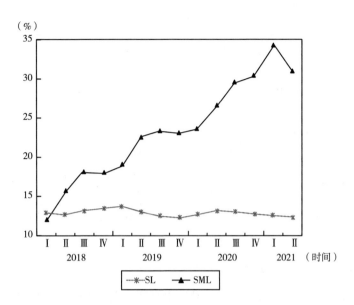

图 7.4　各项贷款和小微贷款同比增速

资料来源：Wind 数据库。

3. 股票质押风险是否被缓解

本书先获取中国证券登记结算网的股票质押信息，然后用中国民营上市公司数据库的代码筛选出民营企业，最后汇总计算出 A 股市场民营上市公司的股票质押变化（见表 7.9）。计算显示，质押比例、质押数量、质押公司数、质押笔数以及超 50% 质押比例的公司数均出现了显著下降，说明 A 股市场民营上市公司的股票质押风险已得到了明显缓解。

表 7.9　A 股市场民营上市公司股票质押变化

交易时间	质押比例（%）	质押公司数（家）	质押笔数（万）	质押数量（亿股）	质押比例超 50% 公司数（家）
2018 年 9 月 30 日	24.67	2370	8.99	5078.40	139
2018 年 12 月 28 日	24.50	2349	6.77	5030.52	135
2019 年 3 月 29 日	24.14	2319	5.40	4963.17	124
2019 年 6 月 28 日	23.40	2289	4.58	4905.34	106
2019 年 9 月 30 日	22.80	2259	3.99	4769.95	96
2019 年 12 月 27 日	21.89	2221	3.41	4531.64	84
2020 年 3 月 27 日	21.30	2196	3.05	4384.74	77

续表

交易时间	质押比例（%）	质押公司数（家）	质押笔数（万）	质押数量（亿股）	质押比例超50%公司数（家）
2020 年 6 月 24 日	20.57	2166	2.71	4254.20	74
2020 年 9 月 30 日	19.44	2128	2.32	3960.86	66
2020 年 12 月 31 日	18.57	2079	2.02	3744.89	51
2021 年 3 月 26 日	18.60	2044	1.92	3642.56	49
2021 年 6 月 25 日	18.12	2032	1.83	3555.79	42
2021 年 9 月 30 日	17.57	2009	1.74	3394.86	38

资料来源：根据中国证券登记结算有限责任公司股票质押数据计算而得（http：//www.chinaclear.cn/zdjs/gsgg/about_lmtt.shtml）。

4. 民营企业债券市场的变化

从民营企业债券发行量和成本角度分析债券融资的变化。根据中国证券业协会发布的数据，截至 2020 年 11 月，民营企业债券融资支持工具总规模为 17.6 亿元，信用保护工具规模为 20 亿元，尽管规模不大，但却增加了民营企业的直接融资机会。利用信用利差测度投资者的风险偏好变化（见表 7.10），发现不同性质企业债券相对无风险收益的溢价均呈现收窄趋势。对比 2018 年 9 月 30 日和 2020 年 12 月 31 日时点，民营企业相对中央企业和地方国企的信用利差分别缩小了 44.08 个和 27.68 个基点，但相比 2021 年 6 月 30 日又有所拉大，说明政策实施后，投资者对民营企业债券的投资意愿上升，但改善仍不稳定。从债券违约情况看，从 2017~2020 年的民营企业违约次数占比从超过 80% 降至 50%，虽然仍然是主要风险点，但信用风险已得到缓解。

表 7.10   **不同性质企业产业债的信用利差**   单位：基点

时间	中央企业	地方国企	民营企业
2018 年 9 月 30 日	78.44	138.42	315.60
2018 年 12 月 31 日	89.31	138.29	354.60
2019 年 6 月 28 日	62.50	115.73	326.46
2019 年 12 月 30 日	69.70	100.82	314.04
2020 年 6 月 30 日	67.07	97.31	316.76
2020 年 12 月 31 日	85.92	129.50	279.00
2021 年 6 月 30 日	55.00	84.44	264.25

资料来源：根据 Wind 数据库整理。

用民营企业、中小企业债券发行量及其占比变化分析债券融资情况。根据中国证券业协会发布的民营企业债券融资支持工具和信用保护工具专项统计结果（见表 7.11），在 2020 年 1～9 月，证券行业为支持民营企业流动性纾困，发行民营企业债券融资支持工具总规模 17.3 亿元。在所有发行工具的证券公司中，国泰君安证券的出资比例最大，占比 42.2%；其次为中信证券和中金公司，占比分别为 17.3% 和 14.5%。总体上，民营企业债券融资支持工具的发行规模依旧太小，不足以纾困所有陷入流动性危机的民营企业。

表 7.11　　　　　　　　　民营企业债券融资支持工具总规模　　　　　　　单位：亿元

序号	证券公司	工具规模	序号	证券公司	工具规模
1	国泰君安证券	7.3	10	东方证券	0
2	中信证券	3.0	11	东吴证券	0
3	中金公司	2.5	12	长城证券	0
4	中信建投证券	1.2	13	方正证券	0
5	广发证券	0.95	14	国金证券	0
6	浙商证券	0.90	15	国信证券	0
7	华泰证券	0.75	16	平安证券	0
8	海通证券	0.70	17	申万宏源证券	0
9	招商证券	0.30	18	中国银行证券	0
合计	—	17.3	—	—	0

资料来源：中国证券业协会（https：//www. sac. net. cn/hysj/zqgsjysj/）。

证券公司联合创立的信用保护工具规模为 20 亿元，其中中信证券、国泰君安证券和中金公司的投资额度最大，分别占比 35.4%、28.3% 和 10.3%（见表 7.12）。相比民营企业的债券融资规模，信用保护工具的总规模仍然不足，对解决民营企业流动性风险的作用有限。如果要真正地发挥出债券渠道支持民营企业融资的效果，需要进一步扩大工具的规模。

表 7.12　　　　　　　　　证券公司创设信用保护工具规模　　　　　　　单位：亿元

序号	证券公司	工具规模	序号	证券公司	工具规模
1	中信证券	7.075	4	海通证券	1.50
2	国泰君安证券	5.65	5	平安证券	0.90
3	中金公司	2.05	6	华泰证券	0.85

续表

序号	证券公司	工具规模	序号	证券公司	工具规模
7	东吴证券	0.60	13	东方证券	0
8	招商证券	0.50	14	方正证券	0
9	中信建设证券	0.40	15	国金证券	0
10	浙商证券	0.30	16	国信证券	0
11	广发证券	0.175	17	申万宏源证券	0
12	长城证券	0	18	中国银河证券	0
合计	—	19.53		—	0.48

资料来源：中国证券业协会（https：//www.sac.net.cn/hysj/zqgsjysj/）。

测度投资者对民营企业债券偏好的重要指标是信用利差。相应等级的民营企业债券和基准债券产品收益率的差额能映射出信用风险。一般基准的债券产品是一定期限的国债，其收益率作为无风险债券收益率。由于投资者会要求更高的收益率来补偿更高的违约风险，因此信用利差通常显著为正[①]。此外，市场的整体流动性与信用利差也有关系。债券的供给数量越多，投资者可选择性越广。金融机构供给企业的资金越多，信用利差会越小，即融资可获得性和信用利差呈负向关系，而与融资成本呈正向关系。股票市场与债券市场具有交互作用，因为投资者可以在两个市场的投资组合中调整资产配置权重。因此，如果股市的波动幅度上升，资金流入债市会使得信用利差减小。利用兴业研究公布的信用利差中位数数据，比较不同性质的企业发行债券的风险变动趋势，结果列于表 7.13 中。

表 7.13　　　　　　　　　不同性质企业产业债的信用利差　　　　　单位：基点 BP

时间	中央企业	地方国企	民营企业
2018 年 11 月 1 日	74.34	141.94	353.20
2018 年 11 月 15 日	83.83	140.44	367.49
2019 年 3 月 1 日	73.52	121.70	324.09
2019 年 6 月 3 日	58.08	97.34	309.73
2019 年 9 月 2 日	50.53	89.60	313.05
2019 年 12 月 2 日	56.15	83.98	308.94

---

① 史永东，郑世杰，袁绍锋．中债估值识别了债券信用风险吗？——基于跳跃视角的实证分析[J]．金融研究，2021（7）．

时间	中央企业	地方国企	民营企业
2020 年 3 月 2 日	58.56	79.12	279.09
2020 年 6 月 1 日	59.79	91.76	293.29
2020 年 9 月 1 日	50.68	66.72	296.82
2020 年 12 月 1 日	77.44	101.99	268.84
2021 年 1 月 4 日	78.97	121.77	277.48

资料来源：Wind 数据库。

比较无风险收益率可以发现，无论中央企业、地方国企还是民营企业债券的信用利差在 2018 年均经历了上升过程。同时期股票市场处于震荡收缩阶段，股指在波动中下滑。两个市场同期的不景气说明商业周期和宏观流动性环境处于收缩阶段。在 2019 年后，三种属性企业的债券信用利差都出现了总体下降，表明为应对债券违约频发、P2P 暴雷、企业资金链断裂和新冠疫情突发等情况，国家层面的流动性政策整体趋于宽松。从三种类型企业分析定向政策的效果。以民营企业座谈会的时间为基准点，对比 2021 年 1 月的债券市场情况，可以发现中央企业、地方国企和民营企业的信用利差分别下降了 4.63 个、20.17 个和 75.72 个基点，其中民营企业信用利差的下降是最明显的。但民营企业的信用利差仍远高于地方国企和中央企业。说明民营企业相比国有企业的融资地位仍然偏弱。

流动性纾困的效果还可以从债券市场上债券违约的情况评估。梳理 2017 年至 2020 年 5 年的信用债违约数据（见表 7.14）。从违约次数计算，2017 ~ 2019 年民营企业债券违约次数的占比较高，均超过了总违约数的 80%。2019 年后，民营企业债券违约的风险开始下降。经时间累积，2020 年政策救助的效果更加明显，民营企业违约数占比已经降至 50% 左右。而 2020 年作为债券市场打破刚兑信仰的一年，地方国企和中央企业债券的违约风险均明显加大。这种现象一方面得益于纾困行动的实施，另一方面也体现在投资者对民营企业的风险厌恶程度降低。

5. 企业生产和盈利的变化

利用中小企业协会发布的中国中小企业发展指数，观察民营企业的生产经营和财务变化，发现经营指数（OI）和效益指数（BI）呈现出相似的特征（见图 7.5 和图 7.6），即在 2019 年保持稳定后，因疫情冲击短暂下滑进而逐渐恢复。

表 7.14   民营企业债券违约笔数

年度	全部违约笔数	民营企业违约笔数	地方国企违约笔数	中央企业违约笔数
2020	222	112（50.5%）	53（23.9%）	31（14.0%）
2019	236	199（84.3%）	10（4.2%）	6（2.5%）
2018	164	138（84.1%）	7（4.3%）	12（7.3%）
2017	48	39（81.3%）	8（16.7%）	0（0%）

资料来源：Wind 数据库信用债。

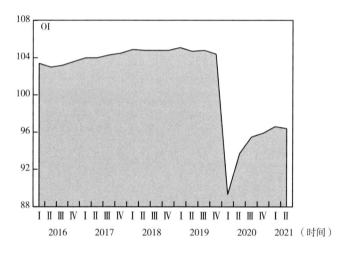

图 7.5   中小企业经营指数

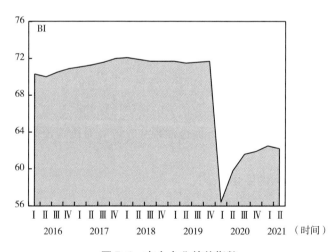

图 7.6   中小企业效益指数

选取中国制造业采购经理指数（PMI）的荣枯变动，比较不同规模企业的生产经营和财务状况的变化（见表7.15）。

表7.15　　　　　　　　　不同规模企业的 PMI 均值　　　　　　　单位:%

时间	小型企业 PMI	中型企业 PMI	大型企业 PMI
2017. 11 ~ 2018. 10	49.26	49.89	52.44
2018. 11 ~ 2019. 04	48.25	48.43	50.90
2019. 05 ~ 2019. 10	48.27	48.73	50.33
2019. 11 ~ 2020. 04	46.87	48.03	48.65
2020. 05 ~ 2020. 12	49.30	49.71	52.31

整体上看，各类 PMI 指数均显示出类似变动趋势。大型企业的 PMI 高于中型企业，而小型企业的 PMI 最低。从 2018 年开始，PMI 指数出现不同程度的下滑。在 2020 年 2 月叠加新冠疫情的冲击后达到最低点，然后在支持政策指引下显著地提升。将考察时期分成 5 个阶段，后面时期的 PMI 均值高于前面的时期。按企业规模统计，小企业的 PMI 指数在考察时段内均低于 50%，经历了一个"U"型谷底。中型企业各时段 PMI 均值也低于 50%，而大型企业在所有考察时段的 PMI 均值都高于 50%。大中型企业的变动趋势比较类似，但大企业的经营状况明显好于中小型企业。

（二）民营企业纾困的规模统计

纾困基金的规模缺乏统一的数据和口径，纾困基金名义总额数据不统一，而且实际到位的金额更加无法精准统计。有的上市公司虽发布了受援公告，但也可能后续没有实际操作。纾困基金的成分复杂，既有央行牵头，也有证券或保险牵头，还有各地方政府背景的基金推动，实际完成纾困投资的程度难以评估。根据深圳证券交易所（以下简称深交所）发布的《2019 年第二季度股票质押回购风险分析报告》披露的数据，到 2019 年第二季度，证券公司已实施完成的纾困对象有 224 家上市公司，金额约 861 亿元，受让股东股份的股权方式和质押融资债权方式大约各占一半，分别有 49.8% 和 49.9%[①]。

---

① 周孝华，王诗意. 纾困基金是否具有"造血"扶持之效？——基于民营企业价值的视角 [J]. 财经研究，2022（3）.

三、民营企业纾困案例分析①

以上分析从总体上肯定了民营企业纾困政策实施的积极效果。下面以对 B 公司的纾困为例，分析纾困的前因后果。

B 公司初创于 1992 年，于 2011 年 4 月在深交所中小板挂牌上市。2018 年因连续出现业绩亏损被证监会出示退市警告。由于债务状况恶化，于 2018 年 9 月 13 日 10 时部分资产被浙江省高院在淘宝司法拍卖网络平台上公开拍卖。拍卖标的物是 B 公司持有的股权及新增股权价值和现金红利。股权被评估拍卖后，淘宝系统会将拍卖所得资金自动转入法院指定账户。是什么原因导致 B 公司陷入了流动性困境，只能被迫以股权来偿债呢？ B 公司又如何自救，政府又采取了哪些纾困举措，而这些措施实施的效果如何？基于以上问题，以 B 公司为案例进行考察。下面将纾困案例分成三个部分，即化解担保链阶段、化解股权质押阶段和遗留问题。

（一）陷入担保链危机及化解

担保链破裂是 B 公司陷入流动性危机的原因之一。公司对外多次提供担保，最终无法偿还债务而被司法系统强制拍卖股权资产。B 公司担保危机的爆发源于信托案。2016 年 12 月，B 公司为 5 亿元信托贷款的担保人，由于借款企业违约而被迫承担担保责任。最终 B 公司所持有的股权被司法拍卖用以抵债。B 公司不审慎的对外担保是导致其爆发流动性危机的重要原因。除此之外，B 公司也为刚起步的子公司融资提供了大量对内担保。表 7.16 统计了截至 2018 年第一季度 B 公司的担保数量，担保金额占净资产的比率已经接近 100%，处于高度风险之中。

表 7.16　　　　　　　　　　　B 公司担保统计

项目	金额（亿元）	占总资产比率（%）	占净资产比率（%）
担保额度	18.76	37.96	99.01
其中：对外担保	5.21	10.54	27.50
关联方担保	13.55	27.42	71.51
担保发生额	0.00	0.00	0.00

资料来源：Wind 数据库。

---

① 资料来源：Wind 数据库。

（二）B 公司自身经营的问题

除了担保交易带来的风险，B 公司还存在自身经营定位不准确，业务扩张带来成本上升过快等问题（见表 7.17）。

表 7.17　　　　　　　　　　B 公司财务数据

财务指标	2019 年	2018 年	2017 年	2016 年	2015 年	2014 年	2013 年
营业总收入（亿元）	2.79	24.91	26.60	27.64	45.34	50.49	61.17
营业总成本（亿元）	2.89	26.99	36.38	33.88	44.67	49.59	51.78
营业收入增长率（%）	11.83	-6.38	-3.76	-39.02	-10.20	-17.46	14.24
营利增长率（%）	-220.43	107.77	-50.21	-956.08	-22.56	-89.62	26.75
Roa（%）	-2.02	1.00	-19.16	-13.63	1.78	1.29	14.93
资产负债率（%）	60.48	63.38	62.76	51.60	31.12	24.45	23.15
资产周转率（%）	0.57	0.49	0.48	0.49	0.9	1.03	1.27
应收账款周转率（%）	3.67	3.24	2.7	2.19	5.07	12.99	21.09
应付账款周转率（%）	2.89	2.47	2.48	2.62	3.65	3.69	4.32
经营现金净流量（亿元）	-0.50	2.91	-1.53	-4.23	0.29	-1.88	2.10

资料来源：Wind 数据库。

B 公司在初创时期和中小板上市前后保持了理性的经营模式。随着公司利润的积累，开始向全国甚至国外扩展经营网络。公司在 2014～2016 年不断设立新的子公司，先后控股了 47 家子公司。业务的过快扩张导致公司的经营成本上升。披露的财务报告显示，2016～2019 年公司的营业总成本都超过营业总收入。营业收入增长率、利润增长率都连续出现负值，资产负债率超过 60%，资产周转率显著变慢，经营现金净流量出现负值。各项财务指标显示该公司的资金链紧张，偿债能力严重下降。在 2018 年由于连续两个年度的财务报告显著亏损，公司被 ST 警示，处于退市边缘。在经历连续三年业绩亏损后，根据《深圳证券交易所股票上市规则》的相关规定，2018 年 4 月起 B 公司被实施"退市风险警示"特别处理*ST。

（三）B 公司自救缓解流动性危机

为规避退市风险，B 公司开始积极自救。首先，公司通过出售非流动性资产获得资金。2018 年初，公司出售了不动产，拍卖了持有的股权资产回流现金，增强了短期偿债能力。公司减少签订新的担保协议，斩断了资金链和担保链困扰。其次，公司运营降本增效。包括严格控制各项费用投入，改善薪酬发放结构和激励机制；优化客户管理模式合作效能；创新新零售模式等。最后，实施资本市场盘整，抑制股票市值暴跌。在被挂 ST 后公告停牌，管理层积极处置资产、优化成本，并在 2018 年实现净利润和净资产转为正值。2019 年公司被撤销了退市风险警示，股价得以稳定下来。

（四）引入外部资金纾困支持

由于自有资金不足，公司努力借助外部资源摆脱困境。一是当地政府通过奖励扶持（2052 万元）、递延收益摊销（713 万元）、税收返还（606 万元）等形式积极帮扶，减轻了公司的经济压力。二是依靠股权市场融资。根据 2018 年 9 月 28 日发布的《关于控股股东股份质押的公告》披露信息，B 公司将总股本的 34.21% 质押，获得了贷款资金。三是引入国有企业资金注入。2018 年 12 月 5 日，在政府协调下，B 公司签订了《股权转让协议》。B 公司将其 5200 万股无限售流通股协议转让给某基金，但控股股东地位没变。针对产业链扩大导致产能过剩的问题，B 公司转让了旗下某工厂 51% 的权益。一系列操作终于使得公司的财务状况好转。根据公司年报披露，2018 年 B 公司实现了营业收入 24.9 亿元，实现归母净利润 4111 万元，同比增长 103.9%，现金流净额为 2.91 亿元，同比增长 311%。

（五）成功纾困后的经营分析

民营企业自身问题的复杂性使得纾困并非一劳永逸，流动性困境仍可能反复。2021 年 1 月 14 日，B 公司被深交所中小板公司管理部下发监管函，披露其违反质押回购协议。原因是在 2019 年 5 月，B 公司质押公告宣称一年内回购资金总额为 2.5 亿~5 亿元，但 B 公司仅累计回购了股份 4600 万元，远未达到公告承诺。随着负面消息的发酵，B 公司股价从历史高点 50.88 元跌至 5.20 元（2021 年 1 月 18 日）。2020 年 1 月 4 日，B 公司发布公告称，以每股 5.49 元的价格，将 5500 万股股份转让。转让后，B 公司的持股比例为 20.75%，仍为控股股东。严重折价转让股票资产，动摇了投资者信心，归母净利润再次下滑至 -3.28 亿元。

2020 年 2 月，B 公司发布了《2020~2024 年发展战略规划纲要》，计划实现公司的多元化发展，涉足更广泛业务。从跟踪数据看，B 公司经营仍不稳定。

第五节　债券融资视角的纾困政策效应计量分析

在第四节，先从多维视角跟踪了民营企业纾困的政策效果，然后以 B 公司为例定性分析流动性纾困的实施。本节以债券支持工具政策为切入点，通过地方国企和中央企业双重对照，更清晰定量评估政策的影响，并提出相关对策建议。

一、民营企业债券数据处理

在各项政策中，信贷支持政策启动最早，然后是债券融资工具。从政策工具关联来看，民营企业贷款和债券融资可用来纾困股票质押风险。学者们对信贷政策激励机制和后果的研究较多，而对债券融资支持政策效应的研究很少。鉴于此，本书选取以此视角深化定量评估。

（一）债券数据的收集和处理

首先，选取上交所的非金融企业成功发行公司债的数据，保留民营企业、国有企业债券，剔除外资企业、中外合资企业的债券，最终收集到企业债券 1178 只。其次，收集同期上交所发行失败的民营和国有企业公司债。最后，归并发行失败和成功的债券，共整理得到 2161 只公司债券。数据取自 Wind 和 Csmar 数据库，时间范围是 2017～2020 年。

（二）变量说明和描述性统计

目标变量如下：*interest* 为债券发行的票面利率，*amount* 为债券拟募集的资金量。*sucess* 表示债券发行是否成功，发行成功记为 1，否则为 0。利率类型 *ratetype* 包括固定、累进和浮动利率三种类型。因数据集中仅有一只浮动计息债券，故令固定利率类型为 1，累进利率和浮动利率为 0。

控制变量如下：*policy* 是政策变量，因 2018 年 12 月上交所开始发行首单民营企业债券融资工具支持债券，故将 2018 年及以前作为政策前，记为 0，其后记为 1。*year* 和 *term* 分别为债券的发行年度和发行期限。*rating* 为债券发行主体的信用评级，从 A － 到 AAA ＋ 实施间隔 0.5 的等级赋分。*list*、*asset*、*income* 和 *profit*

分别表示发债企业是否上市、资产总额、营业收入和净利润。*equity* 是流动负债权益比率，即公司流动负债总额与股东权益之比。*nature* 是公司性质，民营企业记为 1，国有企业记为 0。

在表 7.18 中分别按全样本、政策前后统计了连续型指标。全部时期债券发行的平均利率为 4.89%，政策前的平均发债利率为 5.54%，而政策后的均值为 4.58%，发债成本平均下降了约 1 个百分点。

表 7.18 变量的描述性统计

变量	全部考察区间			
	均值	标准差	最小值	最大值
interest	4.89	1.26	2.39	9.5
amount	11.49	8.84	1.00	150
term	4.61	1.73	0.49	15
asset	2307.89	3109.63	50.63	31656.38
income	593.07	841.63	−4.56	4619.92
profit	37.39	82.19	−351.75	753.19
equity	218.77	373.98	−4334.75	4920.49
	政策前			
interest	5.54	1.06	3.9	9.5
amount	11.48	8.53	1	60
term	4.89	1.75	3	15
asset	1858.68	2344.02	50.63	12122.3
income	446.04	723.77	−4.56	3983.84
profit	24.61	60.10	−351.75	339.60
equity	193.59	447.56	−4334.74	4920.49
	政策后			
interest	4.58	1.23	2.39	8.3
amount	11.49	8.99	1	150
term	4.48	1.70	0.49	15
asset	2520.14	3395.23	58.65	31656.38
income	691.66	1170.16	1.42	10834.55
profit	43.43	90.25	−130.28	753.19
equity	230.67	333.75	−4334.74	2951.21

二、债券纾困政策的融资可获得性效应估计

虽然民营企业债券融资在政策前后发生了变化，但不能定量其净效应。为了评估定向支持政策是否提升了民营企业融资的可获得性，设想将国有企业作为控制组，以民营企业作为处理组，构建如下形式的二元面板 Logit-DID 模型：

$$\log it(sucess_{ijt}) = \alpha + \beta_1 policy_{ijt} + \beta_2 nature_{ijt} + \beta_2 policy_{ijt} \times nature_{ijt}$$
$$+ \gamma control\ variables_{ijt} + \varepsilon_{ijt} \qquad (7.1)$$

在估计双重差分模型前，先利用事件研究法进行平行趋势检验。步骤是生成年份虚拟变量，然后与处理组生成交互项并加入回归检验[①]。为防止多重共线性，以政策实施前 1 年（2018 年）为基准期。为了行文简洁，表 7.19 中未报告控制变量的估计系数。

表 7.19　　　　　　　　　债券融资支持政策 DID 的平行趋势检验

变量	发生比	标准误	z 值	$p > |z|$	95% 置信区间
截距项	3.9828	2.1525	2.56	0.011	［1.3809　11.4872］
Act2017	2.1043	2.2981	0.68	0.496	［0.2475　17.8936］
Act2019	1.9793	0.6749	2.00	0.044	［1.0145　3.8616］
Act2020	5.4249	3.2832	2.79	0.005	［1.6567　17.7642］

根据检验发现，政策前的交互项系数不显著，而政策后期都显著，满足 DID 模型的估计条件。进而利用极大似然方法估计模型（7.1），模型对数似然值为 −851.1，似然比卡方统计量等于 148.35（$p = 0.000$），模型在整体上高度显著。具体结果如表 7.20 所示。

表 7.20　　　　　　　　　债券融资支持政策的可获得性效应估计

变量	发生比率	标准误	z 值	$p > |z|$	95% 置信区间
policy	0.4607	0.1293	−2.76	0.006	［0.2657　0.7987］
nature	0.8970	0.3046	−0.32	0.749	［0.4610　1.7454］

---

① 平行趋势假定是实证分析中使用双重差分模型的前提，处理组与控制组的目标变量在政策发生前只有满足平行趋势假设才能使用分析。

变量	发生比率	标准误	z 值	$p > \lvert z \rvert$	95% 置信区间
pona	2.6931	1.1650	2.29	0.022	$[\,1.1536 \quad 6.2873\,]$
term	0.9505	0.0333	-1.45	0.147	$[\,0.8875 \quad 1.0180\,]$
amount	1.0689	0.0118	6.06	0.000	$[\,1.0461 \quad 1.0922\,]$
rating	1.3621	0.1283	3.28	0.001	$[\,1.1324 \quad 1.6383\,]$
list	0.8967	0.1360	-0.72	0.472	$[\,0.6662 \quad 1.2070\,]$
asset	1.0000	0.00001	0.81	0.418	$[\,1.0000 \quad 1.00004\,]$
income	1.0000	0.0001	-0.57	0.567	$[\,0.9998 \quad 1.0001\,]$
profit	1.0022	0.0012	1.89	0.058	$[\,0.9999 \quad 1.0045\,]$
equity	0.9996	0.0002	-2.41	0.016	$[\,0.9993 \quad 0.9999\,]$
year	0.9986	0.1245	-0.01	0.991	$[\,0.7821 \quad 1.2750\,]$
cons	29.7237	7477.83	0.01	0.989	$[\,2.1e-213 \quad 4.1e+215\,]$

由表 7.20 的估计结果发现：首先，债券融资支持政策提升了企业成功发债的可能性，有积极效果。其次，政策变量与企业性质的交乘项系数显著为正，因此政策实施使民营企业相比国有企业更显著地提升了成功发债的可能性。由于支持政策为发债民营企业提供了信用保护，自然地提升了其融资的成功率。最后，控制变量方面，企业的融资规模对发行成功的影响为正。债券发行主体的信用等级越高，其成功发行的可能性也越大，其优势估计值为 1.36 倍。

三、债券纾困政策的融资价格效应估计

以债券发行利率为因变量，评估政策的价格效应。因为地方国企和中央企业分化严重，本书将中央企业和地方国企拆分，分别作为对照组用于双重差分评估。构建如下 DID 面板回归模型：

$$interest_{ijt} = \alpha + \beta_1 policy_{ijt} + \beta_2 nature_{ijt} + \beta_2 policy_{ijt} \times nature_{ijt}$$
$$+ \gamma control\ variables_{ijt} + \varepsilon_{ijt} \tag{7.2}$$

用地方国企为对照组估计模型（7.2）。模型通过了平行趋势检验（限于篇幅，未报告），模型系数估计的结果列于表 7.21 中。

表 7.21　　　　　　　　对照组为地方国企的政策价格效应 DID 估计

变量	系数	标准误	t 值	p > |t|	95% 置信区间
policy	− 0.3664	0.1160	− 3.16	0.002	[− 0.5939, − 0.1389]
nature	1.4096	0.1142	12.34	0.000	[1.1856, 1.6337]
pona	0.4301	0.1422	3.02	0.003	[0.1510, 0.7091]
term	− 0.0274	0.0157	− 1.75	0.080	[− 0.0582, 0.0033]
amount	− 0.0049	0.0032	− 1.57	0.118	[− 0.0111, 0.0013]
rating	− 0.5751	0.0578	− 9.96	0.000	[− 0.6884, − 0.4618]
list	− 0.0098	0.0664	− 0.15	0.883	[− 0.1400, 0.1204]
asset	0.00002	0.00001	1.32	0.188	[− 7.42e − 06, 0.00004]
income	0.00006	0.00003	1.90	0.057	[− 1.91e − 06, 0.0001]
profit	− 0.0035	0.0005	− 7.53	0.000	[− 0.0044, − 0.0026]
equity	0.0003	0.00007	3.82	0.000	[0.0001, 0.0004]
year	− 3.0999	0.0517	− 5.99	0.000	[− 0.4115, − 0.2085]
_cons	632.9493	104.3635	6.06	0.000	[428.1878, 837.7108]

注：*pona* 是 *policy* 与 *nature* 的乘积项，体现政策的平均处理效应，下同。

根据模型的估计结果有以下发现。

（1）政策对发行利率的影响为负，而企业性质对发行利率的影响为正，表明政策实施降低了所有企业的发债平均价格。民营企业的融资价格仍高于地方国企，说明其仍处于相对融资弱势。

（2）期限和发债主体评级对利率的影响为负。信用评级的估计符合预期，但对期限的估计与"流动性偏好"理论不符，因为通常情况下二者的统计关系应为正。经审视数据集发现，无论在民营企业还是地方国企子样本中，发行期限与利率均为正相关，但民营企业的发债期限明显短于地方国企，并且其样本量少于地方国企。有 98.2% 的民营企业债券发行期限低于 5 年，而超 10% 的地方国企期限超 5 年，很多达到 15 年。两个差异化总体的混合导致了"辛普森悖论"产生，这也再次印证了民营企业债券融资的弱势状况。

（3）政策对民营企业发债价格下降的平均处理效果为正，但对地方国企的效果更明显。该估计不同于徐光等（2019）得到的政策对民营企业融资成本下降的效应强于国有企业的结论。本书认为结果不同的原因在于：一是对照组选取不同。徐光等（2019）的对照组为国有企业，而此处为地方国企。二是考察时段不同。本书选取了政策前后更长的时间跨度。三是数据来源不同。该文选取了银行间市场的企业债样本，本书使用了上交所的公司债样本。为检验结论的可靠性，深入对比数据集的子样本，得到表 7.22。

表 7.22　　　　　　　　　民营企业和地方国企在政策前后发债利率对比

项目	民营企业			地方国企		
统计量	利率均值	样本数	标准差	利率均值	样本数	标准差
政策前	6.8403	77	0.8366	5.2013	301	0.8347
政策后	6.0990	137	1.3594	4.2688	663	0.9430
全部区间	6.3657	214	1.2477	4.5600	964	1.0076

资料来源：Wind 数据库，根据债券发行数据计算得到。

对比发现，政策前后的民营企业发债利率下降了 74 个基点，而同期地方国企的发债成本下降了 93 个基点，因此本书的结论可靠。进一步，将中央企业债券作为对照组来估计政策的价格效应，估计结果列于表 7.23 中。

表 7.23　　　　　　　　　对照组为中央企业的政策价格效应 DID 估计

变量	系数	标准误	t 值	$p > \lvert t \rvert$	95% 置信区间
policy	-0.2634	0.1055	-2.50	0.013	[-0.4704, -0.0564]
nature	1.6644	0.1119	14.87	0.000	[1.4447, 1.8841]
pona	0.3295	0.1236	2.66	0.008	[0.0868, 0.5721]
term	0.0384	0.0128	2.99	0.003	[0.0132, 0.0636]
amount	-0.0063	0.0025	-2.52	0.012	[-0.0111, 0.0014]
rating	-0.2211	0.0667	-3.31	0.001	[-0.3521, -0.0901]
list	0.0180	0.0547	0.33	0.742	[-0.0894, 0.1255]
asset	$1.96e-06$	$2.55e-06$	0.77	0.441	[$-3.04e-06$, $6.96e-06$]
income	0.00003	0.00002	1.83	0.067	[$-2.15e-06$, 0.00006]
profit	-0.0012	0.0002	-5.00	0.000	[-0.0016, -0.0007]
equity	0.0001	0.00007	1.61	0.107	[-0.00003, 0.0003]
year	-0.3861	0.0508	-7.60	0.000	[-0.4858, -0.2864]
_cons	784.734	102.4956	7.66	0.000	[583.5608, 985.9071]

表 7.23 中得到了与地方国企为对照组时类似的结论。定向政策实施显著降低了所有企业的债券平均发行成本，而且政策对民营企业的平均处理效应为正。政策对中央企业债券发行价格的下降效果要大于民营企业。进一步分解双重差分

估计的来源显示，无论在政策前还是政策后，民营企业的发债价格均显著高于中央企业，剔除差异后的价格净效应依然显著。在政策实施前后，民营企业发债利率下降了 74 个基点，而同期中央企业则下降了 96 个基点。

综合两次双重差分的估计发现，债券融资支持政策能有效缓解民营企业融资贵的问题，但政策效果并非"精确制导"，而是有较强的溢出效应。研究认为，该问题的根本原因并非政策支持效应没作用到民营企业，而是投资者存在着很强的"择优而栖"心理，不排除部分投资者误将民营企业定向支持政策解读为货币宽松的信号。如果民营企业债券配套信用风险缓释工具（CRMW），那么投资者会积极投资，因此政策能显著降低融资成本。而 CRMW 对低评级债券覆盖率较低，2020 年底存续的 CRMW 参照实体级别分布，AA + 及以上级的占比达到 64.19%，投资者对 AA 级及以下民营企业债券的规避意识较强。

四、债券纾困政策的利率选择效应估计

影响企业债券融资成本的因素不仅有发行利率，还有利率类型。相比固定利率债券，累进利率债券前期的利率较低，后期会按照约定档次累进，因此成本也会更高。从博弈角度分析，民营企业相比国有企业在发债时处于弱势，因此在难预料未来的利率走向又急需融资时，就不能像国有企业，特别是中央企业，选择固定利率方式发债，而是不得已选择累进利率。如果后期市场利率下行或自有资金充足，民营企业可通过提前赎回而节省成本，但如果不能赎回，那么后期的偿还压力会逐渐上升。为检验政策对利率类型选择的影响效应，以债券发行的利率类型为因变量，构建二元 Logit-DID 面板回归模型，具体设定如下：

$$logit(ratetype_{ijt}) = \alpha + \beta_1 policy_{ijt} + \beta_2 nature_{ijt} + \beta_2 policy_{ijt} \times nature_{ijt}$$
$$+ \gamma control\ variables_{ijt} + \varepsilon_{ijt} \tag{7.3}$$

模型（7.3）中的对照组仍然分别使用地方国企和中央企业。以地方国企为对照组的估计模型在整体上高度显著，系数列于表 7.24 中。

根据模型的估计发现：首先，民营企业选择固定利率的可能性远低于地方国企。相比地方国企，民营企业选择固定利率发债的机会比率仅为 0.1291，说明民营企业在债券发行时处于弱势地位。其次，政策实施与企业性质的交乘项不显著。相比地方国企，政策实施没有使民营企业显著地提升选择固定利率的可能

性，仍然选择后期偿债压力更大的累进利率，政策对民营企业的平均处理效应不明显。最后，在控制变量方面，债券发行期限越长，选择固定利率的可能性越小。发行主体的信用等级越高，越倾向于选择固定利率。发行主体的信用每提高一个等级，民营企业选择固定利率而非累进利率的可能性之比是 2.37 倍。将对照组替换为中央企业，估计得到了比以地方国企为对照组时更明显的结论①。

表 7.24 以地方国企为对照组的政策利率类型选择效应估计

变量	发生比率	标准误	z 值	$p > |z|$	95% 置信区间
policy	1.4827	0.4813	1.21	0.225	[0.7848, 2.8012]
nature	0.1291	0.0552	-4.79	0.000	[0.0559, 0.2983]
pona	1.1722	0.5914	0.31	0.753	[0.4361, 3.1510]
term	0.5197	0.0313	-10.87	0.000	[0.4618, 0.5847]
amount	0.9702	0.0091	-3.21	0.001	[0.9525, 0.9883]
rating	2.3651	0.3832	5.31	0.000	[1.7216, 3.2492]
list	1.0678	0.1991	0.35	0.725	[0.7410, 1.5389]
asset	1.0002	0.0004	5.40	0.000	[1.0001, 1.0003]
income	1.0006	0.0001	4.75	0.000	[1.0004, 1.0009]
profit	0.9947	0.0014	-3.63	0.000	[0.9919, 0.9976]
equity	0.9995	0.0002	-2.39	0.017	[0.9991, 0.9999]
year	0.9919	0.1458	-0.06	0.956	[0.7436, 1.3231]
_cons	8017606	2.38e+09	0.05	0.957	[2.7e-246, 2.4e+259]

第六节　防范化解民营企业流动性风险的路径分析

本书测度了民营企业流动性风险并实证挖掘了其影响因素，在对民营企业流动性纾困政策的系统梳理和定量评估基础上，本节从短期化解民营企业流动性危机和长期防范流动性风险两个角度，提出对策建议。

---

① 为了节省空间和行文简洁，书中没有报告以中央企业为对照组的估计结果。

一、完善民营企业流动性纾困政策方案设计

民营企业流动性纾困政策的目标融合了暂时扶助的短期目标与长期支持的长期目标。短期目标是帮助陷入流动性危机的企业渡过难关，恢复正常运营状态；长期目标是解决困扰民营企业的融资难、融资贵问题，支持民营经济高质量发展。监管部门应优化民营企业纾困的政策方案设计，提前应对可能的风险。

（一）明确民营企业流动性纾困方案的方法论

突发的金融风险难以预测，因此应防患于未然，科学制定民营企业纾困行动预案。纾困方案应该牢牢把握经济高质量发展这条主线。首先，按照国家经济发展规划，确立民营企业纾困对象的选择标准。对技术研发能力强、符合国计民生需求、专心经营主业、有盈利预期的民营企业，应及时加以救援；对致力于前沿攻关，有望解决"卡脖子"技术难题的企业，应由政府配套专项经费进行补助[1]；对于环境成本高、盲目扩大经营规模、不守市场纪律、缺乏核心竞争力的企业，应该由市场淘汰出局。其次，采取市场化而非行政化的方式纾困。民营企业的流动性危机形成于市场之中，其解决途径理应采取市场化方式。政府并非市场主体，不宜直接介入企业的流动性管理。以市场化处理风险能尽量减少对市场的干扰，避免国有资产流失[2]。而政府以行政化方式注入资金往往救助成效不佳。

（二）加强民营企业流动性风险监测预警的制度化建设

对于民营企业流动性风险，要预防在前，纾困在后，最好的纾困办法就是不用纾困。如果能加强对民营经济运行的统计监测，第一时间发现企业经营的异常，根据经济指标变化提前预判风险，就可以在流动性风险扩散以前提前干预。完善民营企业流动性的监测预警体系，并将其嵌入整个宏观经济运行监测预警体系之中，是防范实体经济系统性风险的最佳路径。

构建民营企业流动性风险的监测预警体系，要以企业的财务指标为基础，配

---

[1] 王璐瑶，曲冠楠，Juan Rogers. 面向"卡脖子"问题的知识创新生态系统分析：核心挑战、理论构建与现实路径 [J]. 科研管理，2022（4）.

[2] 陆岷峰. 深化金融供给侧结构性改革与纾困民营企业融资难问题研究 [J]. 南方金融，2020（4）.

合宏观经济指标的变化，宏观上做到审慎，微观上表现灵敏。从微观视角，监测预警指标体系应包括各种反映流动性灵敏性强的指标，不宜使用简单的单一流动性指标，而是应开展综合性评价分析。监测评价应该包含微观、中观和宏观的不同层次，即遵循从个体企业流动性，到民营企业行业流动性评价，最后到民营经济流动性评价的整体思路。监测重点关注流动性风险更突出的行业：一是产能过剩、能耗突出的行业；二是盈利能力差、缺乏市场前景的行业；三是科技含量高但不成熟的新兴行业。

除了财务信息披露比较及时完备的民营上市公司，要加强对非上市民营企业流动性风险的监测预警。这类企业数量更多，经营财务信息的透明度不高，数据散落在银行、统计、税务、工商部门内，监测预警的挑战大。政府需要利用大数据思维，打破数据壁垒，由专门机构实施监测预警。

（三）形成符合国情的纾困干预退出选择理论

企业的流动性指标内生于当前的经济周期内，因此可根据经济理论预判风险及介入时机。根据伯南克的金融加速器理论，当民营企业遭受负面冲击，企业投资的收益会下降，资产价格会下跌，企业的资产负债表恶化和资产净值下降。观察到企业的不佳财务表现后，银行会减少信贷投放，企业的债务融资自然受阻，也就容易陷入流动性困境。如果得不到改善，民营企业的流动性风险会被扩散到整个经济体系之中。按照理论逻辑，流动性风险始于实体经济的冲击，最终还是会反馈到实体经济，金融系统起到了加速器作用。要及时止损，预判企业资产负债表和资产价值的变动，早期介入流动性支持，避免后期付出更加高昂的纾困成本。

（四）完善纾困国有资产保值升值的制度设计

政府作为纾困的发起者和最后救助者，应该始终保持市场化的思维，不能依靠简单指令或国有企业"撒钱"的方式救助。国有企业和民营企业都是市场经济下的经济主体，都有自身的财务约束、经营理念和发展规划。政府有责任在市场失灵的时候，启动应急预案，联合不同部门和国有企业，协商以最小代价和多方共赢的方法拟定纾困方案。国有企业可入股重组困境中的民营企业，但要制订清晰的盈利发展计划，不能盲目接盘陷入困境但诚信不足的民营企业。政府要坚决杜绝民营企业"等、靠、要"的现象发生，避免纾困国有企业自身被拖入困境，最终还要靠政府施救，导致各方均输的博弈局面。国有企业救助民营企业必须能改善其治理结构，增加其独立生存能力（余明桂等，2019）。纾困程序必须合法合规，交易价格依据市场状况由各方协商确定。

在帮助民营企业度过流动性困境的同时，应该保证纾困资金的安全运营。纾困基金要制订切实严密的方案运作纾困资金，防范国有资产流失。首先，在救助前需要有充分的纾困尽职调查，摸清企业家底。其次，制订科学的纾困方案，开展压力测试分析；在国有资金入股民营企业后，要按照预订方案运营企业，建立无论盈亏都要详细登记的体系化汇报制度。最后，形成混合所有制企业文化，探索运营发展的路径以及资产管理的新模式。①

（五）完善纾困配套政策的协同执行体系

民营企业出现流动性问题，深层次的解决办法并非只是在金融体系上。问题的解决需要货币政策、财政政策、经济体制等各方面改革配套推进，形成政策合力。

首先，纾困金融政策要保持连续和稳定性。对内管好流动性总量，社会融资规模增速与实体经济的增速总体一致，稳定经济预期。对外保持人民币汇率有管理的自由浮动，支持民营企业应对贸易保护主义、单边主义。其次，制定支持民营企业的财政政策。通过税费优惠减免，引导民营企业加强创新投入，对接数字化转型，加快转型升级。再次，以货币政策与财政政策为基础，加强产权保护、市场准入、经济纠纷审理等政策的综合配套。最后，各方要积极配合，加强政策落实，提升支持民营企业政策的效果。一方面，要增强地方政府和机构对金融政策的认识，加强政策协调。厘清民营企业融资流动性问题与保护产权、市场参与权、生产要素使用权等方面的内在关联。不断修正执行工作的偏差，增强政策协同。另一方面，纾困政策体系制定与实施要与优化民营企业营商环境政策结合。真正让民营企业与国有企业在市场环境中平等竞争、合作和发展。

二、创新保持民营企业流动性的公共政策体系

（一）创新使用信贷政策工具，精准支持民营企业间接融资

1. 创新货币政策工具，鼓励银行向民营企业放贷

由于中国的金融体系以银行业为主导，因此解决民营企业融资约束问题的最

---

① 大成企业研究院课题组．民营企业参与混合所有制经济改革的方式路径案例分析［J］．经济研究参考，2015（25）．

重要突破点在于银行。货币政策工具具有总量和结构的双重功能。从信贷政策角度，解决融资难问题首先在于量，即银行业加强对民营企业的贷款投入，保持贷款市场的流动性合理充裕。为此，央行制定政策鼓励商业银行向民营企业放贷。合理运用逆回购、再贷款、降息降准等手段保持商业银行有充足的可贷资金，增加民营企业的信贷机会。在信贷投放结构方面，对向中小民营企业放贷比较多的银行下调存款准备金率，鼓励商业银行以更优惠的价格向中小民营企业放贷。

2. 使用结构性货币政策工具，定向支持民营企业融资

民营企业流动性困境的原因与现行经济体制有关，因此实施定向支持政策是有必要的。支持民营企业融资不能靠"大水漫灌"，而是要"精准滴灌"。要实现利用市场化方式，定向纾困民营企业的目标，需要加强政策研究，创新各种结构化政策工具。例如，继续实施普惠小微贷款、支农支小再贷款及再贴现、延期还本免息、科创再贷款等贷款支持政策。在贷款工具之外，还应对民营企业继续实施民营企业债券融资支持工具、股权融资支持工具、信用风险缓释凭证等，增加民营企业直接融资的机会。政策设计要形成闭环，避免出现政策效应外溢，尽量减少对其他市场主体的干扰。

3. 用好政策性利率工具，推动民营企业融资成本稳中有降

很多中小民营企业规模较小，抗风险能力较弱，难以承受融资成本的大幅波动①。纾困民营企业的流动性危机，需要用好利率政策体系工具，保证其融资成本稳中有降。在纾困期间，央行应利用窗口操作中期便利借贷利率 MLF 推动商业银行贷款报价利率 LPR 下行，以市场化方式降低银行贷款利率。在中长期增强利率稳定预期，加强市场引导，避免因利率大幅上行导致中小企业难以负担。

（二）推动民营企业开展债券和股权直接融资

1. 鼓励民营企业发行债券融资

债券市场具有定价市场化、融资效率高的特点。要支持更多的民营企业进入债券市场融资，短期内建议做好以下工作：首先，提高民营企业债券的发行效率。为民营企业债券发行建立"绿色通道"，通过延长债券发行额度有效期、合理调整信息披露时限等举措，提升民营企业债券发行登记、承销分销、付息兑付、交易结算等业务的办理效率，提供发行登记、交易、托管等费用减免优惠。

---

① 秦铃枝．我国借贷便利政策工具对中长期利率的影响［D］．四川：四川大学，2021．

其次，重点支持"高、新、精、尖"民营企业发债募集资金。利用大数据技术加强对符合条件的高新技术民营企业的遴选，完善债券发行人信息登记系统和监测系统，以提高创新型民营企业的融资效率。最后，按照市场化方式，严格管理债券风险。丰富民营企业发债的信用保护工具，引入更多的证券基金机构经营民企债业务。做好事前、事中和事后三个阶段的工作，科学防范民营企业的债券违约风险。

2. 大力支持民营企业股权融资

很多民营企业潜在的竞争力能吸引投资者入股，因此，股权融资是适宜我国国情和中小企业特点的融资形式，应大力推广和创新。建议做好以下工作：第一，鼓励面向民营企业的股权投资活动。政府提供政策倾斜，大力发展股权投资基金和天使基金，鼓励投资者入股创新型民营企业，与企业共担风险，共享盈利。第二，加强对股权投资活动的监管力度。股权投资很多发生于初创期的小企业，不确定性很强，政府部门对股权投资的监管存在灰色地带。有些股权投资基金的操作专业规范，但是有的私募股权基金的监控难度大[①]。建议政府建立分级监管体系，对于规模大、影响大的股权投资活动必须全方位跟踪，小型股权投资活动可由地方监管。对开展股权投资活动的中介机构，监管部门要构建信息平台规范管理。第三，提高民营企业上市融资的效率。建议缩短民营企业再融资的时间限制条款，且对发行可转债、优先股和创业板的小额快速融资不设融资间隔。对于高科技战略创新企业，推动设立科创板注册制的上市条件多元化。使用替代性考核指标，放松盈利、资产规模、营业收入等财务门槛。优化"分道制"审核安排，将新一代信息技术重点创新产业纳入"豁免/快速"通道。对于创新型民营中小企业，不能在主板上市的，支持其在新三板挂牌，对其挂牌不设行业限制。第四，妥善处置股权质押风险。建议利用私募基金、创投基金等力量，支持民营企业股权融资，帮助民营企业获得流动性资金。对股价崩盘风险严重的民营企业，要成立纾困基金，纾解股票质押风险。

（三）多方协作，营造良性流动性环境

1. 清理对民营企业的欠账，斩断三角债链条

制定严格的专项工作流程，对个别国有企业或政府部门依仗市场垄断地位或

---

① Hovakimian, Armen, Opler, et al. The debt-equity choice [J]. Journal of Financial & Quantitative Analysis, 2001.

政治权利，故意拖欠民营企业账款的行为，应查尽查，严肃处理。严格督查政府工程项目进度款项的支付情况，定期审计督查。完善民营企业账款支付的法律法规，解决相关法律缺失问题。

2. 多部门协作，减轻民营企业负担

财政、税收、法律等不同部门应做到信息协同，沟通政府救助资金的使用情况；企业减负事项与流程要形成制度性文件；积极向企业介绍关于减负降税的各种政策，协助企业进行办理；积极完善对民营企业减负降税的政策。

3. 提高民营企业纠纷的化解处置效率

民营企业在市场环境中会遭遇各种诉讼纠纷，而很多纠纷的法院诉讼周期漫长，影响企业的现金流，甚至拖垮企业。公检法等机关部门应加快查证和审理速度，做到特事特办，避免企业因为案件久拖未决而陷入资金困境。要完善纠纷处理机制，帮助民营企业快速摆脱困境。

（四）建设大数据征信体系支持民营企业融资

市场经济就是信用经济，民营企业融资难、融资贵的重要原因就在于信用不足。有些有发展潜力的民营企业信用等级不足，无法获得银行授信。也有的民营企业在银行多头授信，或者依仗政府维稳心理，掏空企业让政府救助，产生严重的道德风险，故意逃废债务，而银行却不掌握相应的历史记录。建议政府联合相关金融机构，开发民营企业大数据征信系统。加强收集法院纠纷判决、水电缴费、劳动市场雇佣、虚报统计信息及银行工资流水等信息，减少对财务数据的依赖，科学判断中小民营企业的信用状况①。通过有效整合民营企业在不同部门留下的信用信息，精准刻画民营企业的信用水平。政府可以根据相关信用信息筛选纾困对象，让优质民营企业及时获得低成本融资，保持健康的流动性水平。

三、健全金融服务民营经济高质量发展的框架

应急纾困民营企业，可助其暂时脱离流动性困境，但要长期保障民营企业健

---

① 2022年4月，国家统计局发布《统计严重失信企业信用管理办法》，对拒绝提供统计资料或经催报后仍未按时提供统计资料的；提供不真实或者不完整统计资料的；拒绝答复或不如实答复统计检查查询书的；拒绝、阻碍统计调查、统计检查的；转移、隐匿、篡改、毁弃或拒绝提供原始记录和凭证、统计台账、统计调查表及其他相关资料的企业，认定为统计严重失信企业，并向全社会公示。

康的流动性环境，需要推进各方面的综合配套改革，建立健全金融服务民营经济
高质量发展的体系框架。

（一）保持总量稳定，定向支持的货币政策体系

民营经济的高质量发展需要长期稳定的金融环境。物价需要稳定，就业收入
有保障，融资环境友好，这就要求宏观货币政策能保持长期一致性。首先，国家
要管好货币总量，保持社会融资规模与经济增长适配，货币政策稳健、适度；其
次，加强结构性货币政策工具对民营经济的定向支持作用，加大对民营企业的支
持力度。在适度宽松的大环境下和政策工具的倾斜下，民营企业才能获得优质的
金融服务。

（二）加强金融创新，优化绿色、普惠的民营经济金融服务体系

民营企业数量多，大多属于中小企业，自身资源禀赋不足，这是金融机构服
务民营企业的难点。因此，金融业服务民营企业，不能走服务大企业的常规路
径，需要加强金融科技创新，优化绿色、普惠的金融服务体系。首先，要运用大
数据技术，深度挖掘民营企业的资信状况，精准放贷和控制风险。充分利用金融
科技，科学评估民营企业的专利权、品牌、客户资源和竞争力等非实体资产的市
场价值，创新贷款产品，破解服务小微企业的难题。其次，丰富金融市场工具，
提供适应民营企业特点的现代绿色金融产品。绿色是民营经济高质量发展过程中
对金融服务的必然要求。金融服务要引导民营企业担当社会责任。开发"绿色信
贷"产品，限制对高耗能、高污染、高耗水行业民营企业提供信贷支持，以市场
化手段倒逼民营企业绿色发展。普惠金融是服务小微企业和"三农"企业的基
本路径。针对金融市场上的"长尾"客户，应做到贴心服务和薄利服务。

（三）完善科学防控金融风险，金融服务民营企业的政策体系

对金融要素来讲，打通要素流通堵点，就是优化资金配置效率。构建国内国
际双循环，就是资金能够融通起来；防范系统性金融风险就是疏通资金流向实体
经济的通道。金融系统内并不缺少资金，只是没有流向民营企业。让金融服务实
体民营经济，就是抑制金融绕过监管"脱实向虚"，让资金从虚拟经济领域进入
实体民营经济领域，解决民营企业融资难、融资贵的顽疾（童有好，2019）。这
既需要提升民营企业的盈利能力，吸引资金逐利流入，又要严厉打击金融投机，

查找监管盲点，杜绝资金"空转"。随着大数据时代的到来，人工处理的风险控制模式已不适应时代要求，应加强金融创新，重新设定风险防范的机制，不断完善金融服务民营企业的政策体系，推动民营经济高质量发展。

本章小结

本章为民营企业流动性风险纾困政策分析，旨在全面梳理、评估民营企业流动性纾困政策效应，提出优化纾困政策体系的长效对策。主要结论如下：（1）梳理民营企业流动性纾困政策文件发现，各级管理部门高度重视民营经济发展，从供给侧制定实施了丰富的支持民营企业发展政策。（2）剖析民营企业流动性纾困典型政策和企业案例发现，央行实施的银行信贷支持、债券发行支持和股权融资支持三大政策相互配合，但也存在冲突可能性。构建三阶段博弈模型分析纾困策略，发现成功的纾困需要多方配合。政府应掌握纾困方向，监管纾困基金。接受纾困的民营企业应以此为契机，增强内生动力，积极完成自救。（3）以上交所公司债发行为例，运用双重差分模型评估融资定向支持政策的影响，发现融资支持政策对缓解民营企业的融资约束起到了积极作用。债券融资支持政策对民营企业融资有量、价和预期纠偏的正向作用，但政策工具仍存在优化空间。（4）提出纾困民营企业流动性风险，助推民营经济高质量发展的政策启示，包括：首先，完善民营企业流动性纾困的政策方案设计；其次，创新保持民营企业流动性的公共政策体系；再次，提高民营企业纠纷的化解处置效率，建设大数据征信体系支持民营企业融资；最后，健全金融服务民营经济高质量发展的政策体系框架。

第八章

回顾与展望

本章回顾本书各章的研究工作，并展望未来的研究方向。

一、研究结论

本书研究遵循"问题分析→模型构建→实证测度→政策研究"的思路，分析了民营企业面临的流动性问题，揭示了影响流动性风险的因素，构建了民营企业流动性风险的统计监测预警体系，测度了民营企业的流动性水平，识别了流动性困境企业，评估了流动性纾困政策效果，提出了防范化解民营企业流动性风险，促进金融服务民营经济高质量发展的对策。研究得出如下结论。

（1）民营企业为中国经济发展贡献了重要力量，但其发展面临很多挑战。民营企业在税收、GDP、技术创新、城镇就业和企业数量方面作出了重要贡献，但是其发展也面临着很多挑战，代表性问题包括市场"冰山"、融资"高山"和转型"火山"。在国内外及疫情冲击等因素的交织影响下，一些民营企业出现了资金链断裂、杠杆率恶化等暂时性流动性困难，需要研究采取特殊措施，帮助企业渡过难关。

（2）多渠道调查分析发现，民营企业的融资渠道日益多元化，但融资约束依然显著。尽管金融体系对民营企业的支持力度不断增强，但中小民营企业可获得金融资源与其经济产出仍不匹配，受制于融资约束的问题仍未得到根本性扭转。其形成原因包括银行贷款偏好、经济增速放缓、部分民营企业自身经营问题等方面。

（3）应探索监测预警民营企业流动性风险的新方法。测度民营企业流动性风险具有挑战性。本书构建了主成分 TOPSIS 模型评价民营企业个体、行业及整体流动性，设计了混合模型 EM 聚类法识别流动性困境企业，并利用集成算法增强了风险模型的预警能力。

（4）多视角测度了民营企业的流动性水平。首先，利用单指标测算发现，用不同指标评价民营企业的流动性水平缺乏显著的一致性。其次，根据主成分 TOPSIS 方法测算发现，民营企业流动性无论从横截面和时间纵向都有明显变化。最后，使用 Beveridge-Nelson 分解发现，中国民营上市企业存在正的现金—现金流敏感度。现金—现金流敏感度可作为监测民营企业流动性变化的灵敏性指标。

（5）利用机器学习方法识别了流动性困境企业并预警流动性风险。首先，构建 EM 聚类算法识别预警流动性困境企业发现，科学研究和技术服务业、综合行业、制造业的低流动性簇的占比较高，而卫生和社会工作，文化、体育和娱乐业，教育业和采矿业的低流动性簇的占比较低。其次，根据过度借贷识别法发现，疫情前后的"僵尸企业"行业分布发生了明显变化。最后，构建异质性集成学习"僵尸企业"预警模型发现，集成预警模型能显著改进预警表现，其中，流动性管理、盈利能力和偿债能力指标的预警作用更突出。

（6）结合实证测度和纾困政策分析，得到了研究启示。首先，从供给侧防范化解民营企业流动性风险的政策工具非常丰富，也收到了较好的效果。其次，纾困民营企业流动性风险的政策工具，也存在潜在的内部冲突，应合理运用政策，确保政策目标的顺利实现。最后，民营企业融资支持政策工具在工具强度、产品创新、覆盖范围等方面都有进一步优化的空间。

二、本书的边际贡献

（一）本书的创新程度

本书提出了监测预警民营企业流动性风险的新思路，并系统开展了定量测度研究，丰富了该领域的学术研究。本书研究改变了以往民营企业流动性风险研究集中于定性对策分析的现状，深化了对企业流动性风险的认识，有助于政府开展民营企业风险防范化解工作。

（二）本书的突出特色

本书立足于中国的经济现实，广泛融合数据和文献资料开展学科交叉研究。主要数据渠道包括：（1）第一手的民营企业流动性调查数据；（2）经济增速、利率、信贷、融资等宏观经济金融数据（Wind 数据库）；（3）14232 家 CSMAR 民营上市公司数据库的非金融企业数据（国泰安数据库）；（4）民营企业债券发行及违约数据（Wind 数据库）；（5）股票质押数据（Choice 与 iFind 数据库）；（6）国家、地方及金融机构发布的纾困政策文件资料；（7）历年中国人民银行货币政策执行报告文本，政府工作报告、中国区域金融运行报告；（8）国家及部门领导人讲话、访谈等。

本书通过对多渠道调查资料和微观数据库的挖掘，促进了微观基础与政策研究融合，形成了研究特色。在研究手段上，综合运用统计、计量和机器学习监测预警技术分析，体现了多领域交叉的研究特色。

（三）本书的主要建树

本书对民营企业流动性风险评价进行了探索，提出了一些新思路，包括：引入加权主成分 TOPSIS 方法改进了流动性风险测度方法；提出了混合模型 EM 聚类算法识别困境企业的思路；以集成学习思路构建了流动性困境的预警模型框架；引入了复杂网络建模技术分析纾困政策对企业流动性的影响。以上工作对提升民营企业流动性风险定量研究水平提供了有益借鉴。

三、本书的学术价值和应用价值

（一）本书的学术价值

本书以企业流动性风险理论为基础，以中国民营企业流动性困境为研究对象，深入剖析了流动性风险的影响因素，改进了民营企业流动性风险的监测预警方法，并基于上市公司微观样本提供了经验证据，以上工作可促进微观个体与宏观政策研究融合，拓展企业统计与公司金融的相关学术研究。

（二）本书的应用价值

本书提供了利用微观民营企业数据监测、识别、预警流动性困境的分析流程，并对民营企业个体、行业及整体的流动性风险进行了实证分析。研究挖掘了民营企业流动性的影响因素，评估了流动性纾困政策实施的效果，探索了优化纾困民营企业政策的路径，对政府防范化解民营企业流动性风险，支持民营经济高质量发展有参考意义。

四、研究展望

围绕研究目标，本书做了一些工作，得到了一些成果，但未来还有很多方面需要继续研究。

（一）存在的不足或欠缺

本书工作仍存在一些欠缺。（1）研究未能对数量更多的未上市民营企业开展实证研究。本书的实证分析主要利用了中国民营上市公司数据库资源。虽然数据集样本量以及时空维度都能保证研究的可信性，但缺乏数量更多的未上市民营企业样本，这是本书研究的一个缺失。（2）调研数据收集的数量和范围仍不足。由于受到疫情影响，本书的抽样调查工作是编制调查问卷后委托专业网络平台开展调查，实地调研和线下问卷调查不足，可能会影响调查数据的质量。

（二）尚需深入研究的问题

关于民营企业的流动性风险，未来还有很多问题值得深入研究，例如：（1）流动性风险的传染问题。研究中使用了复杂网络建模技术，实证考察了纾困政策实施前和实施后的民营企业流动性变化，但对流动性风险在企业网络中的传染特征还未深入挖掘。（2）民营企业流动性风险与其他风险形势的交互影响分析。大量观察表明，流动性风险不是单独存在，而是和信用风险、市场风险等其他风险类型相互交织，呈现螺旋式不断恶化的情况，此问题也很值得深入思考。

参考文献

[1] 埃里克·班克斯. 流动性风险：企业资产管理和筹资风险 [M]. 北京：经济管理出版社，2011.

[2] 卜振兴. 信用风险缓释工具发展的理论与实践研究 [J]. 湖北社会科学，2019 (9).

[3] 陈道富. 我国融资难融资贵的机制根源探究与应对 [J]. 金融研究，2015 (2).

[4] 陈光金，吕鹏，林泽炎，等. 中国私营企业调查25周年：现状与展望 [J]. 南开管理评论，2018 (6).

[5] 陈彦斌，刘哲希，陈伟泽. 经济增速放缓下的资产泡沫研究：基于含有高债务特征的动态一般均衡模型 [J]. 经济研究，2018 (10).

[6] 程虹，胡德状. "僵尸企业" 存在之谜：基于企业微观因素的实证解释：来自2015年 "中国企业—员工匹配调查"（CEES）的经验证据 [J]. 宏观质量研究，2016 (1).

[7] 大成企业研究院课题组. 民营企业参与混合所有制经济改革的方式路径案例分析 [J]. 经济研究参考，2015 (25).

[8] 邓建平，曾勇. 金融关联能否缓解民营企业的融资约束 [J]. 金融研究，2011 (8).

[9] 邓文硕. 我国民营企业融资渠道变迁的特征，效应及展望 [J]. 区域金融研究，2021 (6).

[10] 邓翔，向书坚，唐毅. 中国上市公司融资约束的行业特征分析：基于641家上市企业的 Logistic 回归分析 [J]. 宏观经济研究，2014 (1).

[11] 杜颖洁，杜兴强. 银企关系、政治联系与银行借款：基于中国民营上市公司的经验证据 [J]. 当代财经，2013 (2).

[12] 范新妍，方匡南，郑陈璐，等. 基于整合治愈率模型的信贷违约时点预测 [J]. 统计研究，2021 (2).

[13] 方明月，张雨潇，聂辉华．中小民营企业成为僵尸企业之谜 [J]．学术月刊，2018（3）．

[14] 冯明，伍戈．定向降准政策的结构性效果研究：基于两部门异质性商业银行模型的理论分析 [J]．财贸经济，2018（12）．

[15] 冯晓菲，张琳．自然人保证担保是否降低了小微企业融资成本与违约风险 [J]．世界经济，2020（7）．

[16] 高保中．中小企业贷款获得量影响因素分析：基于河南省调查数据的实证研究 [J]．金融理论与实践，2014（8）．

[17] 高兰根，王晓中．中国金融制度演进的逻辑与困境：兼论民营经济融资困境的制度根源 [J]．金融研究，2006（6）．

[18] 巩雪．政策不确定性，融资约束与企业绩效：基于国有、民营上市公司的经验数据 [J]．预测，2021（1）．

[19] 顾雷雷，李建军，彭俞超．内外融资条件、融资约束与企业绩效：来自京津冀地区企业调查的新证据 [J]．经济理论与经济管理，2018（7）．

[20] 郭宏，李婉丽，高伟伟．政治治理、管理层权力与国有企业过度投资 [J]．管理工程学报，2020（2）．

[21] 郭豫媚，周璇．央行沟通、适应性学习和货币政策有效性 [J]．经济研究，2018（4）．

[22] 何冰，刘钧霆．非正规部门的竞争、营商环境与企业融资约束：基于世界银行中国企业调查数据的经验研究 [J]．经济科学，2018（2）．

[23] 何帆，朱鹤．僵尸企业的识别与应对 [J]．中国金融，2016（5）．

[24] 和文佳，方意，荆中博．中美贸易摩擦对中国系统性金融风险的影响研究 [J]．国际金融研究，2019（3）．

[25] 贺小刚，彭屹，郑豫容，等．期望落差下的组织搜索：长期债务融资及其价值再造 [J]．中国工业经济，2020（5）．

[26] 胡俊波，熊若希，唐张雨青．"信用评价"能缓解农村小微企业"融资难"吗？[J]．农村经济，2021（2）．

[27] 华玉飞，逯进，杜通．货币政策对固定资产投资价格的影响：超调理论视角 [J]．世界经济，2021（1）．

[28] 黄伟，鲁春义，王旸．中国民营企业为何要金融化 [J]．金融经济学研究，2020（2）．

［29］黄宇虹，黄霖．金融知识与小微企业创新意识、创新活力：基于中国小微企业调查（CMES）的实证研究［J］．金融研究，2019（4）．

［30］蒋晓妍，刘爽，占晓杰，等．民营企业融资困境的解决机制研究：以新常态下民营银行的发展为背景［J］．经济问题，2019（7）．

［31］蒋子龙，王军，樊杰．1990～2019年中国上市公司总部分布变迁及影响因素［J］．经济地理，2022（4）．

［32］揭仕军．经济新常态下增长转型与增速预测：基于新中国70年的时间序列数据［J］．经济问题探索，2020（6）．

［33］寇楠．中国科技型中小企业融资能力影响因素研究［D］．沈阳：辽宁大学，2020．

［34］邝悦华．民营企业融资难的成因分析及解决途径［J］．商业会计，2011（14）．

［35］黎扬．在线教育产业中小企业融资问题浅析［J］．中国经贸导刊，2019（8）．

［36］李丹，袁淳．信贷紧缩与短期债务的流动性成本［J］．中央财经大学学报，2019（5）．

［37］李枫，高闯．新中国70年政策推动下的民营经济演化发展研究［J］．经济与管理研究，2019（12）．

［38］李万利，徐细雄，陈西婵．儒家文化与企业现金持有：中国企业"高持现"的文化内因及经济后果［J］．经济学动态，2021（1）．

［39］李奕，王桂莲．有关支持民营企业发展政策落实效果的研究：基于天津市企业实证调查［J］．社会科学家，2020（6）．

［40］林毅夫，李永军．中小金融机构发展与中小企业融资［J］．经济研究，2001（1）．

［41］林毅夫，李志赟．中国的国有企业与金融体制改革［J］．经济学（季刊），2005（3）．

［42］刘超，曹健．企业流动性风险评价体系构建：结合表外因素的视角［J］．现代商业，2021（4）．

［43］刘刚，李佳，梁晗．股权结构，产权性质与债券融资成本：基于中国上市公司的实证研究［J］．经济理论与经济管理，2020（3）．

［44］刘奎甫，茅宁．"僵尸企业"国外研究述评［J］．外国经济与管理，

2016（10）.

　　［45］卢盛荣，郭学能，游云星.影子银行、信贷资源错配与中国经济波动［J］.国际金融研究，2019（4）.

　　［46］陆岷峰.深化金融供给侧结构性改革与纾困民营企业融资难问题研究［J］.南方金融，2020（4）.

　　［47］罗党论，刘璐.民营上市公司"出身"、政治关系与债务融资［J］.经济管理，2010（7）.

　　［48］罗荷花，李明贤.小微企业融资需求及其融资可获得性的影响因素分析［J］.经济与管理研究，2016（2）.

　　［49］罗长远，李姝醒.出口是否有助于缓解企业的融资约束？：基于世界银行中国企业调查数据的实证研究［J］.金融研究，2014（9）.

　　［50］吕劲松.关于中小企业融资难、融资贵问题的思考［J］.金融研究，2015（11）.

　　［51］吕鹏，黄送钦.环境规制压力会促进企业转型升级吗［J］.南开管理评论，2021（4）.

　　［52］毛德凤，彭飞.中国企业融资难的破解路径：基于减税的视角［J］.广东财经大学学报，2020（1）.

　　［53］梅冬州，温兴春，吴娱.财政扩张，信用违约和民营企业融资困境［J］.经济研究，2021（3）.

　　［54］聂辉华，江艇，张雨潇，等.我国僵尸企业的现状、原因与对策［J］.宏观经济管理，2016（9）.

　　［55］牛海鹏，张夏羿，张平淡.我国绿色金融政策的制度变迁与效果评价：以绿色信贷的实证研究为例［J］.管理评论，2020（8）.

　　［56］潘越，宁博，纪翔阁，等.民营资本的宗族烙印：来自融资约束视角的证据［J］.经济研究，2019（7）.

　　［57］秦铃枝.我国借贷便利政策工具对中长期利率的影响［D］.成都：四川大学，2021.

　　［58］青木昌彦.比较制度分析［M］.上海：上海远东出版社，2001.

　　［59］邱洋冬.资质认定型产业政策与企业金融资产配置［J］.投资研究，2020（3）.

　　［60］全怡，梁上坤，付宇翔.货币政策、融资约束与现金股利［J］.金融

研究, 2016 (11).

[61] 施琴, 孟枫平. 企业流动性风险的产生因素分析 [J]. 中国集体经济, 2008 (21).

[62] 让·梯若尔. 公司金融理论 [M]. 北京: 中国人民大学出版社, 2007.

[63] 石绍宾. 企业股利政策与财务风险分析 [J]. 中央财经大学学报, 2003 (3).

[64] 史永东, 郑世杰, 袁绍锋. 中债估值识别了债券信用风险吗?: 基于跳跃视角的实证分析 [J]. 金融研究, 2021 (7).

[65] 孙多娇, 闫珍丽. 激励目标异质性与高管薪酬契约: 来自国有企业分类的经验证据 [J]. 北京工商大学学报: 社会科学版, 2022 (2).

[66] 孙可, 邵亦豪, 武文慧. 民营企业发展面临的困境与应对策略 [J]. 商场现代化, 2020 (7).

[67] 田国强, 赵旭霞. 金融体系效率与地方政府债务的联动影响: 民企融资难融资贵的一个双重分析视角 [J]. 经济研究, 2019 (8).

[68] 佟光霁. 中国中小企业融资问题研究 [D]. 哈尔滨: 东北农业大学, 2001.

[69] 童有好. 营造民营经济高质量发展环境的若干问题及对策 [J]. 经济纵横, 2019 (4).

[70] 王爱俭, 张全旺, 于学伟. 中国地下金融: 发展现状与理论思考 [J]. 财贸经济, 2004 (7).

[71] 王春峰, 孙会国, 房振明. 资本成本与资产流动性关系的经验验证 [J]. 现代财经 (天津财经大学学报), 2012 (9).

[72] 王菊仙, 马梦迪, 李烁. 分析师背景、公司特征与现金流预测 [J]. 管理评论, 2022 (3).

[73] 王璐瑶, 曲冠楠, JUAN ROGERS. 面向"卡脖子"问题的知识创新生态系统分析: 核心挑战、理论构建与现实路径 [J]. 科研管理, 2022 (4).

[74] 王满四, 王旭东. 关系型融资、关系治理与企业创新: 来自沪深 A 股高科技上市公司的实证研究 [J]. 中国软科学, 2020 (5).

[75] 王霞, 连立帅, 周萍. 高管后代性别与民营企业资本配置效率 [J]. 世界经济, 2021 (6).

[76] 王晓婷，陈文强，李生校．社会情感财富与公司风险投资：家族企业演变的调节效应［J］．当代经济科学，2020（4）．

[77] 王旭，褚旭．基于企业规模门槛效应的外部融资对绿色创新影响研究［J］．系统工程理论与实践，2019（8）．

[78] 王昱，杨珊珊．考虑多维效率的上市公司财务困境预警研究［J］．中国管理科学，2021（2）．

[79] 王铮，吴斌．家族企业发展中的公司治理演进［J］．经济管理，2004（7）．

[80] 王志锋，谭昕．民营企业在贷款融资中更受歧视吗?：基于土地抵押贷款微观数据的再探讨［J］．中央财经大学学报，2021（8）．

[81] 文红星．数字普惠金融破解中小企业融资困境的理论逻辑与实践路径［J］．当代经济研究，2021（12）．

[82] 文振新．系统解决民营企业融资问题［J］．中国金融，2019（1）．

[83] 吴念鲁，徐丽丽，苗海宾．我国银行同业之间流动性风险传染研究：基于复杂网络理论分析视角［J］．国际金融研究，2017（7）．

[84] 吴世农，陈韫妍，吴育辉，等．企业融资模式，金融市场安全性及其变动特征［J］．中国工业经济，2021（8）．

[85] 谢富生．国企混改能成为提效率和去杠杆的途径吗?［J］．财经理论与实践，2020（2）．

[86] 谢佳芳．基于KNN的公司流动性风险识别研究［J］．金融管理研究，2018（2）．

[87] 解维敏，方红星．金融发展、融资约束与企业研发投入［J］．金融研究，2011（5）．

[88] 辛静．深市民营企业纾困方式梳理及纾困效果分析［J］．证券市场导报，2019（10）．

[89] 徐光，赵茜，王宇光．定向支持政策能缓解民营企业的融资约束吗?：基于民营企业债券融资支持工具的研究［J］．金融研究，2019（12）．

[90] 徐秀渠．中国上市公司流动性风险测量研究［D］．杭州：浙江大学，2010．

[91] 徐彦坤．地方政府债务如何影响企业投融资行为?［J］．中南财经政法大学学报，2020（2）．

[92] 约翰·伊特韦尔，皮特·纽曼，默里·米尔盖特，等. 新帕尔格雷夫经济学大辞典 [M]. 北京：经济科学出版社，1996.

[93] 杨继生，黎娇龙. 制约民营制造企业的关键因素：用工成本还是宏观税负？[J]. 经济研究，2018 (5).

[94] 殷兴山. 金融支持民营小微实践 [J]. 中国金融，2019 (24).

[95] 于文超，梁平汉. 不确定性、营商环境与民营企业经营活力 [J]. 中国工业经济，2019 (11).

[96] 余典范，孙好雨，许锐翔. 去产能、生产率与中国式"僵尸企业"复活：基于中国工业企业的证据 [J]. 财经研究，2020 (7).

[97] 余明桂，钟慧洁，范蕊. 民营化、融资约束与企业创新：来自中国工业企业的证据 [J]. 金融研究，2019 (4).

[98] 袁业虎. 试析企业流动性风险与现金流量比率指标 [J]. 江西审计与财务，1999 (4).

[99] 债券市场研究部. 2020年中国债券市场违约回顾与展望 [R]. 2021.

[100] 张曾莲，穆林. 金融化与非金融上市公司现金持有 [J]. 金融经济学研究，2018 (4).

[101] 张健光，张俊瑞. 企业资产流动性评价指标设计 [J]. 上海立信会计学院学报，2010 (1).

[102] 张杰. 民营经济的金融困境与融资次序 [J]. 经济研究，2000 (4).

[103] 张景淇，郭凯，蔺学如. 违约风险与流动性风险对债券利差影响的交互效应 [J]. 金融论坛，2022 (3).

[104] 张乐才，刘尚希. 银行与民营企业融资救助：救助门槛与民营企业风险偏好 [J]. 金融发展研究，2019 (4).

[105] 张盼盼，张胜利，陈建国. 融资约束、金融市场化与制造业企业出口国内增加值率 [J]. 金融研究，2020 (4).

[106] 张维迎，吴有昌. 公司融资结构的契约理论：一个综述 [J]. 改革，1995 (4).

[107] 张文君. 经济政策不确定性对企业流动性管理的影响 [J]. 上海立信会计金融学院学报，2018 (6).

[108] 张晓慧，李斌. 供给侧视角下的僵尸企业与"低利率陷阱" [J]. 新金融评论，2020 (4).

［109］赵明远，徐继伟，周颖．基于相对熵 – TOPSIS 的企业流动性评价 ［J］．财会通讯，2015（11）．

［110］赵胜民，娄敏．环规束紧下环保企业的发展与制约：基于间接视角的断点回归设计［J］．统计与信息论坛，2021（4）．

［111］中国人民银行，中国银行保险监督管理委员会．中国小微企业金融服务报告（2018）［M］．北京：中国金融出版社，2019．

［112］中国人民银行三亚市中心支行课题组．定向降准与企业融资约束：基于 A 股上市公司的经验证据［J］．南方金融，2020（1）．

［113］中国人民银行研究局，德国国际合作机构．金融风险早期预警理论、方法与实践［M］．北京：经济科学出版社，2015．

［114］周琰，冼国明，明秀南．僵尸企业的识别与预警：来自中国上市公司的证据［J］．财经研究，2018（4）．

［115］周孝华，王诗意．纾困基金是否具有"造血"扶持之效？：基于民营企业价值的视角［J］．财经研究，2022（3）．

［116］朱光华，陈国富．民营企业融资的体制性障碍［J］．经济理论与经济管理，2002（9）．

［117］朱鹤，何帆．中国僵尸企业的数量测度及特征分析［J］．北京工商大学学报（社会科学版），2016（4）．

［118］朱舜楠，陈琛．"僵尸企业"诱因与处置方略［J］．改革，2016（3）．

［119］朱太辉．企业融资难融资贵问题的根源和应对研究：一个系统分析框架［J］．金融与经济，2019（1）．

［120］Ahearne A G, Shinada N. Zombie firms and economic stagnation in Japan ［J］. International Economics and Economic Policy, 2005, 2（4）: 363 – 381.

［121］Alaka H A, Oyedele L O, Owolabi H A, Kumar V, Ajayi S O, Akinade O O, Bilal M. Systematic review of bankruptcy prediction models: Towards a framework for tool selection ［J］. Expert Systems with Applications, 2018. 94: 164 – 184.

［122］Allyn R G. An approach to financial statement analysis ［J］. The Accounting Review, 1944, 19（2）: 187 – 192.

［123］Almeida H, Campello M, Weisbach M S. The cash flow sensitivity of cash ［J］. The Journal of Finance, 2004, 59（4）: 1777 – 1804.

［124］Altavilla C, Burlon L, Giannetti M, et al. Is there a zero lower bound?

The effects of negative policy rates on banks and firms [J]. Journal of Financial Economics, 2022, 144 (3): 885 – 907.

[125] Altman E I. Financial ratios, discriminant analysis and the prediction of corporate bankruptcy [J]. The Journal of Finance, 1968, 23 (4): 589 – 609.

[126] Amihud Y, Mendelson H. Asset pricing and the bid-ask spread [J]. Journal of Financial Economics, 2006, 17 (2): 223 – 249.

[127] Bai M, Cai J F, Qin Y F. Ownership discrimination and private firms financing in China [J]. Research in International Business and Finance, 2021, 57 (1): 101406.

[128] Banerjee R, Hofmann B. Corporate zombies: Anatomy and cycle [R]. Switzerland: Bank for International Settlements, 2020.

[129] Bates T W, Kahle K M, Stulz R M. Why do US firms hold so much more cash than they used to? [J]. The Journal of Finance, 2009, 64 (5): 1985 – 2021.

[130] Beaver W, Kettler P, Scholes M. The association between market determined and accounting determined risk measures [J]. The Accounting Review, 1970, 45 (4): 654 – 682.

[131] Berger A N, Udell G F. The economics of small business finance : The roles of private equity and debt markets in the financial growth cycle [J]. Finance and Economics Discussion Series, 1998 (15): 1 – 69.

[132] Bernanke B S. The new tools of monetary policy [J]. American Economic Review, 2020, 110 (4): 943 – 83.

[133] Blei D M, Ng A Y, Jordan M I. Latent dirichlet allocation [J]. Journal of Machine Learning Research, 2003, 3 (1): 993 – 1022.

[134] Boot A W A, Thakor A V. Moral hazard and secured lending in an infinitely repeated credit market game [J]. International Economic Review, 1994: 899 – 920.

[135] Caballero R J, Hoshi T, Kashyap A K. Zombie lending and depressed Restructuring in Japan [J]. American Economic Review, 2008, 98 (5): 1943 – 1977.

[136] Chen Y, Guo J, Huang J, et al. A novel method for financial distress prediction based on sparse neural networks with $L_{1/2}$ regularization [J]. International Journal of Machine Learning and Cybernetics, 2022, 13 (7): 2089 – 2103.

［137］ Demsetz R S, Strahan P E, Saidenberg M R. Agency problems and risk taking at banks ［J］. Research Paper, 1997.

［138］ Diebold F X, Schuermann T, Stroughair J D. Pitfalls and opportunities in the use of extreme value theory in risk management ［J］. Center for Financial Institutions Working Papers, 1998.

［139］ Dittmar A, Servaes M S. International corporate governance and corporate cash holdings ［J］. Journal of Financial & Quantitative Analysis, 2003, 38 (1): 111 – 133.

［140］ Drobetz W, Grüninger M C. Corporate cash holdings: Evidence from Switzerland ［J］. Financial Markets and Portfolio Management, 2007, 21 (3): 293 – 324.

［141］ Dugger W M. The economic institutions of capitalism ［J］. Journal of Economic Issues, 1987, 21 (1): 528 – 530.

［142］ Eljelly A M A. Liquidity-profitability tradeoff: An empirical investigation in an emerging market ［J］. International Journal of Commerce and Management, 2004, 14 (2): 48 – 61.

［143］ Flannery M J, Rangan K P. Partial adjustment toward target capital structures ［J］. Journal of Financial Economics, 2006, 79 (3): 469 – 506.

［144］ Fukuda S I, Nakamura J I. Why did 'zombie' firms recover in Japan? ［J］. The World Economy, 2011, 34 (7): 1124 – 1137.

［145］ Greenbaum S I, Kanatas G, Venezia I. Equilibrium loan pricing under the bank – client relationship ［J］. Journal of Banking & Finance, 1989, 13 (2): 221 – 235.

［146］ Groom A. Paying it forward ［R］. England and Wales: Onward, 2020.

［147］ Hadlock C J, Pierce J R. New evidence on measuring financial constraints: Moving beyond the KZ index ［J］. The Review of Financial Studies, 2010, 23 (5): 1909 – 1940.

［148］ Hoshi T. Economics of the living dead ［J］. The Japanese Economic Review, 2006, 57 (1): 30 – 49.

［149］ Hovakimian A, Opler T, Titman S. The debt-equity choice ［J］. Journal of Financial and Quantitative Analysis, 2001, 36 (1): 1 – 24.

［150］Imai K. A panel study of zombie SMEs in Japan: Identification, borrowing and investment behavior ［J］. Journal of The Japanese and International Economies, 2016, 39: 91 – 107.

［151］Jaskowski M. Should zombie lending always be prevented? ［J］. International Review of Economics and Finance, 2015 (40): 191 – 203.

［152］Jensen M. Agency Costs of Free Cash Flow, Corporate Finance, and Takeovers ［J］. American Economic Review, 1999, 76 (2): 323 – 329.

［153］Jorion P. How informative are value-at-risk disclosures? ［J］. Accounting Review, 2002, 77 (4): 911 – 931.

［154］Kalcheva I, Lins K V. International evidence on cash holdings and expected managerial agency problems ［J］. Review of Financial Studies, 2007, 20 (4): 1087 – 1112.

［155］Kane E J. Dangers of capital forbearance: The case of the FSLIC and "zombie" S&Ls ［J］. Contemporary Economic Policy, 1987, 5 (1): 77 – 83.

［156］Kawai M, Morgan P. Banking crises and 'Japanization': Origins and implications ［R］. Tokyo: Asian Development Bank Institute, 2013.

［157］Kim C S, Mauer D C, Sherman A E. The determinants of corporate liquidity: Theory and evidence ［J］. Journal of Financial and Quantitative Analysis, 1998, 33 (3): 335 – 359.

［158］Kim H, Berger P D. A comparison of capital structure determinants: The United States and the Republic of Korea ［J］. Multinational Business Review, 2008, 16 (1): 79 – 100.

［159］Kun Li, Liang Yuan, Yunquan Zhang, Gongwei Chen. An accurate and efficient large-scale regression method through best friend clustering ［J］. IEEE Transactions on Parallel and Distributed Systems, 2022, 33 (11): 3129 – 3140.

［160］Lin C, He L, Yang G. Targeted monetary policy and financing constraints of Chinese small businesses ［J］. Small Business Economics, 2021, 57: 2107 – 2124.

［161］Lin Y P. Zombie lending, financial reporting opacity and contagion ［D］. Singapore: National University of Singapore Business School, 2011.

［162］Machokoto M, Tanveer U, Ishaq S, et al. Decreasing investment-cash flow sensitivity: Further UK evidence ［J］. Finance Research Letters, 2021, 38: 101397.

［163］Man T, Lau T, Chan K F. The competitiveness of small and medium enterprises：A conceptualization with focus on entrepreneurial competencies ［J］. Journal of Business Venturing, 2002, 17 （2）: 123 – 142.

［164］Martín-García R, Morán Santor J. Public guarantees：A countercyclical instrument for SME growth. Evidence from the Spanish Region of Madrid ［J］. Small Business Economics, 2021, 56 （1）: 427 – 449.

［165］McGowan M A, Andrews D, Millot V. The walking dead? Zombie firms and productivity performance in OECD countries ［J］. Narnia, 2018, 33 （96）: 685 – 736.

［166］Myers S C, Majluf N S. Corporate financing and investment decisions when firms have information that investors do not have ［J］. Journal of Financial Economics, 1984, 13 （2）: 187 – 221.

［167］Myers S C. The capital structure puzzle ［J］. The Journal of Finance, 1984, 39 （3）, DOI 10. 3386/w1393.

［168］Okamura K. "Zombie" banks make "zombie" firms ［J/OL］. Social Science Electronic Publishing, 2011 ［2021 – 10 – 17］. https：//ssrn. com/abstract = 1786496.

［169］Peek J, Rosengren E S. Bank consolidation and small business lending: It's not just bank size that matters ［J］. Journal of Banking & Finance, 1998, 22 （6 – 8）: 0 – 819.

［170］Pocius V, Stungurienė S, Paškevičius A. The factors of the attractiveness of the capital market of Lithuania ［J］. Procedia-Social and Behavioral Sciences, 2014, 110 （1）: 1052 – 1062.

［171］Poncet S, Steingress W, Vandenbussche H. Financial constraints in China: Firm-level evidence ［J］. China Economic Review, 2010, 21 （3）: 411 – 422.

［172］Ramakrishnan R, Thakor A V. Information reliability and a theory of financial intermediation ［J］. Review of Economic Studies, 1984 （3）: 415 – 432.

［173］Stiglitz J E, Weiss A. Credit rationing in markets with imperfect information ［J］. The American Economic Review, 1981, 71 （3）: 393 – 410.

［174］Urionabarrenetxea S, Garcia-Merino S D, San-Jose L, Retolaza J L. Living with zombie companies: Do we know where the threat lies? ［J］. European Management Journal, 2018, 36（3）: 408 – 420.

［175］ Wessels T R. The determinants of capital structure choice ［J］. Journal of Finance, 1988, 43（1）: 1 – 19.

［176］ Whited T M. External finance constraints and the intertemporal pattern of intermittent investment ［J］. Journal of Financial Economics, 2006, 81（3）: 467 – 502.

［177］ Zhao D, Ji S, Wang H, et al. How do government subsidies promote new energy vehicle diffusion in the complex network context? A three-stage evolutionary game model ［J］. Energy, 2021, 230: 120899.

后　　记

从本书开始写作至将要定稿出版的过程中，中国的民营经济直面挑战，不断壮大，同时，党中央、国务院乃至全社会对民营企业流动性风险的防范化解与发展环境优化也给予了持续关注，这也肯定了出版本书的现实意义。

本书的完成不是仅靠一人之力，而是离不开多方面的支持和帮助。首先，感谢全国哲学社会科学工作办公室对国家社会科学基金项目研究工作的跟踪指导和对成果的积极肯定。同时感谢浙江省哲学社会科学规划办公室、浙江财经大学科研处、课题组团队的建议和帮助。感谢国家社会科学基金结项匿名评审专家，以超前的学术视野、精准的专业批评极大地推动了本书的修订。本书的完成也离不开研究生的勤奋努力，林芝燕、罗清天、常晔、韩澄和陈静同学在数据调查、整理和文字排版、校对过程中，都倾注了很多的时间和精力。

感谢浙江省一流学科 A 类（浙江财经大学统计学）对研究工作的支持。特别感谢浙江财经大学数据科学学院院长洪兴建教授，他对团队建设、教师成长等方面都给予了大力支持，这对本书的顺利出版帮助很大。

最后还要感谢我的家人，你们是我工作的动力和幸福之源。

还有太多需要感谢的人，在此不能一一列举，大家的鼓励和支持是我完成本书的不竭动力。由于数据获取、个人学识等方面的限制，书中难免有疏漏之处，希望读者批评指正。人才要去受尊重的地方，资金会流向有回报的领域。有党中央和全社会的支持，中国的民营经济一定会克服挑战，取得更大的成就。

本书是国家社会科学基金一般项目"民营企业流动性风险监测预警及纾困路径研究"（19BTJ044）的最终成果，同时得到浙江省一流学科 A 类（浙江财经大学统计学）和浙江省域现代化监测与评价实验室的联合资助。

朱宗元

2024 年 6 月